RÉUNIS
6.47.30
Robert & Alain
MONTICONE
GOLDEN
LE GAMIN

Die echte französische Küche

Die echte französische Küche

Typische Rezepte und kulinarische Impressionen aus allen Regionen

Autorin: Susi Piroué

Rezeptfotos: Susi und Pete A. Eising

GU GRÄFE UND UNZER

CAFÉ
de la PLAGE

Inhalt

Makrelen auf dem Fischmarkt

Pariser Straßencafé

Seite 2/3: Ein Café in Sion-sur-l'Océan, am Atlantik

Leuchtende Farben: Südfrankreich

Ganz rechts: Bar in Hyères an der Côte d'Azur

Der Südwesten: Midi-Pyrénées, Aquitanien

Bordelais, Baskenland, Gascogne, Béarn, Périgord, Dordogne

Auvergne, Limousin

Poitou-Charentes, Loiretal

Bretagne, Normandie, der Norden

Bunte Marktszene

Sonnenblumenfeld in der Provence

Gemütlicher Männerplausch in Südfrankreich

Riedgedecktes Bauernhaus in der Bretagne

UGEOT

Von der Kunst des Lebens und Genießens

Eine Einführung

Fragen Sie einmal einen Frankreichreisenden nach seinen Erlebnissen. Er wird zunächst von schönen Stränden, von unberührten Landschaften schwärmen. Er wird pflichtgemäß von herrlichen Kathedralen und Schlössern berichten, denn so weist er sich als kultivierter Mensch aus. Wenn dann das Wetter und die Unterbringung, der Zustand der Straßen und der mehr oder weniger erfolgreiche Kampf mit der Sprache – »der Franzose spricht nur seine eigene« – abgehandelt sind, leuchtet das Gesicht des Zurückgekehrten unweigerlich auf. »Und dann war da noch diese Sauce ...«

Jetzt sind die Schleusen offen. Ja, und der Patron in dem kleinen Restaurant, der seine Pastete mit der Miene des lieben Herrgotts am sechsten Schöpfungstag päsentiert hat. Von langen Folgen sich steigernder Genüsse wird berichtet, von knusprigem Brot und natürlich vom Wein der Region, den es nur dort gibt..., und von den bunten Märkten mit erlesenen Produkten, von den kritischen Blicken der Hausfrauen und der Männer, von der liebevollen Behandlung der Produkte durch die Verkäufer.

Savoir vivre... auch wir benutzen das französische Wort für Lebenskunst. Verstehen wir nichts davon? Es muß wohl so sein, denn sonst besuchten nicht alljährlich so viele Menschen unser westliches Nachbarland. Doch wir können von ihnen lernen. Sehen wir uns die Produkte kritisch an, wählen wir die frischen, die appetitlichen, die naturbelassenen aus, und zaubern wir ein Stück französische Lebensart in unsere Küche, in unser Eßzimmer. Freunde zum Mitmachen in der Küche und bei Tisch sind leicht zu finden, auf daß es ein fröhlicher Abend voller Genüsse auf dem Teller und im Glas werde, wobei das Gespräch und die Gelassenheit beim Durchprobieren der einzelnen Gänge nicht fehlen sollte.

Französische Küche soll kompliziert sein? Sehen Sie sich die Rezepte dieses Buches einmal genau an. Sie sind mit einer normalen Küchenausstattung leicht zu realisieren. Das Ergebnis ist auf den stimmungsvollen Fotos zu sehen. Und wenn ein Gericht einmal eine etwas längere Garzeit verlangt, verbringen Sie die Zeit mit der Vorfreude und einem guten Gespräch beim Aperitif. Die Zeit, die Sie sich nehmen, ist ein Stück genußvoll verbrachten Lebens. In diesem Sinne läßt sich auch bei uns das Savoir vivre einbürgern, ohne Übersetzung, im Sinne eines europäischen Gefühls, das keine Grenzen kennt.

Die kulinarischen Regionen

Haben Sie schon einmal einen Wein aus dem Département Gironde probiert, oder bevorzugen Sie den köstlichen Roten aus der Region Aquitaine? Wahrscheinlich greifen Sie im Zweifel zu einem Bordeaux aus dem Médoc. Daß es sich in allen Fällen um die gleiche Gegend handelt, wird Ihnen vielleicht schon aufgefallen sein. Ich möchte damit nur zeigen, wie schwierig es ist, Frankreich in einer einigermaßen übersichtlichen Form darzustellen. Die nach der Revolution geschaffenen 95 Départements sind niemals in das Bewußtsein des Volkes eingegangen. Zwar wurden die Départements 1982 zu 22 Regionen zusammengefaßt, die zum Teil historischen Provinzen entsprechen, doch vertraute Namen wie Savoyen, das Baskenland, das Bordelais, das Périgord finden sich hier auch nicht wieder. Was tun? Die regionale Küche Frankreichs ist so vielfältig wie seine Landschaften, wie die Produkte, die diese Landesteile hervorbringen. Um dieses Kochbuch dennoch übersichtlich zu gestalten, habe ich mich entschlossen, die große Vielfalt nach kulinarischen, das heißt kulturellen Einheiten zu strukturieren und diese in acht Kapiteln zusammenzufassen. Dabei war nicht zu vermeiden, daß auch sehr unterschiedliche Gebiete in einem Kapitel nebeneinander stehen.

Champagne, Paris, Île-de-France
Paris, die turbulente Hauptstadt, und zwei stille, undramatische Landschaften sind in diesem Kapitel vereint. Die Pariser Küche ist vor allem geprägt durch die Schule der großen Meister der Kochkunst mit ihren berühmten Saucen. Bekannte Gerichte der Restaurantküche wie die Zwiebelsuppe, die in der ganzen Welt bekannten Pommes frites und die luftigen Brioches stammen aus Paris. Die Gartenlandschaft um die Hauptstadt, die Île-de-France, ist bekannt für ihre köstlichen Gemüse und Früchte wie Spargel aus Argenteuil, Möhren aus Crécy und Erdbeeren aus dem Tal des Bièvre. Süßwasserfische und Wild gehören zu den Schätzen des Landes. Küche und Landschaft der Champagne bilden einen krassen Gegensatz zu dem perlenden Luxuswein gleichen Namens. Grundsolide und schlicht – so könnte man beide bezeichnen. Wurst und Schinken, Schweinefuß und Kalbskopf sind hier die Spezialitäten .

Elsaß, Lothringen, Franche-Comté, Savoyen
Im Elsaß wird nicht nur ein alemannischer Dialekt gesprochen, auch die Küche orientiert sich am östlichen Nachbarn. Sauerkraut und Schweinefleisch, Gans und Gänseleberzubereitungen sind Grundpfeiler der elsässischen Küche. In Lothringen ist die Küche französischer, feiner. Der Obstbau spielt hier eine große Rolle. Aus den Waldbergen der Vogesen stammen feine Mineralwässer. In den Jurahügeln der Franche-Comté und den Westalpen Savoyens ähnelt die Küche der der benachbarten Welschschweiz. Sahne und Käse sind wichtige Grundzutaten, außerdem Forellen, Hechte und Krebse.

Dauphiné, Burgund, Bresse, Lyonnais
Eine wichtige Säule burgundischer Gerichte ist der Wein, in dem Fisch, Geflügel, Fleisch und Wild gegart werden, aber auch die Schnecken aus den Weinbergen und der bekannte Senf aus Dijon prägen die Küche. Rindfleisch aus dem burgundischen Charolais, Schinken aus Morvan, Wurstspezialitäten aus Lyon und das feine Geflügel der Bresse sind in ganz Frankreich begehrt. Zwischen der italienischen Grenze im Osten und der Rhône im Westen liegt die Dauphiné, deren Küche vor allem für ihre Aufläufe aus allen erdenklichen Zutaten bekannt ist.

Provence, Languedoc-Roussillon, Korsika
Die Provence und das Land um Nizza bieten eine verschwenderische Fülle an Fischspezialitäten, von denen die Bouillabaisse wohl die bekannteste ist. Lammfleisch und alle südländischen Gemüsesorten sowie Olivenöl sind Elemente der äußerst variantenreichen Küche. Weite Ebenen an der Küste und Berge mit wilden Schluchten im Hinterland – das ist die Landschaft von Languedoc und Roussillon. Die Küche ist nicht so variantenreich, doch sind auch hier Fische und Meeresfrüchte Grundelemente der Küche, dazu deftige Eintöpfe wie das Cassoulet. Korsika, die Insel der Schönheit im Mittelmeer, ist vor der Entdeckung durch den Tourismus ein karges, armes Land gewesen. Entsprechend einfach ist die Küche. Fleisch von halbwilden Schweinen, von Ziegen und Schafen, Honig, Kräuter und Kastanien sind die Produkte des Landes, dazu Fische aus dem Mittelmeer.

Der Südwesten: Midi-Pyrénées, Aquitanien
Hinter dieser Kurzbezeichnung verbirgt sich ein äußerst vielgestaltiges Gebiet, das sowohl die Pyrenäen als auch das Bordelais, Béarn, die Gascogne und die Dordogne samt dem Périgord umfaßt. Die baskische Küche wartet mit so seltsamen Namen wie Tripotch, Loukinkas und Ttorro, Blutwurst vom Schaf, Knoblauchwürstchen und Eintopf aus Atlantikfischen, auf. In der Gascogne werden Hühner, Perlhühner, schwarze Puten und Gänse in den Wäldern gezüchtet. Die deftige Küche des Périgord bietet Enten- und Gänsespezialitäten in reicher Fülle. Aristokratisch und fein wie der Wein schmecken die Gerichte aus dem Bordelais. Neben Fischen und Meeresfrüchten sind es vor allem Rindfleischgerichte, die gut zum Rotwein passen.

Auvergne, Limousin
Stille, dünn besiedelte Landschaften, die Vulkankegel des Zentralmassivs und die nordwestlichen Ausläufer dieses bizarren Gebirges kennzeichnen die küstenferne Mitte Frankreichs. Bäuerlich und einfach ist die Küche aus dem kargen Zentralmassiv. Kartoffelgerichte, einfache, wohlschmeckende Suppen und Eintöpfe mit Hammel- oder Rindfleisch, Milch und Käse herrschen vor. Im Limousin gehören Edelkastanien zu den Grundzutaten.

Poitou-Charentes, Loiretal
Die Küche der Charentes, bekannt als Ursprungsgebiet des Cognac, basiert auf den Schätzen des Atlantiks. Milch, Sahne, Butter und Wein sind wichtige Elemente der einfachen Küche. Das gleiche gilt für die Vendée, die hinter ihren vielbesuchten Stränden ein stilles Land ist. Die bekanntesten Spezialitäten des Poitou sind Süßspeisen, Gebäck und Konfekt. Das Loiretal, Land der Schlösser, ist ein Schlaraffenland nicht nur für Gourmets und Weinfreunde. Aus erstklassigem Fleisch, Fisch, Wild und Wildgeflügel, Gemüse und Obst werden die Spezialitäten in königlicher Vollendung bereitet.

Bretagne, Normandie, der Norden
Rauh, schrundig und sturmgepeitscht präsentiert sich die Bretagne, der westlichste Vorposten Frankreichs. Atlantikfische und allerhand Krabbenarten, das nach dem Salz des Meeres schmeckende Lammfleisch sowie Crêpes sind Nationalgerichte. Wie in der Normandie trinkt man Cidre statt Wein. In der Normandie am Ärmelkanal sind Butter, Sahne und Milch wichtige Grundzutaten. Im äußersten Norden, in dem der Übergang zum belgischen Flandern schon deutlich zu spüren ist, finden Sie eine deftige Küche, zu der Bier getrunken wird, und viele Gebäckspezialitäten.

Bretagne, Normandie, Picardie, Artois, Flandern
Poitou-Charentes, Loiretal, Saintonge, Aunis, Angoumois
Paris, Île-de-France, Champagne, Ardennen
Dauphiné, Burgund, Bresse, Lyonnais
Auvergne, Limousin
Elsaß, Lothringen, Franche-Comté, Savoyen
Der Südwesten: Midi-Pyrénées, Aquitanien
Provence, Languedoc-Roussillon, Korsika
Nieder-lande
Belgien
Deutschland
Luxem-burg
Artois
Flandern
Picardie
Normandie
Seine
Ardennen
Marne
Paris
Île-de-France
Champagne
Elsaß
Lothringen
Bretagne
Seine
Loiretal
Anjou
Loire
Touraine
Berry
Burgund
Franche-Comté
Schweiz
Vendée
Poitou
Loire
Aunis
Angou-mois
Limousin
Bresse
Genfer See
Rhône
Lyonnais
Savoyen
Saint-onge
Auvergne
Rhône
Dauphiné
Italien
Bordelais
Dordogne
Périgord
Languedoc
Garonne
Comté de Nice
Gascogne
Rhône
Provence
Monaco
Basken-land
Béarn
Roussillon
Korsika
Spanien
0
50
100km

Die Geschichte der französischen Küche

Französische Küche? Raffiniert und kompliziert, sagt der Gast der Sterne-Restaurants. Französische Küche? Raffiniert einfach und leicht nachzukochen, sagt der Besucher von Bistrots und Landgasthäusern. Gibt es eine oder mehrere? Was macht französische Küche so einzigartig? Ein Blick in die Vergangenheit soll Klarheit schaffen.

Die Küche der Gallier, der Ureinwohner Frankreichs, war denkbar einfach. Die einzigen Zeugnisse darüber stammen von römischen Schriftstellern. Durch sie wissen wir, daß die Gallier ihre Speisen kräftig würzten. Sie aßen wenig Brot, dafür um so mehr Fleisch und Fisch, gewürzt mit Kümmel und Essig. Mit Kümmel wurden auch die Getränke gewürzt. Der Wein kam aus Marseille oder aus Italien.

Die Franken, die sich im 5. Jahrhundert im heutigen Frankreich ansiedelten, brachten verfeinerte römische Tischsitten mit. Sie speisten auf Liegen an blumengeschmückten Tischen. Ihre Küche war römisch, bis die Klöster im beginnenden Mittelalter aufblühten und der Küchenkunst entscheidende Fortschritte brachten.

Im 13. Jahrhundert baute man riesige Kamine, zum Teil in der Mitte der Säle, wo Fleisch und Gemüse gegart wurden. Die Kunst der Saucenküche entwikkelte sich damals, ein Kochbuch aus dieser Zeit nennt bereits 17 Saucen, die separat zubereitet und zu verschiedenen Speisen gereicht wurden.

Im 16. Jahrhundert, zur Zeit von François I, erlebte die französische Küche eine neuerliche Blüte, inspiriert von der Lebensart der Renaissance in Italien. Man aß kaum Fleisch von Schlachttieren, dafür Fisch, Geflügel, Wildgeflügel und Wild. Gemüse gab es nur wenig. Es war die Zeit froher Festgelage.

In der darauffolgenden Zeit war Schmalhans Küchenmeister. Die zahlreichen Kriege zwangen zum Sparen, und erst unter Henri II kam es zu einer neuerlichen Blüte der Kochkunst. Zwei französische Königinnen italienischen Geblüts, Katharina und Maria von Medici, gelten noch heute als bedeutende Förderinnen der französischen Küche. Sie brachten ihre Köche, die damals als die besten der Welt galten, mit nach Frankreich, und die französischen Köche lehnten sich nicht auf, sondern lernten von ihnen.

Henri IV war ein Förderer der Küchenkultur und des Weinbaues. Im 17. Jahrhundert erschienen die ersten großen Regelwerke der französischen Kochkunst von La Varenne und Massaliot. Man befaßte sich mit der variantenreichen Kunst der Saucenzubereitungen und begann, Gerichte nach Adeligen und hochgestellten Persönlichkeiten zu benennen. Zu dieser Zeit wurden auch die ersten Hors-d'œuvres und Entremets serviert, und zwar Entremets kulinarischer Art. Vorher verstand man darunter allerhand Unterhaltungen während des Essens. Die Küche zu jener Zeit war allerdings eher pompös und üppig, weniger fein und delikat. Die Gelage unter dem Sonnenkönig Louis XIV entsprachen dem Lebensgefühl des Barock. Vor allem der Prinz Condé und der Staatsmann Fouquet förderten die Kunst der Küche, und die Küchenmeister dankten es ihnen, indem sie ihre Kreationen nach ihnen oder ihresgleichen benannten. Zum Beispiel die Béchamelsauce, die in dieser Zeit »erfunden« wurde, und die Lammkoteletts Maintenon sind Ehrenbezeugungen für eine Klasse, die sich für den Aufschwung der französischen Küche einsetzte. Dazu gehört auch, daß die schwerfälligen mittelalterlichen Küchenutensilien durch neue Gerätschaften aus Weißblech ersetzt wurden. Louis XIV selbst war ein zu großer Esser, um als Feinschmecker in die Geschichte einzugehen, doch gebührt ihm das Verdienst, eine neue Menüordnung eingeführt zu haben. Ab jetzt wurden die Gerichte getrennt serviert und nicht mehr wie früher in riesigen Pyramiden auf großen Platten aufgehäuft.

Romanisches Kapitell, einem Teil der Säule – mit einer Szene aus dem Alltag.

Waren Üppigkeit und unmäßige Völlerei die Kennzeichen am Hofe des Sonnenkönigs, so folgte unter dem Regenten Philippe d'Orléans eine Epoche der Verfeinerung. Es schlägt die Geburtsstunde der feinen französischen Küche. Die Küchengeräte bestanden am Hofe aus Silber, der Regent selbst legte Hand bei der Zubereitung der Speisen an. Bis zu Beginn des 18. Jahrhunderts waren die Speisen über dem Kaminfeuer gegart worden, jetzt gab es Herde mit 12 bis 20 Feuerstellen.

Das Interesse an der Kochkunst setzte sich unter Louis XV fort. Aus dieser Zeit gibt es ein Zeugnis über die Zusammenstellung eines bürgerlichen Menüs, überliefert von Brillat-Savarin. Es ähnelt schon etwa dem, was man heute vorgesetzt bekommt:

1. Gang: gekochtes Rindfleisch mit Bouillon, Kalbfleisch im eigenen Saft, Hors-d'œuvre.
2. Gang: Truthahn, Gemüseplatte, Salat.
3. Gang: Käse, Obst, Konfitüre.

Bei Hof und in den adeligen Häusern bestand ein solches Menü allerdings aus etwa 200 (!) unterschiedlichen Gerichten. Die Zeit des unermeßlichen Prunks sollte bald zu Ende gehen, jedoch fand unter Louis XVI, dem letzten König vor der Revolution, noch ein wichtiges kulinarisches Ereignis statt: In Paris wurde das erste Restaurant eröffnet! Die Speisekarten entsprachen dem Geist der Zeit. Sie enthielten über 200 Gerichte, und das in einer Zeit ohne Kühlschränke und Küchenmaschinen.

Nach der Revolution gehörte es zunächst zum guten Ton, den Ausschweifungen vergangener Zeiten abzuschwören und spartanisch zu leben. Doch letztendlich waren auch die neuen Herrscher Franzosen und wurden es sehr schnell leid, bei Tisch den neuen Tugenden zu frönen. Der Adel war emigriert, doch die Küchenmeister waren geblieben. Sie dienten jetzt den neuen Herren und den Großbürgern, die Küchenherde wurden wieder angezündet. Bald schossen in Paris die Restaurants wie Pilze aus dem Boden, und in den oberen Schichten schwelgte man wie zu Zeiten von Louis XV. 1826 erschien das Hauptwerk von Brillat-Savarin »La physiologie du goût«, die berühmte Lehre von den Tafelfreuden. Die folgende Epoche zeigte sich wieder bescheidener. Louis-Philippe lebte bürgerlich und verlangte das gleiche von seinem Hofstaat. Immerhin fällt in diese Zeit die Gründung berühmter gastronomischer Clubs und Vereine, Vorläufer der späteren Gastronomischen Akademie. Während des letzten Drittels des vorigen Jahrhunderts erreichte die französische Kochkunst ihren Höhepunkt, eine Entwicklung, die bis in unser Jahrhundert hineinreicht. Es wurden zahlreiche Kochbücher veröffentlicht, die bis heute gültig sind, darunter die Werke von Escoffier und Pellaprat. Nach dem Ersten Weltkrieg wurde die Ausrüstung der Küchen entscheidend verbessert, Edelstahl, Nickel und Aluminium ersetzten das Kupfergeschirr. Die Metallindustrie, die ihre Waffen nicht mehr absetzen konnte, widmete sich der Herstellung praktischer und pflegeleichter Geräte. Feuerfestes Glas und Keramik wurde in dieser Zeit entwickelt und breiten Schichten zugänglich gemacht. Die Küchen wurden heller, übersichtlicher. Ein wichtiges Element der neuen Zeit war die Kältetechnik vom Kühlschrank bis zur Tiefkühltruhe. Auch elektrische Küchengeräte kamen in allgemeinen Gebrauch.

Soweit die Entwicklung der Kochkunst in Frankreich, wie sie sich im Auf und Ab der großen historischen Ereignisse darstellt. Hinzu kommen die regionalen Ereignisse, die Einflüsse von außen, sowohl im Hinblick auf die Produkte wie auf die Menschen. Ich werde, soweit möglich, in den Porträts der Regionen, in den Reportagen über die Produkte sowie bei einzelnen Rezepten näher darauf eingehen.

Wie sieht es heute aus? Neben der Kochkunst der großen Meister der Küche besteht nach wie vor die Tradition in den Familien, die ihre Rezepte von Generation zu Generation weiterreichen. Die Familien sind die Bewahrer der regionalen Spezialitäten, der jahrhundertealten Gebräuche zu Fest- und Feiertagen. Aus diesem Fundus schöpfen die Meister der Kochkunst, sie variieren, verfeinern und greifen immer wieder auf das zurück, was im französischen Volk bestehen blieb, das in Ruhe zubereitet und genossen sein will, trotz Berufstätigkeit der Frauen und einer schnellebigen Zeit. Die Nouvelle Cuisine, die Neue Küche der siebziger Jahre, die kürzere Garzeiten, Verzicht auf mit Mehl gebundene Saucen und naturbelassene Lebensmittel predigte, ist in ihrer reinen Form die Sache einiger Sterne-Restaurants geblieben. Nach wie vor wird in den Familien und in den Bistrots, aber auch in den großen Restaurants die Tradition der französischen Küche gepflegt. Ein bißchen leichter sind die Gerichte geworden, die Vielzahl der Gänge aber ist geblieben. Man trinkt nach wie vor Wein zum Essen, nicht mehr so viel, dafür aber ist das Qualitätsbewußtsein erheblich gestiegen. Das alles ist wie in alter Zeit auch heute noch unverzichtbarer Bestandteil des französischen Lebensgefühls, des Savoir vivre. Das hat auch der französische Kultusminister erkannt. Er will den kulinarischen Reichtum des Landes als Kulturgut schützen lassen. Zur Zeit sind nicht weniger als 600 Wissenschaftler und Köche dabei, eine Rezepte-Inventur der traditionellen Küche zu erstellen.

Südostseite von Schloß Chambord, einem der großen Loire-Schlösser

Schönes altes Wirtshausschild in Riquewihr im Elsaß

Champagne, Paris, Île-de-France

Wahrzeichen einer Hauptstadt:
Blick über die Seine auf den Eiffelturm in Paris

Das Land und seine Produkte

Paris, die quirlige Hauptstadt, in jeder Hinsicht Zentrum der Nation, hat zwar selbst keine natürlichen Produkte vorzuweisen, wohl aber eine eigenständige Küche, die von den großen Meistern der Kochkunst inspiriert wurde. Seit langer Zeit kommen die begabtesten Köche des Landes nach Paris, um sich vor den verwöhnten Gourmets zu bewähren. Zu den Spezialitäten der Stadt gehören vor allem die berühmten Saucen. Pommes frites und Brioches stammen ebenfalls aus Paris und nicht zuletzt die Zwiebelsuppe, die Spätheimkehrer und Frühaufsteher ehemals in schöner Eintracht rings um die alten Markthallen genossen.

Die ausufernde, ständig expandierende Hauptstadt liegt inmitten einer stillen Park- und Gartenlandschaft, durchzogen von vielerlei Wasserläufen. Aus der Île-de-France, dem Herzland Frankreichs, stammen die besten Gemüse und Früchte. Die dunkelroten Möhren aus Crécy haben allen Gerichten mit diesem Gemüse ihren Namen gegeben, der Spargel aus Argenteuil ist bei Feinschmekkern hoch begehrt, und nicht zuletzt heißen die Zuchtchampignons in Frankreich Champignons de Paris, weil sie ursprünglich aus dem Umland von Paris stammen. In Clamart gibt es die feinsten Erbsen, und das Bièvretal ist bekannt für seine aromatischen Erdbeeren. Wild und Flußfische gehören ebenfalls zu den Schätzen dieser lieblichen Landschaft.

Zwei berühmte Käse stammen aus dem Osten des Gebiets: der Coloummiers und der Brie. Der Fontainebleau ist nach dem gleichnamigen Schloß südöstlich von Paris benannt. Sie alle sind sahnig und mild und passen zu der feinen Küche.

Östlich schließt sich die Champagne an. Wer den Namen hört, denkt zunächst einmal an den berühmtesten Schaumwein der Welt. Er stammt von den staubigen Kreideböden des

Das mächtige Château de Boursault im Marnetal, das einst zum Besitz der Veuve Clicquot gehörte.

Links oben: Der wunderschöne Garten in Giverny, westlich von Paris, wo der große Impressionist und Gourmet Claude Monet seine letzten Jahre verbrachte, lädt den Besucher zu andächtigem Verweilen ein.

Rechts: Coulonges-Cohan, eine der Wehrkirchen aus dem 11. und 12. Jahrhundert, wie man sie in vielen Orten der Champagne findet.

Marnetals, der Reimser Berge und der Côte des Blancs im Nordwesten der ehemaligen Provinz, dem Teil, der als »trockene« Champagne bezeichnet wird.

Die »feuchte« Champagne dagegen ist das Land der Stauseen und Flüsse, aus denen Hechte und Forellen sowie Krebse kommen. Hier wird auf saftigen Weiden Viehzucht betrieben.

Zur historischen Provinz Champagne gehören auch die Ardennen im Norden, eine sanft gewellte, mit Buchen- und Eichenwäldern bestandene Hügellandschaft, wo es reichlich Wild und vor allem zahlreiche Wildschweine gibt. Unter dem Zeichen des Wildschweins haben sich die Metzgereien, Bäckereien und Konditoreien zusammengeschlossen, die noch traditionelle Spezialitäten nach den alten Methoden herstellen.

Die Küche dieses Gebiets ist maßvoll solide. Wurstspezialitäten wie Boudin (Blutwurst) und Andouillettes (Kaldaunenwürstchen) sowie der luftgetrocknete Ardenner Schinken werden im ganzen Land geschätzt. Kaninchen- und Geflügelgerichte werden im Wein der Region gegart.

Ganz oben: Bäckerei und Konditorei in Paris – hier kann man mehrmals täglich frisches Brot kaufen.

Mitte: Straßenmarkt in Paris. Die frischen Produkte kommen jeden Tag aus allen Landesteilen.

Links: Käsestand in Paris – das Angebot ist überwältigend. Etwa 500 verschiedene Sorten soll es geben.

Menschen, Feste, Sehenswertes

Paris! Die Hauptstadt der Grande Nation, in der die Geschicke des Landes seit jeher entschieden werden, ist Mittelpunkt in jeder Hinsicht – auch kulinarisch. Noch gibt es in stillen Seitenstraßen das Bistro, wo Madame an der Kasse das Regiment führt, während der Patron in der Küche befehligt. Am Montmartre befindet sich übrigens die Geburtsstätte des Bistro. Angeblich soll das Wort von den 1814 hier einquartierten Kosaken stammen, die ihrem dringenden Wunsch nach Essen und Trinken mit den Worten »bistro, bistro« (schnell, schnell) Nachdruck verliehen.

Noch gibt es auch Cafés, wo sich die Nachbarn am späteren Vormittag zum »ballon rouge«, dem kleinen Rotwein im bauchigen Glas, und zum Austausch von Tagesneuigkeiten treffen, die Brasserie und nicht zu vergessen die Nobelrestaurants der Haute Cuisine.

Die Bewohner von Paris, ein buntes Völkergemisch, sind sich einig darin, Hauptstädter zu sein, Provinzlern gilt ein leichtes Naserümpfen. Anspruchsvoll ist der Hauptstädter in der Auswahl der Viktualien, die aus dem ganzen Land in bester Qualität geliefert werden und im Tante-Emma-Laden genauso appetitlich leuchten wie auf den zahlreichen Wochenmärkten und in den Geschäften der High Society. Gibt es auch die Markthallen nicht mehr in der Stadt, besuchenswert ist auf jeden Fall der Buci-Schlemmermarkt inmitten der Stadt.

Zu Ehren des Pariser Schinkens wird jedes Jahr im Oktober ein Alteisen- und Schinkenmarkt abgehalten, und den wenigen Rebstöcken am Montmartre ist im gleichen Monat ein Weinlesefest gewidmet. Auf den Marais-Festen im gleichnamigen alten jüdischen Viertel werden im Frühsommer Konzerte und Theaterstücke aufgeführt, aber auch die Delikatessen aus allen französischen Provinzen zum Probieren angeboten.

Paris kennen viele, die Île-de-France wenige, sieht man einmal von den Schlössern wie Versailles, Fontainebleau und den vielen anderen ab, wo alljährlich Musikfestivals abgehalten werden und Kunstschätze aus königlichem Besitz zu bewundern sind. Die Wälder um diese Schlösser sind beliebte Ausflugsziele der Hauptstädter.

Ist die Champagne des Champagners landschaftlich ein bißchen eintönig, so sind doch Reims mit seiner mächtigen Kathedrale, Épernay und Châlons-sur-Marne durchaus sehenswert. Für Freunde des prickelnden Luxus im Glas sind vor allem die großen Champagnerhäuser mit ihren immensen Kreidestollen interessant, wo der Champagner ideale Lagerbedingungen findet.
Die kleinen Winzerstädte und -dörfer mit den berühmten Namen wirken eher still und bescheiden.

Östlich davon sind es die Fachwerkbauten und Holzkirchen an der Route Touristique des Églises, die der Gegend ihren

Rechts oben: Das 1977 eröffnete Centre National d'Art et de Culture Georges Pompidou ist ein Kommunikationszentrum für Kunst- und Kulturveranstaltungen aller Art.

Rechts Mitte: Die kunstvoll angelegten Gärten von Versailles, ein Musterbeispiel französischer Gartenbaukunst des 17. Jahrhunderts, begeistern durch ihre Symmetrie und die strengen geometrischen Formen.

Rechts: Die Kathedrale von Reims; hier wurden von 988 bis 1825 die Könige von Frankreich gesalbt.

Reiz verleihen. Der größte Stausee Europas mit dem Namen »Der-Chantecoq« ist Hauptrastplatz europäischer Zugvögel und Freizeitparadies.

Ein besonders schönes Fest wird in der Champagne am Heiligen Abend gefeiert: die Weihnacht der Schäfer in Braux-Sainte-Cohière.
Das große internationale Marionettenfestival findet alle vier Jahre in Charleville-Mézières statt.
In Mesnil-sur-Oger gibt es ein privates Weinmuseum mit alten Flaschen, Pressen und Werkzeugen zu bewundern.

Im Ardennengebiet erinnern zahlreiche Festungen an eine bewegte, unfriedliche Geschichte.
In Sedan an der Maas, Schauplatz der Kapitulation von Napoléon III, ist eine eindrucksvolle Festung aus dem 14.–15. Jahrhundert zu sehen.

Ganz oben links: Büste von Gustave Eiffel vor dem von ihm 1899 erbauten Eiffelturm, mit 300 m Höhe damals der höchste Turm der Welt.

Ganz oben rechts: Der beschauliche Marnekanal bei Langres in der Champagne.

Mitte links: Bei den Bouquinisten am Seineufer in Paris fahnden Bibliomanen immer wieder nach verborgenen Schätzen.

Mitte rechts: Großstadtidylle inmitten der lebhaften Metropole. Die Spatzen bieten den Bewohnern ein kleines Stück Natur.

Unten links: Statue der heiligen Jungfrau von Orléans in Reims, wo König Karl VII in ihrer Begleitung gesalbt wurde.

Unten rechts: Die Place des Vosges, früher Mittelpunkt des Pariser Aristokratenviertels, bezaubert durch seine Stille und den einheitlich klassischen Baustil des 17. Jahrhunderts.

Wie kommen die Perlen in den Champagner?

Die Geschichte des Champagners begann mit einem Ärgernis: Immer wieder neigten die Weine dieses nördlichsten Anbaugebiets von Frankreich im Frühjahr zum Nachgären. Die Flaschen platzten, die Verluste waren erheblich. Dom Pérignon, Mönch und Kellermeister in der Abtei von Hautvillers, gelang es um 1700, den »Geist in der Flasche« zu bändigen. Er benutzte erstmals dickwandige Flaschen, die dem Druck standhielten, und Korken anstelle eines Pfropfens aus Werg (Flachs). Auch die Cuvée, der Verschnitt verschiedener Grundweine, soll ihm zu verdanken sein.
Im 19. Jahrhundert hieß jeder Schaumwein, der nach dem Champagnerverfahren hergestellt wurde, Champagner. Heute ist dieser Name nur dem gleichnamigen Ursprungsgebiet vorbehalten. Alle anderen Schaumweine Frankreichs heißen »Vins mousseux«.
Das Verfahren zur Champagnerbereitung ist zeit- und kostenaufwendig. Worauf kommt es an? Die Perlen, erzeugt durch Kohlensäure, sollen beständig im Glas aufsteigen, das »Mousseux«, der Schaum, nicht nach wenigen Sekunden verschwinden. Einfach Kohlensäure zusetzen kommt nicht in Frage, die Perlen müssen sich im Wein entwickeln. Das erreicht man so: Der Most wird zunächst normal vergoren. Danach wird die Cuvée zusammengestellt, d.h. Weine verschiedener Lagen, Rebsorten und Jahrgänge werden miteinander verschnitten. Im Frühjahr setzt man in altem Wein gelösten Zucker und Hefe zu. Die Flaschen werden verschlossen, eine zweite Gärung setzt ein und es bildet sich Kohlensäure. Nach einer gewissen Lagerzeit werden die Flaschen mit dem Hals nach unten in Rüttelpulte gestellt, so daß die Hefe in den Flaschenhals wandert und sich am Korken ablagert. Der Hefepfropfen wird entfernt und die Flasche neu verkorkt. Die Kohlensäure bleibt dabei im Wein. Sie entweicht erst, wenn die Flasche geöffnet wird.

Depot aus Hefe und Trubstoffen am sogenannten Füllkorken nach der zweiten Gärung.

Rechts oben und Mitte: Abfüllung des Weines vor der zweiten Gärung. Die Flaschen werden provisorisch durch einen Kronkorken mit Plastikeinlage verschlossen.

Rechts: Die Flaschen lagern zur zweiten Gärung in riesigen Stapeln in gleichmäßig temperierten, tiefen Kellerräumen oder in Kreidestollen.

Ganz oben: Nach 2 Wochen bis 3 Monaten werden die Flaschen zunächst waagerecht in diese Rüttelpulte gesteckt.

Oben: Der Rüttler dreht die Flaschen mit einem kurzen Ruck und stellt sie etwas senkrechter, bis das Depot sich von der Flaschenwand gelöst hat und zum Korken gewandert ist.

Oben: Abschlämmen oder Degorgieren heißt der Vorgang, bei dem der Korken gelöst und das Depot durch den Druck der entstandenen Kohlensäure herausgeschleudert wird.

Die Weine

Die Hauptstadt Frankreichs, Metropole der Weinkenner und -genießer, liegt abseits der berühmten Weinregionen. Paris und sein Umland befinden sich zu weit nördlich für die Erzeugung von Qualitätsweinen. Dennoch hat es seit dem 16. Jahrhundert dank der Klöster am Montmartre Weinbau gegeben, der sich im 17. Jahrhundert bedeutend ausweitete. Heute noch gibt es ein paar Rebstöcke dort.

In der Île-de-France findet man an wenigen, klimatisch günstigen Stellen Rebbau, so bei Suresnes, wo sogar ein Weinlesefest gefeiert wird. Carnetin heißt ein den Champagner Weißweinen ähnlicher Wein, der aber nur wegen seiner Originalität erwähnenswert ist.

Anders sieht es in der Champagne aus. Hier an der nördlichen Weinbaugrenze wird der edelste Schaumwein der Welt erzeugt, und zwar im kleinsten Anbaugebiet Frankreichs mit nur 34000 ha Rebfläche, rund 2% der gesamten Rebfläche des Landes. Daß hier überhaupt Trauben reifen, ist der geringen Höhenlage, vor allem aber dem porösen Kreideboden zu verdanken, der die Wärme speichert. Dieser Kreideboden gehört übrigens zu den höchstbewerteten Weinbauflächen der Welt. Hohe Luftfeuchtigkeit durch große Wasserflächen und Wälder sowie freundliche Sommer und Herbste tragen dazu bei, daß in diesem nördlichen Gebiet optimale Bedingungen für Qualität herrschen.

Die Reben gedeihen in drei Anbaugebieten, den Montagnes de Reims, dem Vallée de la Marne und der Côte des Blancs. Kleinere Flächen gibt es noch in günstigen Lagen der umliegenden Départements.

In diesen drei Anbaugebieten werden für die Champagnerbereitung drei Rebsorten angepflanzt. Hauptanteil hat mit rund zwei Dritteln die rote Burgundersorte Pinot Noir, die im nahen Burgund die feinsten Rotweine ergibt. Hier in der Champagne wird der Saft der roten Trauben ohne die Schalen vergoren und ergibt so einen weißen Wein. Der Pinot Noir verleiht dem Champagner Körper und Fülle. Frische und Feinheit erhält er durch die weiße Sorte Chardonnay. Die aus ihr gewonnenen Grundweine sind besonders moussierfreudig. Die dritte Sorte ist wiederum rot. Pinot Meunier, bei uns als Müllerrebe bekannt, ist besonders widerstandsfähig und kann auch in frostgefährdeten Lagen überleben. Sie verleiht dem Champagner Kraft und Jugend. Diese drei Sorten sind entweder gemeinsam oder auch einzeln in den Grundweinen enthalten. Ein ausschließlich aus blauen Trauben gewonnener Champagner heißt »Blanc de Noirs«, einer aus weißen »Blanc de Blancs«.

Blick auf das Marnetal, Anbaugebiet für die kostbaren Reben, aus denen der Champagner gekeltert wird. Im Hintergrund die Stadt Épernay, neben Reims Haupthandelszentrum für Champagner.

Champagner ist kein Winzerwein. Die Winzer liefern ihre Ernte an die Champagnerhäuser ab. Die Preise richten sich nach der Lage des jeweiligen Dorfes und seiner Weinberge. Die Champagnerhäuser fügen die Weine unterschiedlicher Jahrgänge, Lagen und Rebsorten nach geheimen Rezepturen zur sogenannten Cuvée zusammen, so daß eine gleichbleibende Markenqualität gewährleistet ist. Nur in besonders guten Jahren werden Jahrgangschampagner aus einem einzigen Jahrgang erzeugt.

Daneben gibt es auch kleine Erzeuger, die Champagner aus den Weinen eines einzigen Dorfes bereiten.

Doch nicht allein der Grundwein bestimmt den Geschmack des Endprodukts. Dem fertigen Champagner wird vor dem endgültigen Verkorken die sogenannte Versanddosage, in Wein gelöster Zucker, zugefügt. Die Menge bestimmt den endgültigen Geschmack von brut über sec, demi-sec, demi-doux bis doux.

Champagner mit wenig Zucker wird zum Aperitif oder zwischen den Gängen eines Menüs getrunken, der heute nur noch in geringen Mengen hergestellte süße zum Dessert.

Wo so hohe Qualität auf raren Böden erzeugt wird, ist wenig Platz für »normale« Weine. Dennoch gibt es zwei Herkunftsbezeichnungen für stille, also nicht perlende Kreszenzen. Die AC Coteaux champenois bezieht sich auf Chardonnayweine aus der Côte des Blancs. Der Rosé des Riceys ist eine Rarität. Er darf nur aus der edlen Burgunderrebe Pinot Noir erzeugt werden und gehört zu den besten Roséweinen Frankreichs – sein einziger Fehler ist seine Seltenheit.

Rezepte der Region

Soupe à l'oignon

Zwiebelsuppe (Paris)

Zutaten für 6 Portionen:

150 g Zwiebeln
50 g Butter
1 EL Mehl
1 ½ l leichte Fleischbrühe
6 dünne Scheiben Weißbrot
100 g frisch geriebener Gruyère
4 cl Cognac oder Portwein
Salz, Pfeffer aus der Mühle

Zubereitungszeit: etwa 50 Min.

Pro Portion: 900 kJ/210 kcal

1 Die Zwiebeln schälen und sehr fein hacken. Die Butter in einem Schmortopf zerlassen. Die Zwiebeln hineingeben und bei schwacher Hitze in etwa 15 Min. weich schmoren, nicht bräunen lassen. Das Mehl darüber stäuben, die Fleischbrühe dazugießen. Salzen, pfeffern.

2 Die Suppe zugedeckt etwa 15 Min. bei mittlerer Hitze köcheln lassen. Den Backofen auf 220° vorheizen.

3 Inzwischen die Brotscheiben ohne Fett in einer Pfanne rösten. In feuerfeste Suppentassen legen. Die Suppe über die Brotscheiben gießen. Mit dem Käse bestreuen.

4 Die Tassen auf der mittleren Schiene in den Backofen (Gas Stufe 4) stellen und die Suppe etwa 7 Min. überbacken. Nach Geschmack mit Cognac oder Portwein parfümieren.

• Sind keine feuerfesten Suppentassen vorhanden, legen Sie die Brotscheiben in Suppenteller. Der Käse wird dünn darüber gehobelt, dann die kochendheiße Suppe eingefüllt.

• In Paris als Spätgericht für Nachtschwärmer beliebt. Berühmt geworden in den Lokalen um die alten Markthallen, wo man zusammen mit den Frühaufstehern den Morgen begrüßte.

Soupe à la reine

Geflügelsuppe (Île-de-France)

Zutaten für 4 Portionen:

1 l feine Fleisch- oder Hühnerbrühe
1 etwa 4 cm dicke Scheibe Weißbrot vom Vortag (ohne Rinde)
12 süße Mandelkerne
1 bitterer Mandelkern
4 Eier
1 Brustfilet von gebratenem Hähnchen
100 g Crème fraîche
Salz
weißer Pfeffer aus der Mühle

Zubereitungszeit: etwa 45 Min.

Pro Portion: 1005 kJ/325 kcal

1 Die Fleischbrühe zum Kochen aufsetzen. Das Brot zwischen den Fingern zerkrümeln und in die Suppe geben. Mehrmals kurz aufkochen lassen. Den Topf von der Kochstelle nehmen.

2 Die Mandeln in kochendheißes Wasser tauchen und die Haut abziehen. Die Eier hart kochen, pellen, das Eigelb herauslösen (Eiweiß für ein anderes Gericht verwenden). Das Hühnerfleisch ohne die Haut fein hacken.

3 Das Fleisch, die Eigelb und die Mandeln in einen Mörser geben und zerstoßen oder mit dem Blitzhacker pürieren. Die Masse in die Suppe rühren. Die Crème fraîche dazugeben.

4 Die Suppe durch ein Sieb streichen. Nochmals erhitzen und mit Salz und Pfeffer abschmecken.

• Beilage: Sehr dünne, in Butter geröstete Baguette-Scheibchen schmecken gut dazu.

• Nicht mehr als 1 bittere Mandel verwenden!

• Gut geeignet als Einleitung eines Festmahles.

Pissenlits au lard

Löwenzahn mit Speck (Champagne)

Zutaten für 4 Portionen:

300 g frische Löwenzahnblätter
150 g durchwachsener Räucherspeck
2 EL Olivenöl
2 EL Weinessig
Salz, Pfeffer aus der Mühle

Zubereitungszeit: etwa 20 Min.

Pro Portion: 1200 kJ/290 kcal

1 Den Löwenzahn verlesen, kalt abbrausen, abtropfen lassen und trockentupfen. Die Blätter in einer Salatschüssel anrichten. Sparsam salzen, reichlich pfeffern.

2 Den Speck sehr fein würfeln. Das Öl in einer Pfanne erhitzen und die Speckwürfel darin bei mittlerer Hitze unter Rühren in etwa 10 Min. knusprig braten. Den Essig angießen. Schnell umrühren.

3 Die heiße Salatsauce über die Blätter gießen, gut durchmischen und sofort servieren.

• Den langstieligen Löwenzahn gibt es vor allem auf Märkten zu kaufen. Junge Löwenzahnblätter aus dem Garten oder von der Wiese eignen sich vor der Blüte ebenfalls für diesen Salat. Wer ihn auf der Wiese selbst pflückt, sollte darauf achten, daß keine stark befahrene Straße in der Nähe ist.

Salade champenoise

Endiviensalat mit Geflügelleber (Champagne)

Zutaten für 4 Portionen:

1 Kopf Endiviensalat
4 Tomaten
150 g Hühnerlebern
1 TL Butter
50 g durchwachsener Räucherspeck
1 TL mittelscharfer Senf
1 ½ EL guter Weinessig
6 EL Olivenöl
Salz, Pfeffer aus der Mühle

Zubereitungszeit: etwa 40 Min.

Pro Portion: 1200 kJ/290 kcal

1 Den Salat putzen, waschen und trockentupfen. Die Blätter in mundgerechte Stücke zupfen. In einer Salatschüssel ausbreiten.

2 Die Tomaten kochendheiß überbrühen, häuten, die Kerne herausdrücken, das Fruchtfleisch fein würfeln und auf die Salatblätter streuen.

3 Die Hühnerlebern kurz kalt abbrausen, halbieren. Die Butter in einer Pfanne zerlassen. Die Hühnerlebern auf beiden Seiten kurz braten, auf Küchenpapier legen. Den Speck sehr fein würfeln und im verbliebenen Fett in etwa 5 Min. ausbraten.

4 Aus Senf, Essig und Öl eine Sauce rühren, salzen, pfeffern. Die Hühnerlebern und den Speck lauwarm auf dem Salat verteilen. Die Sauce darüber gießen. Erst bei Tisch durchmischen.

• Beilage: Dünne Croûtons, das heißt Scheiben von »ficelles« (den dünnen Baguettes), trokken geröstet oder in wenig Butter gebraten.

• Tip: Der Salat wird zum kleinen Zwischengericht, wenn Sie pro Person noch 1 pochiertes Ei dazu reichen. Auf den Croûtons anrichten.

Pâté au ris de veau

Kalbfleischpastete mit Bries (Paris)

Zutaten für 8–12 Portionen (Pastetenform von 2 l Inhalt):

Für den Teig:
650 g Mehl
350 g weiche Butter
1 Ei
1 Eigelb
Salz

Für die Füllung:
1 Kalbsbries (etwa 300 g)
800 g Kalbfleisch (Schnitzel oder Filet)
1 TL Pastetengewürz
200 g Sahne
1 Ei
200 g Spinat (große Blätter)
2 Zweige Thymian
2 Zweige Rosmarin
4 Schalotten
1 TL Butter
500 g milder roher Schinken
Salz, weißer Pfeffer aus der Mühle

Für das Gelee:
5 Blatt weiße Gelatine
300 ml Kalbsfond (Glas)
80 ml Madeira

Außerdem:
Butter für die Form
2 Eigelb zum Bestreichen
1 EL Sahne zum Bestreichen

Zubereitungszeit: etwa 4 ½ Std. (+ mindestens 6 Std. Kühlzeit)

Bei 12 Portionen pro Portion: 2775 kJ/ 660 kcal

Paris ist die Metropole der feinen Pasteten, seit Katharina von Medici den »buon gusto« (guten Geschmack) nach Frankreich brachte. So stammt auch der Name »pâté« vom italienischen »pasta« (Teig). Die Pastete ist etwas für Bastler in der Küche, alle Mühe wird aber durch den unvergleichlichen Geschmack und die Schönheit auf dem Teller belohnt.

• Zur Garzeit: Da jeder Backofen etwas unterschiedliche Temperaturen aufweist, unbedingt die Garprobe machen. Beobachten Sie den Fleischsaft im »Kamin«. Wenn er klar aussieht, ist die Farce gar. Oder Sie stecken einen dünnen Fleischspieß in die Pastete, lassen ihn etwa 4–5 Sek. darin und halten den Spieß an Ihre Unterlippe. Ist er an der Spitze und oben heiß, in der Mitte aber warm, ist die Pastete gar. Ist der Spieß in der Mitte noch kalt, geben Sie noch etwas Backzeit dazu.

1 Das Kalbsbries etwa 2 Std. wässern. Inzwischen das Mehl für den Teig auf eine Arbeitsplatte sieben. Eine Mulde hineindrücken. Butter, Ei und Eigelb hineingeben. Etwa 10 EL Wasser angießen. Salzen. Alles schnell zu einem glatten Teig verkneten und etwa 1 Stunde kühl stellen.

2 Das Kalbfleisch fein würfeln und in eine Schüssel geben. Mit Pastetengewürz, Salz und Pfeffer würzen. Mit Sahne und Ei vermengen und für etwa 30 Min. ins Tiefkühlfach stellen.

3 Das Kalbsbries etwa 5 Min. in kochendem Wasser blanchieren. Dann herausheben, abkühlen lassen. Den Spinat waschen, putzen, die Blätter ganz lassen. Kurz blanchieren, herausheben, abschrecken und abtropfen lassen. Kalbsbries entsehnen und enthäuten, in die Spinatblätter wickeln.

4 Thymian und Rosmarin waschen, Blättchen von den Stengeln streifen und fein hacken. Die Schalotten schälen und fein hacken. Alles in der Butter kurz andünsten, abkühlen lassen. Den Schinken grob würfeln.

5 Die gefrosteten Kalbfleischwürfel durch die feinste Scheibe des Fleischwolfs drehen oder in der Küchenmaschine zerkleinern, dann durch ein grobes Sieb streichen. Mit Kräutern und Schinken vermengen, erneut kalt stellen. Eine Pastetenform ausbuttern. Den Backofen auf 180° vorheizen.

6 Den Teig etwa ½ cm dick auf wenig Mehl ausrollen. Einen Deckel für die Form zuschneiden. Die Form mit Teig auslegen und mit einer Gabel einstechen. Überhängende Ränder abschneiden. Die Hälfte der Farce einfüllen. Das Bries hineinlegen. Mit restlicher Farce bedecken, glattstreichen.

7 1 Eigelb verquirlen. Die Teigränder damit bestreichen. Den Teigdeckel aufsetzen, in die Mitte ein Loch stechen. Einen Kamin aus doppelt gefalteter Alufolie einsetzen. Den Deckel mit Teigresten verzieren. Sahne mit dem restlichem Eigelb verquirlen. Den Teigdeckel damit bestreichen.

8 Die Pastete im Backofen (Mitte; Gas Stufe 3) etwa 1 Std. 10 Min. backen. Garprobe machen! Die Folie entfernen, Pastete abkühlen lassen. Gelatine einweichen. Kalbsfond mit Madeira aufkochen, Gelatine darin auflösen. In die Öffnung im Teig gießen. Mindestens 6 Std. kühlen.

Dorade farcie au merlan

Goldbrasse mit Merlan gefüllt (Île-de-France)

Zutaten für 6 Portionen:

1 Goldbrasse, küchenfertig vorbereitet, möglichst die Mittelgräte entfernen lassen (etwa 1,2 kg)
4 Merlanfilets (je etwa 150 g)
30 g Weißbrot vom Vortag (ohne Rinde)
2 hartgekochte Eier
1 Bund Estragon
einige Stengel Kerbel
4 Knoblauchzehen
4–5 EL Zitronensaft
125 g Crème fraîche
2 Eigelb
frisch geriebene Muskatnuß
50 g Butter
Salz, Pfeffer aus der Mühle

Zubereitungszeit: etwa 1 1/4 Std.

Pro Portion: 1600 kJ/380 kcal

1 Die Goldbrasse kalt abbrausen, abtupfen. Die Merlanfilets in Würfel schneiden und in eine Schüssel geben. Das Brot dazubröckeln. Die hartgekochten Eier pellen und würfeln. Die Kräuterblättchen von den Stielen zupfen. Knoblauchzehen schälen. Mit den anderen Zutaten vermengen.

2 Die Masse nach und nach mit dem Blitzhacker pürieren. 2 EL Zitronensaft, Crème fraîche und die rohen Eigelb dazugeben. Noch einmal gut durchmischen, mit Muskat, Salz und Pfeffer würzen.

3 Die Bauchöffnung der Goldbrasse mit der Farce füllen. Mit Küchengarn zunähen. Den Backofen auf 230° vorheizen.

4 Den Fisch in eine gebutterte feuerfeste Form legen. Mit der übrigen Butter in Flöckchen bestreuen. Mit dem restlichen Zitronensaft beträufeln. Im vorgeheizten Backofen (Gas Stufe 4) in etwa 30 Min. garen.

• Tip: Lassen Sie nach Möglichkeit die Mittelgräte der Brasse vom Fischhändler entfernen.

Suprêmes de brochet

Hechtfilets in Roséwein (Champagne)

Zutaten für 4 Portionen:

1 Hecht, küchenfertig vorbereitet (etwa 1,5 kg)
50 g frischer, fetter Speck
2 Zwiebeln
4 Schalotten
3/4 l Rosé de Riceys (Roséwein aus der Champagne)
Bouquet garni (Petersilie, Thymian, Lorbeerblatt)
3 Gewürznelken
250 g Champignons
50 g Butter + Butter für den Topf
2 EL Mehl
Salz, Pfeffer aus der Mühle

Zubereitungszeit: etwa 1 1/2 Std.

Pro Portion: 2400 kJ/575 kcal

1 Den Fisch kalt abbrausen, trockentupfen. Kopf und Schwanzflosse abtrennen. Den Fisch an der Mittelgräte vom Kopf bis zum Schwanz einschneiden. Die Filets durch einen Schnitt hinter den Kiemen vom Rücken bis zum Bauch lösen und von den Gräten abtrennen. Mit der Haut nach unten auf ein Brett legen und mit einem sehr scharfen Messer von der Haut ablösen. Jedes Filet halbieren.

2 Den Speck in Streifen schneiden. Die Filets mit einem spitzen Messer vorsichtig einschneiden und mit dem Speck spicken.

3 Die Zwiebeln und die Schalotten schälen und sehr fein hacken. 1/4 l Wein und 1/4 l Wasser in einen Topf gießen. Die Hälfte der Zwiebeln und der Schalotten zusammen mit den Fischabfällen in den Sud geben. Mit dem Bouquet, Salz, Pfeffer und den Gewürznelken zum Kochen bringen. Den Sud etwa 30 Min. kochen lassen.

4 Inzwischen die Champignons putzen, mit Küchenpapier abreiben, nicht waschen. Sehr fein würfeln.

5 Einen flachen Fischtopf ausbuttern, die Filets hineinlegen. Den Sud durchseihen und $^1/_4$ l davon abmessen. Mit dem restlichen Wein über den Fisch gießen. Den Fisch zugedeckt bei schwacher Hitze 10–12 Min. ziehen lassen, nicht kochen.

6 Die Champignons mit der Hälfte der Butter und den restlichen Schalotten- und Zwiebelwürfeln in einer Kasserolle ohne Flüssigkeitszugabe bei milder Hitze garen. Dabei immer wieder umrühren, damit sich die Pilze nicht verfärben.

7 Den Boden einer flachen feuerfesten Form mit der Champignonsauce bedecken. Die Fischfilets darauf legen. Den Backofen auf 250° vorheizen.

8 Den Sud etwa um die Hälfte einkochen lassen. Die restliche Butter und das Mehl zu einem Kloß kneten, in den Sud einrühren, eventuell nachwürzen und das Ganze über die Fischfilets gießen.

9 Die Form in den Backofen (Mitte; Gas Stufe 5) schieben und das Gericht 2–3 Min. überbacken.

• Die Kombination von Rosé de Riceys, einem zarten Roséwein aus der Champagne, und Hecht macht das Gericht zu einer typischen Spezialität.

• Rosé de Riceys ist nicht leicht zu bekommen. Wählen Sie statt dessen einen weißen Stillwein aus der Champagne (Coteaux Champenois) oder einen zarten Roséwein aus einer anderen Region Frankreichs, zum Beispiel einen Vin gris aus Lothringen oder Südfrankreich. Reichen Sie zum Essen den gleichen Wein, in dem die Hechtfilets gegart wurden.

Truites au vin blanc

Forellen in Weißwein (Champagne)

Zutaten für 4 Portionen:

4 Forellen, küchenfertig vorbereitet (je etwa 200 g)
$^1/_8$ l Milch
etwa 4 EL Mehl
60 g Butter
3 Schalotten
200 ml Champagner Weißwein (Coteaux champenois)
100 g Crème fraîche
1 Eigelb
1 Bund Schnittlauch
Salz, Pfeffer aus der Mühle

Zubereitungszeit: etwa 1 Std.

Pro Portion: 1960 kJ/460 kcal

1 Die Forellen kalt abbrausen, trockentupfen. Die Milch in eine flache Schüssel gießen. Salzen, pfeffern. Das Mehl in einen tiefen Teller sieben. Die Forellen mit der Milch befeuchten. Dann im Mehl wälzen.

2 1 EL Butter in einer großen Pfanne zerlassen. Die Forellen darin in zwei Portionen bei schwacher Hitze pro Seite etwa 7 Min. braten. Die gebratenen Forellen auf einer Platte anrichten und warm stellen.

3 Die Schalotten schälen und fein hacken. Die restliche Butter in einer Kasserolle zerlassen, die Schalotten darin glasig braten. Den Wein angießen. Die Crème fraîche und das Eigelb verquirlen. Die Sauce damit binden. Umrühren, nicht mehr kochen. Mit Salz und Pfeffer abschmecken.

4 Den Schnittlauch waschen, trockentupfen und in feine Röllchen schneiden. Die Sauce über die Forellen gießen. Den Schnittlauch darüber streuen. Sehr heiß servieren. Dazu passen Kartoffeln und Frühlingsgemüse.

• Für ein Festmahl Champagne brut für die Sauce verwenden.

Homard à l'américaine

Hummer auf klassische Art (Paris)

Zutaten für 4 Portionen:

2 tiefgefrorene Hummer (je etwa 700 g)
1 Zwiebel
1 Schalotte
2 reife Tomaten
4 EL Olivenöl
1 Knoblauchzehe
je 2–3 Stengel Petersilie und Estragon
200 ml trockener Weißwein
4 cl Cognac
1 Prise Cayennepfeffer
5 EL Butter
Salz, Pfeffer aus der Mühle

Zubereitungszeit: etwa 1 ½ Std. (+ etwa 4 Std. Auftauzeit für den Hummer)

Pro Portion: 2200 kJ/520 kcal

Woher der Name dieses bekannten feinen Gerichts stammt – darüber streiten sich die Geister. Gegen die These, die ursprüngliche Heimat sei die Bretagne und der Name verballhornt (à l'armoricaine), sprechen die Zutaten Tomaten und Olivenöl, die im vorigen Jahrhundert dort unbekannt waren. Wahrscheinlich weisen eben jene Zutaten auf eine Herkunft aus der Provence hin. Ein anonymer Pariser Gastronom hat das Gericht dann in der Hauptstadt heimisch gemacht.

• Weinempfehlung: ein edler Weißwein, zum Beispiel ein Meursault, ein Corton-Charlemagne oder ein Sancerre.

• Tip: Wer lebende Hummer kaufen will, muß sie etwa 15 Min. in sprudelnd kochendem Wasser garen. Am besten fragen Sie im Fischgeschäft, was dabei zu beachten ist.

1 Tiefgefrorenen Hummer im Kühlschrank in etwa 4 Std. langsam auftauen lassen. Die Hummerschwänze dem gegliederten Panzer entsprechend in Scheiben schneiden.

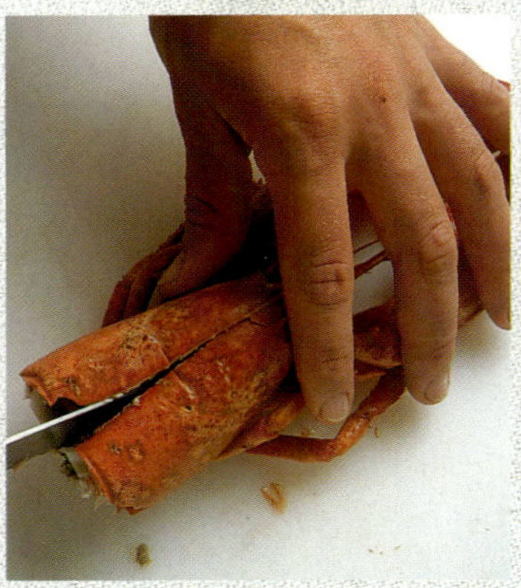

2 Den Brustpanzer mit einem scharfen Messer längs aufschneiden. Den Beutel mit sandiger Substanz herausnehmen. Die weißen, cremigen Innereien und das Corail (Rogen) aus dem Schwanzfleisch lösen und beiseite stellen. Scheren und Beinpanzer aufschlagen.

3 Die Zwiebel und die Schalotte schälen und sehr fein hacken. Die Tomaten kochendheiß überbrühen, häuten, die Kerne herausdrücken. Das Fruchtfleisch würfeln.

4 Das Öl in einem großen dickwandigen Schmortopf erhitzen, die Hummerteile darin anbraten, sofort herausnehmen. Die Hitze reduzieren. Zwiebel und Schalotte in das Öl geben und glasig schmoren. Die Knoblauchzehe dazupressen. Alles mit einem Holzlöffel gut umrühren.

5 Petersilie und Estragon waschen, trockentupfen, grob hacken und in den Topf geben. Die Hummerteile darauf betten. Den Weißwein dazugießen. Den Cognac in einem Schöpflöffel etwas anwärmen, anzünden und in den Topf geben. Das Gericht würzen, zugedeckt etwa 10 Min. köcheln lassen.

6 Vor dem Servieren Schwänze, Beine und Scheren aus den Panzern herauslösen, die Brustpanzer in je zwei Hälften anrichten. Warm stellen.

7 Den Sud etwas einkochen lassen. Das Corail und die Innereien in einem Mörser zerkleinern, mit der Hälfte der Butter verkneten und in den Kochsud geben. Das Corail wird beim Erhitzen rot. Die Sauce mit dem Schneebesen kräftig schlagen, 2–3mal aufwellen lassen. Vom Herd nehmen.

8 Den Rest der Butter in kleinen Flöckchen in die Sauce geben. Die Flüssigkeit über das Hummerfleisch gießen. Sofort servieren.

Foie de veau à la briarde

Kalbsleber im Netz (Île-de-France)

Zutaten für 6 Portionen:

1 Schweinenetz (vorbestellen!)
1 Kalbsleber (etwa 1 kg)
100 g durchwachsener Räucherspeck
2 junge Möhren
2 Zwiebeln
Bouquet garni (Petersilie, Thymian, Lorbeerblatt)
150 ml trockener Weißwein
150 ml leichte Fleischbrühe oder -fond
50 g Butter
Salz, Pfeffer aus der Mühle

Zubereitungszeit: etwa 2 ¼ Std.

Pro Portion: 2300 kJ/550 kcal

1 Das Schweinenetz in warmem Wasser einweichen. Die Kalbsleber waschen, von Sehnen und Häutchen befreien. Mit einem spitzen, scharfen Messer Einschnitte anbringen.

2 75 g Speck in schmale Streifchen schneiden, den Rest sehr klein würfeln.

3 Die Leber mit den Speckstreifchen spicken, mit Pfeffer würzen. Das Schweinenetz abtropfen lassen und vorsichtig ausbreiten und die Leber darin einwickeln.

4 Die Möhren waschen und in feine Scheibchen schneiden. Die Zwiebeln schälen und hacken.

5 Die Speckwürfel in einem Schmortopf auslassen. Die Leber darin auf allen Seiten anbraten. Eventuell überschüssiges Fett abgießen. Möhren und Zwiebeln dazugeben. Die Hitze reduzieren und alles etwa 5 Min. unter häufigem Umwenden anschmoren. Das Bouquet in den Topf legen. Salzen. Wein und Fleischbrühe angießen.

6 Den Topf zudecken. Die Leber in etwa 1 ½ Std. bei milder Hitze garen.

7 Die Leber aus dem Netz nehmen und kurz warm stellen. Das Bouquet entfernen. Den Sud durch ein Sieb gießen, dabei auffangen. Möhren und Zwiebeln abtropfen lassen, die Hälfte davon pürieren. Die Butter unter das Püree rühren. Die restlichen Möhren und Zwiebeln wieder unter die Sauce rühren.

8 Den Sud entfetten. Die Leber in Scheiben schneiden, auf einer Platte anrichten und mit der Sauce übergießen. Das Gemüsemus getrennt dazu servieren.

• Kalbsleber möglichst für den Schlachttag beim Metzger vorbestellen. Je frischer sie ist, desto besser schmeckt sie. Schweinenetz ebenfalls beim Metzger bestellen.

• Als Beilage gibt es Baguette oder auch ein helles Landbrot.

• Weinempfehlung: In Ermangelung regionaler Weine (das Gericht stammt, wie der Name sagt, aus der Heimat des Brie) sollten Sie einen Beaujolais dazu trinken. Es muß kein Primeur sein, versuchen Sie es einmal mit einem fruchtigen, zarten Chiroubles oder einem feinen Fleurie.

Bœuf à la mode

Rindfleischtopf (Île-de-France)

Zutaten für 6 Portionen:

1 kg Rindfleisch (Hüfte oder Schulter ohne Knochen)
75 g frischer fetter Speck
6 cl Cognac
200 g durchwachsener Räucherspeck
350 g Möhren
10 Frühlingszwiebeln
2 Schalotten
1 große Zwiebel
5 Gewürznelken
½ Kalbsfuß (vom Metzger in 4 Scheiben gehackt)
frisch geriebene Muskatnuß
2 Knoblauchzehen
Bouquet garni (Petersilie, Thymian, Lorbeerblatt)
400 ml trockener Weißwein
½ l Fleischbrühe oder -fond
1 Bund Petersilie
Salz, Pfeffer aus der Mühle

Zubereitungszeit: etwa 5 Std. (davon 4 Std. Garzeit + 2 Std. Marinieren)

Pro Portion: 2300 kJ/545 kcal

1 Das Fleisch waschen und abtrocknen. Den fetten Speck in feine Streifen schneiden, das Fleisch damit spicken. Das Fleisch in eine Schüssel legen und mit dem Cognac übergießen. Etwa 2 Std. unter Umwenden marinieren.

2 Den durchwachsenen Speck fein würfeln, die Schwarte aufheben. Die Möhren putzen, waschen und in Scheibchen schneiden. Die Frühlingszwiebeln putzen, waschen, ganz lassen. Die Schalotten schälen und fein hacken. Die große Zwiebel schälen und mit den Gewürznelken spicken.

3 Die Speckwürfel in einem Schmortopf bei starker Hitze anbraten. Das Rindfleisch aus der Marinade heben, abtupfen und mit dem Kalbsfuß dazugeben. Das Fleisch unter Umwenden anbraten. Alles herausnehmen.

4 Den Topf vom Herd nehmen, mit der Speckschwarte – Fettseite zum Topfboden – auslegen. Die Möhren auf der Speckschwarte verteilen. Rindfleisch, Speck und Kalbsfuß wieder in den Topf zurücklegen. Bouquet, Zwiebeln und Schalotten obenauf legen, mit Muskat würzen. Die Knoblauchzehen schälen und dazupressen. Das Bouquet garni einlegen. Salzen, pfeffern. Wein und Fleischbrühe angießen.

5 Den Topf gut schließen und das Gericht bei geringster Hitze in etwa 4 Std. garen. Den Topf während der Garzeit nicht öffnen.

6 Vor dem Servieren das Bouquet und die mit Nelken gespickte Zwiebel entfernen.

7 Das Fleisch vom Kalbsfuß lösen und wieder an das Gericht geben. Die Kochflüssigkeit entfetten.

8 Das Gericht im Topf servieren oder das Fleisch auf einer Platte anrichten und das Gemüse ringsherum anordnen. Die Petersilie waschen, fein hacken und über das Fleisch streuen. Die Kochflüssigkeit darüber gießen oder getrennt dazu reichen.

• Schmeckt am besten mit frischem Baguette.

• Kenner schätzen das Gericht vor allem kalt. In diesem Fall legen Sie das Fleisch in eine Schüssel, ordnen das Gemüse ringsherum an und gießen die besonders sorgfältig entfettete Jus darüber.

• Tip: Entscheiden Sie sich für das Sowohl-Als-auch. Kaufen Sie die doppelte Menge ein – das Fleisch wird saftiger –, und genießen Sie einen Teil als warmen Hauptgang und den kalten Rest als kleines Festessen mit Freunden.

Suprêmes de volaille

Hühnerbrüstchen mit Spargel (Île-de-France)

Zutaten für 4 Portionen:

1 kg Spargelspitzen
½ TL Zucker
3–4 EL Zitronensaft
4 Hühnerbrüstchen (je etwa 130 g)
80 g Butter
Salz, Pfeffer aus der Mühle
Kerbelblättchen zum Garnieren

Zubereitungszeit: etwa 1 Std.

Pro Portion: 1500 kJ/360 kcal

1 Den Backofen auf 240° vorheizen. Die Spargel schälen, kalt abbrausen.

2 In einem Topf reichlich Wasser zum Kochen bringen, salzen. Zucker und Zitronensaft hinzufügen. Den Spargel darin je nach Dicke der Stangen 15–20 Min. garen.

3 Inzwischen die Hühnerbrüstchen in einen dickwandigen Schmortopf legen, salzen und pfeffern. 50 g Butter zerlassen und darüber gießen. Den Topf fest schließen. Die Hühnerbrüstchen in 20–25 Min. im vorgeheizten Backofen (Gas Stufe 5) garen.

4 Das Kochwasser vom Spargel abgießen. Die Spargelspitzen abtropfen lassen, wieder in den Topf geben. Salzen, pfeffern. Bei starker Hitze auf dem Herd kurz erhitzen, damit das restliche Kochwasser verdampft. Den Rest der Butter in Flöckchen dazugeben und schmelzen lassen.

5 Die Spargelspitzen mit den Hühnerbrüstchen auf vorgewärmten Tellern anrichten. Mit Kerbel garniert servieren.

• Weinempfehlung: ein kräftiger Weißwein, zum Beispiel Sancerre oder auch – sehr edel – ein Meursault.

Poulet au champagne

Hähnchen in Champagner (Champagne)

Zutaten für 4 Portionen:

Für die Hühnerbrühe:
200 g Hühnerklein
1 Möhre
1 Zwiebel
1 Knoblauchzehe
Bouquet garni (Stangensellerie, Thymian, Petersilie, Lorbeerblatt)
Salz

Für das Hähnchen:
1 Brathähnchen (1,2 kg)
1 schwarze Trüffel
50 g Butter
1 EL Mehl
1 EL Öl
1 Schalotte
¼ l Champagner
150 g Crème fraîche
Salz, Pfeffer aus der Mühle

Zubereitungszeit: etwa 2 Std.

Pro Portion: 2500 kJ/600 kcal

1 Für die Brühe das Hühnerklein mit ½ l kaltem Wasser zum Kochen aufsetzen. Die Möhre und die Zwiebel schälen, vierteln und in die Brühe geben. Die Knoblauchzehe schälen und im ganzen dazugeben. Das Bouquet einlegen. Die Brühe salzen und etwa 1 Std. kochen lassen, dabei ab und zu abschäumen.

2 Inzwischen das Hähnchen vierteln. Beiseite stellen. Die Trüffel eventuell putzen, in 4 Scheiben schneiden, kühl stellen.

3 Die Hälfte der Butter in einer Kasserolle zerlassen, das Mehl anstäuben und 2 Min. etwas Farbe annehmen lassen. Von der Kochstelle nehmen.

4 Die fertige Hühnerbrühe durch ein Sieb gießen. ¼ l davon zur Mehl-Butter-Mischung gießen. Mit einem Schneebesen unterschlagen. Aufkochen und etwa 5 Min. köcheln lassen. In einem Schüsselchen beiseite stellen.

Poule en hochepot

Huhn im Topf (Île-de-France)

5 Die restliche Butter und das Öl in einem Topf erhitzen. Die Hähnchenteile darin anbraten. Salzen, pfeffern. Die Hitze reduzieren und das Hähnchen etwa 15 Min. pro Seite braten. Auf einer Platte anrichten, warm stellen.

6 Die Schalotte schälen und sehr fein hacken. Die Hälfte des Bratfetts in eine Kasserolle gießen, die Schalotte darin glasig schmoren, mit dem Champagner ablöschen. Die Mehl-Butter-Mischung unterrühren und Crème fraîche dazugeben. Alles mit einem Schneebesen zu einer cremigen Sauce verarbeiten. Durch ein Sieb über die Hähnchenteile gießen. Je 1 Trüffelscheibe obenauf legen.

• Eigentlich ist Champagner zu schade zum Kochen, doch sein unverwechselbarer Geschmack ist durch keinen Wein zu ersetzen. Das passende Getränk dazu: natürlich Champagner.

Zutaten für 6–8 Portionen:

1 Scheibe Kalbshaxe (etwa 500 g)
1 Kalbsfuß (vom Metzger kleingehackt)
¾ l trockener Weißwein
2 Möhren
1 Zwiebel
6 Gewürznelken
Bouquet garni (Petersilie, Thymian, Lorbeerblatt, Stangensellerie)
1 junges Suppenhuhn (etwa 1 kg)
250 g Kochwurst (z.B. Lyoner)
200 g Champignons
60 g Butter
1 EL Mehl
4 EL Madeira
100 g Crème fraîche
Salz, Pfeffer aus der Mühle

Zubereitungszeit: etwa 3 ½ Std.

Bei 8 Portionen pro Portion: 1800 kJ/430 kcal

1 Die Kalbshaxe und den Kalbsfuß in einen Topf geben. Vom Wein 1 Glas zurückbehalten, den Rest mit ½ l Wasser in den Topf gießen und zum Kochen bringen.

2 Die Möhren putzen, längs vierteln. Die Zwiebel schälen, mit den Nelken spicken. Beides mit dem Bouquet in den Topf geben. Salzen, pfeffern. Die Suppe bei milder Hitze etwa 2 ½ Std. sieden lassen.

3 Inzwischen das Huhn in 8 Portionsstücke teilen und mit dem restlichen Weißwein übergießen. Salzen, pfeffern. Ab und zu wenden.

4 Den fertigen Sud durchsieben, mit der Marinade vom Hähnchen mischen, in den Topf zurückgießen. Hühnerteile und Wurst einlegen. Zugedeckt in etwa 40 Min. garen.

5 Inzwischen das Fleisch von Kalbshaxe und Kalbsfuß auslösen und kleinschneiden.

6 Die Champignons putzen und je nach Größe ganz lassen oder teilen. In 30 g Butter etwa 10 Min. garen.

7 Die gegarten Hühnerteile in einer Schüssel anrichten. Die Wurst in Scheiben schneiden und ringsherum anordnen. Warm stellen.

8 Die restliche Butter zerlassen. Das Mehl darüber stäuben und hellgelb anschwitzen. Mit Madeira ablöschen. Die Hühnersuppe und Crème fraîche unterrühren und etwa 5 Min. köcheln lassen. Das Kalbfleisch und die Pilze in den Suppentopf geben. Noch einmal erhitzen. Die Hühnerteile und die Wurstscheiben mit der Suppe übergießen.

• In Butter geröstete Weißbrotscheiben dazu reichen.

Gibelotte de lapin

Kaninchen in Weißwein (Île-de-France)

Zutaten für 4 Portionen:

1 Kaninchen (etwa 1,2 kg), küchenfertig vorbereitet
50 g Butter
2 EL Mehl
4 cl Marc de Champagne (oder Cognac)
200 ml trockener Weißwein
200 ml leichte Fleischbrühe oder -fond
1 Knoblauchzehe
Bouquet garni (Petersilie, Thymian, Lorbeerblatt)
12 Frühlingszwiebeln
200 g Champignons
125 g durchwachsener Räucherspeck
Salz, Pfeffer aus der Mühle

Zubereitungszeit: etwa 1 ½ Std.

Pro Portion: 2600 kJ/620 kcal

1 Das Kaninchen in 8 Portionsstücke zerlegen. Die Butter in einem schweren Schmortopf zerlassen und die Kaninchenteile darin ringsherum anbraten. Salzen, pfeffern und das Mehl anstäuben. Die Kaninchenteile mit einem Kochlöffel ständig umwenden, bis das Mehl goldgelb geworden ist. Den Marc in einer Schöpfkelle leicht anwärmen, anzünden und angießen. Mit Wein und Fleischbrühe ablöschen. Die Knoblauchzehe schälen und im ganzen mit dem Bouquet hinzufügen.

2 Den Topf zudecken und das Gericht bei milder Hitze etwa 45 Min. schmoren.

3 Inzwischen die Frühlingszwiebeln putzen, waschen und ganz lassen. Die Champignons putzen, trocken abreiben, eventuell halbieren. Den Speck fein würfeln und in einer kleinen Pfanne ausbraten.

4 Die Zwiebeln, die Champignons und die Speckwürfel ohne das Fett an das Fleisch geben und alles noch etwa 15 Min. schmoren.

Perdrix à la vigneronne

Rebhuhn mit Weinbeeren (Île-de-France)

Zutaten für 4 Portionen:

2 junge Rebhühner (je etwa 400 g)
2 Scheiben fetter Räucherspeck
400 g Weinbeeren
50 g Butter
4 Scheiben Toastbrot
100 ml trockener Weißwein
100 ml Wildfond (aus dem Glas)
Salz, Pfeffer aus der Mühle

Zubereitungszeit: etwa 45 Min.

Pro Portion: 2100 kJ/500 kcal

1 Die Rebhühner kalt abbrausen und dressieren, das heißt die Flügel und Schenkel am Körper festbinden. Die Speckscheiben halbieren, die Rebhühner damit umwickeln. Den Speck mit Küchengarn befestigen.

2 Die Weinbeeren häuten, halbieren und von den Kernen befreien.

3 Die Butter in einem flachen Schmortopf erhitzen. Die Rebhühner darin bei starker Hitze etwa 20 Min. auf allen Seiten braten.

4 Inzwischen die Brotscheiben toasten oder trocken in einer Pfanne rösten. Auf eine Servierplatte legen.

5 Die Rebhühner halbieren und auf den Brotscheiben anrichten. Warm stellen.

6 Die Butter aus dem Topf abgießen. Den Bratfond mit dem Weißwein loskochen. Einkochen lassen. Den Wildfond dazugeben. Noch einmal etwas einkochen lassen. Sparsam salzen, pfeffern.

7 Die Weinbeeren kurz in der Sauce erhitzen, herausnehmen und auf der Platte anrichten. Die Speckscheiben vom Küchengarn befreien und die Rebhühner damit garnieren.

8 Die Sauce durch ein Sieb gießen und extra dazu reichen.

• Dazu paßt Kartoffelpüree mit Sahne.

• Weinempfehlung: ein körperreicher Rotwein, zum Beispiel Saint-Émilion oder Côte-Rôtie.

Haricot de lièvre

Hase mit weißen Rübchen (Île-de-France)

Zutaten für 4 Portionen:

1 junger Hase (etwa 2 kg), küchenfertig vorbereitet
2 Schalotten
1 Knoblauchzehe
50 g Butter
Bouquet garni (Petersilie, Thymian, Lorbeerblatt, Stangensellerie)
200 ml trockener Weißwein
200 ml kräftige Fleischbrühe oder -fond
750 g weiße Rübchen
Salz, Pfeffer aus der Mühle

Zubereitungszeit: etwa 1 ½ Std.

Pro Portion: 2000 kJ/475 kcal

1 Den Hasen in 8 Portionsstücke teilen. Die Schalotten schälen und halbieren. Die Knoblauchzehe schälen.

2 Die Butter in einem Schmortopf erhitzen. Die Hasenteile darin anbraten. Das Bouquet garni, Schalotten und Knoblauch dazugeben. Den Wein und die Fleischbrühe angießen. Salzen, pfeffern. Das Gericht zugedeckt bei milder Hitze etwa 40 Min. garen.

3 Inzwischen die weißen Rübchen schälen und kurz in kochendem Wasser blanchieren. Abgießen, nach Wunsch in Achtel schneiden, zum Hasen geben und alles in 20 Min. fertiggaren.

4 Fleisch von den Knochen lösen, in Stücke schneiden und mit dem Gemüse auf einer Platte anrichten, die Sauce etwas einkochen lassen und durch ein Sieb über das Fleisch gießen.

• Haricot hat nichts mit Bohnen zu tun, obwohl wir das so gelernt haben. Es ist eine Verballhornung von Halicot, und damit bezeichnet man ein Fleischgericht mit weißen Rübchen, mit Kartoffeln oder eben auch mit Bohnen.

Pommes soufflées

Polsterkartoffeln (Paris)

Zutaten für 4 Portionen:

750 g möglichst gleich große Kartoffeln
Fett oder Öl zum Fritieren
Salz

Zubereitungszeit: etwa 40 Min.

Pro Portion: 2000 kJ/480 kcal

1 Die Kartoffeln schälen und in etwa 3 mm dicke, runde Scheiben schneiden. Kurz kalt abbrausen und mit Küchenkrepp abtrocknen.

2 Das Fett in der Friteuse oder in einem hohen Topf erhitzen. Die Kartoffelscheiben portionsweise in das Fett geben – je weniger auf einmal desto besser.

3 Schon nach wenigen Sekunden die Kartoffelscheiben herausheben, kurz abkühlen lassen und nochmals fritieren, bis sie hellgelb sind. Abtropfen und abkühlen lassen.

Mit den übrigen Kartoffelscheiben ebenso verfahren.

4 Das Fett jetzt so hoch erhitzen, daß es fast raucht. Die Kartoffelscheiben noch einmal eintauchen, bis sie goldgelb sind und sich aufblähen. Schnell herausheben, abtropfen lassen, auf Küchenpapier entfetten. Salzen. Sofort auf einem vorgewärmten Teller servieren.

• Pommes soufflées passen zu jedem Fleischgericht.

• Wer der Pommes frites endgültig überdrüssig ist, sollte diese aparte Variante probieren. Schmeckt gut und sieht appetitlich aus.

Purée Crécy

Möhrenpüree (Île-de-France)

Zutaten für 4 Portionen:

500 g junge Möhren
1 Zwiebel
50 g Butter
400–450 ml Fleischbrühe oder -fond
Bouquet garni (Petersilie, Lorbeerblatt, Thymian)
1 Prise Zucker
50 g Rundkornreis
Salz
weißer Pfeffer aus der Mühle
Kerbelblättchen zum Garnieren

Zubereitungszeit: etwa 1 Std.

Pro Portion: 960 kJ/230 kcal

1 Die Möhren waschen, putzen und in dünne Scheibchen schneiden. Die Zwiebel schälen und hacken.

2 In einem dicken, fest schließenden Schmortopf die Hälfte der Butter zerlassen. Die Zwiebel und die Möhren dazugeben, dann zugedeckt bei mittlerer Hitze anschwitzen.

3 Die Fleischbrühe zum Kochen bringen und an das Gemüse gießen. Das Bouquet einlegen. Nach Geschmack etwas zuckern, salzen, pfeffern. Etwa 15 Min. zugedeckt kochen lassen. Den Reis hinzufügen. Noch etwa 20 Min. kochen lassen. Das Bouquet entfernen.

4 Alles durch ein Sieb passieren. Noch einmal abschmecken, eventuell nachwürzen und den Rest der Butter in Flöckchen dazugeben. Mit Kerbelblättchen garnieren

• Schmeckt gut zu Fleisch- und Wildgerichten.

• Crécy-en-Brie, ein kleiner Ort in der Heimat des berühmten Brie-Käses und bekannt für seine Gemüsekulturen, hat allen französischen Möhrenrezepten, woher auch immer sie stammen mögen, den Namen gegeben.

Purée d'oignons

Feines Zwiebelpüree (Champagne)

Zutaten für 4 Portionen:

750 g Gemüsezwiebeln
50 g Butter
1 TL Fleischextrakt
4 cl Marc de Champagne (oder Cognac)
Salz, weißer Pfeffer aus der Mühle

Zubereitungszeit: etwa 2 ¼ Std.

Pro Portion: 740 kJ/180 kcal

1 Die Zwiebeln schälen und grob hacken. Die Butter in einem Schmortopf zerlassen. Die Zwiebeln darin anschmoren. Den Fleischextrakt in etwas Wasser auflösen, dazugeben. Den Marc angießen.

2 Den Topf schließen und die Zwiebeln bei sehr milder Hitze in etwa 2 Std. weich dünsten. Mit wenig Salz und weißem Pfeffer abschmecken.

• Paßt gut zu allen Arten von kräftigen Fleischgerichten.

• Verwenden Sie für Purée d'oignons unbedingt die milden Gemüsezwiebeln.

• Raffiniert: Einige Zwiebelwürfel in Butter rösten und über das Püree streuen.

• Das Gericht erinnert an das berühmte Purée Soubise, ein Zwiebelmus mit Reis und Béchamelsauce. Die »urige« Variante aus der Champagne ist einen Versuch wert.

Endives à l'ardennaise

Chicorée mit Gruyère (Champagne)

Zutaten für 4 Portionen:

4 Stauden Chicorée
300 g Sahne
150 g frisch geriebener Gruyère
Salz, Pfeffer aus der Mühle

Zubereitungszeit: etwa 45 Min.

Pro Portion: 1660 kJ/390 kcal

1 Die Chicoréestauden gründlich waschen. Das untere Ende abschneiden, den bitteren Keil aus dem Wurzelende entfernen.

2 Die Stauden längs halbieren und in einen dickwandigen Topf legen, mit so viel Sahne begießen, daß sie gerade bedeckt sind. Den Topf zudecken und das Gemüse bei milder Hitze in etwa 20 Min. garen. Salzen, pfeffern. Den Backofen auf 220° vorheizen.

3 Die Chicoréestauden mit dem geriebenen Käse bestreuen und im vorgeheizten Backofen (Mitte; Gas Stufe 4) etwa 10 Min. überbacken, bis der Käse goldgelb ist.

• Als Beilage eignet sich Chicorée zu allen deftigen Wintergerichten mit dunklem Fleisch und Wild.

• Wenn Sie dieses Gericht in Frankreich im Restaurant bestellen, müssen Sie Endives verlangen, denn wenn Sie Chicorée sagen, bekommen Sie Endiviensalat. Reichlich verwirrend!

Crème champenoise

Weincreme (Champagne)

Zutaten für 4 Portionen:

4 Eier
¼ l Coteaux champenoise oder ein anderer trockener Weißwein
1 unbehandelte Zitrone
10 Zuckerwürfel
1 EL Kirschwasser

Zubereitungszeit: etwa 50 Min.

Pro Portion: 790 kJ/190 kcal

1 Die Eier trennen. Eiweiß kühl stellen. Die 4 Eigelb in einem Edelstahl- oder Emailtopf mit dem Wein verquirlen.

2 Die Zitrone gründlich waschen. Die Zitronenschale mit den Zuckerstückchen abreiben, in das Wein-Ei-Gemisch geben. Alles kräftig schlagen. Das Kirschwasser dazugeben.

3 Den Topf auf den Herd setzen und die Creme bei mittlerer Hitze erwärmen, aber auf keinen Fall kochen lassen. Wenn die Creme dickflüssig wird, den Topf vom Herd nehmen.

4 Die Creme abkühlen lassen. Kurz vor dem Servieren das Eiweiß steif schlagen. Den Eischnee vorsichtig unter die Creme heben. Sofort servieren.

• Dazu passen Löffelbiskuits.

• Die stillen, also nicht schäumenden Weißweine der Champagne haben nichts mit den Grundweinen für den berühmten Champagner gemeinsam. Es sind säurereiche, einfache Weißweine, die sich gerade wegen ihres herben Geschmacks gut für die Herstellung von Süßspeisen eignen.

Sorbet au champagne

Champagnersorbet (Champagne)

Zutaten für 6 Portionen:

250 g Zucker
1 unbehandelte Zitrone
1 unbehandelte Orange
1 ⅛ l Champagner
1 Eiweiß
50 g Puderzucker

Zubereitungszeit: etwa 20 Min. (+ etwa 3 Std. Gefrierzeit)

Pro Portion: 1700 kJ/400 kcal

1 Den Zucker in etwa 300 ml Wasser auflösen und bei starker Hitze zu einem dickflüssigen Sirup einkochen lassen.

2 Die Zitrone und die Orange gründlich waschen, dünn abschälen und auspressen. Die Schalen in den Sirup geben und kurz mitkochen lassen. Den Topf vom Herd nehmen, die Schalen entfernen. Den Fruchtsaft hinzufügen. Etwa ½ Flasche Champagner hinzufügen. Abkühlen lassen.

3 Die Flüssigkeit in eine Eisschale gießen und in das Gefrierfach des Kühlschranks stellen. Nach 1 Std. die Masse mit einem Schneebesen schlagen und wieder in das Gefrierfach stellen.

4 Inzwischen das Eiweiß im kalten Wasserbad steif schlagen. Den Puderzucker nach und nach durch ein Sieb dazugeben.

5 Sobald das Sorbet anfängt fest zu werden, den Eischaum darunterziehen. Wieder in das Gefrierfach stellen, bis die Masse fest ist.

6 Kurz vor dem Servieren aus dem Sorbet Kugeln ausstechen und in Champagnergläser geben. Mit dem restlichen Champagner auffüllen.

• Dazu passen feine Sandplätzchen.

Crème Bourdaloue

Cremespeise mit pochierten Früchten (Île-de-France)

• Champagnersorbet ist ein herrliches Sommerdessert. Es eignet sich in jeder Jahreszeit auch gut nach einem üppigen Mahl mit vielen Gängen zur Belebung der Geister.

Zutaten für 4–6 Portionen:

2 festfleischige Birnen
2 festfleischige Äpfel
½ l Zuckersirup (siehe Seite 38)
1 Banane
3 EL Korinthen
3 EL Sultaninen

Für die Creme:
¼ l Milch
75 g Zucker
6 Eier
30 g Mehl
30 g Butter
2 Makronen

Zubereitungszeit: etwa 1 Std. (+ etwa 1 Std. Kühlzeit)

Bei 6 Portionen pro Portion: 2030 kJ/480 kcal

1 Die Birnen und die Äpfel schälen, vierteln, die Kerngehäuse entfernen. Den Zuckersirup erhitzen und das Obst darin etwa 20 Min. pochieren. Abtropfen lassen und die Viertel abwechselnd am Rand einer tiefen Schüssel anordnen.

2 Die Banane schälen und in dicke Scheiben schneiden. Die Korinthen und die Sultaninen mit den Bananenscheiben etwa 4 Min. im Zuckersirup pochieren. Abtropfen lassen, in der Mitte der Schüssel anordnen. Während die Früchte abkühlen, die Schüssel schräg halten und immer wieder Zuckersirup abgießen. Den Zuckersirup noch einmal erhitzen, über die Früchte gießen.

3 Für die Creme die Milch mit dem Zucker aufkochen. Die Eier trennen. Die Eigelb mit dem Mehl in einer Schüssel verrühren, mit der kochenden Milch übergießen. Die Masse schlagen, damit sich keine Klümpchen bilden.

4 Die Creme in einen Edelstahltopf gießen und bei schwacher Hitze unter ständigem Schlagen mit dem Schneebesen aufkochen lassen. Zum Schluß die Butter hinzufügen. Zwei- bis dreimal gründlich aufkochen lassen. Warm stellen.

5 Eiweiß zu steifem Schnee schlagen. Unter die Creme ziehen. Die Makronen im Mörser zerstoßen und zum Schluß hineinrühren.

6 Die Creme über die Früchte gießen, mit einer breiten Messerklinge glattstreichen. Vor den Servieren etwa 1 Std. kühl stellen.

• In der Beerensaison können Sie die pochierten Früchte durch frische Erdbeeren, Himbeeren oder Waldbeeren ersetzen, diese mit Puderzucker bestäuben und mit der Creme bedeckt servieren. Oder das Dessert mit einigen Beeren garnieren.

Käse – Wunder der Vielfalt

Ist es nicht tatsächlich wie ein Wunder? Aus einem einzigen Naturprodukt, der Milch von Kuh, Ziege oder Schaf, werden in Frankreich mehr als 500 Käsesorten hergestellt!

Käse, in früheren Zeiten Hauptnahrungsmittel in den ärmeren Gebirgsregionen der Alpen und des Zentralmassivs, ist unveräußerlicher Bestandteil eines jeden französischen Menüs. Womit sonst könnte man seinen Rotwein genüßlich austrinken und die Freuden des genossenen Mahls noch einmal Revue passieren lassen, bevor der endgültige Schlußpunkt in Form von Kaffee, Obst und Süßspeisen gesetzt wird?

Charles de Gaulle schrieb die immense Vielfalt an Käsesorten dem unverbesserlichen Individualismus seines Volkes zu und erklärte diese Tatsache zum Grund der Unregierbarkeit der französischen Menschen.

All die Käsesorten sind alten Traditionen zu verdanken, die bis heute unverändert gepflegt werden – trotz Industrialisierung und Export in nahezu alle Länder der Erde.

Schon vor 2000 Jahren wurde Käse hergestellt, und bis heute wird unermüdlich geforscht, wie man aus Milch weitere Köstlichkeiten zaubern kann.

In den Kapiteln über die Landschaften und ihre Produkte habe ich bereits einige interessante Käse im Zusammenhang mit ihrer Herkunft erwähnt. In Frankreich gibt es für den

Käsestand in der Rue Mouffetard in Paris. Von diesem Angebot können Feinschmecker nur träumen. Hier erwarten den Kunden optimale Reife und Lagerung, dazu eine fach- und sachkundige Beratung aus Liebe zur Ware.

Hochadel unter ihnen den gesetzlichen Ursprungsschutz, die Appellation contrôlée, die Herstellungsweise und Qualität garantiert.

Die besten und originellsten französischen Käse sind Rohmilchkäse , die auch zu uns in den Handel kommen und auf deren Etiketten »lait cru« vermerkt ist. Sie werden aus vollkommen naturbelassener, weder pasteurisierter noch homogenisierter Milch mit natürlichem Fettgehalt gewonnen. Das Endprodukt, der Rohmilchkäse, wird nicht stabilisiert. Er kann reifen, wie es seiner Art entspricht, bleibt also lebendig. Sein Reifeprozeß wird von der Herstellung bis zum Verkauf sorgfältig überwacht, das heißt Temperatur und Luftfeuchtigkeit müssen »stimmen«, damit der Wohlgeschmack optimal gerät.

Dem Käufer dieser Naturprodukte, also Ihnen, obliegt es dann, den Käse sorgfältig weiterzupflegen, bis er auf den Tisch kommt. Hinweise und Ratschläge folgen auf den nächsten Seiten. Wer die unvergleichliche Geschmacksfülle naturgereifter Rohmilchkäse genießen will, muß allerdings auch in Kauf nehmen, daß der Käse nicht immer gleich schmeckt. Aber: Dafür ist er kein Standardprodukt.

Auch nur annähernd alle Käsesorten an dieser Stelle zu beschreiben ist unmöglich, doch möchte ich Ihnen mit der kurzen Beschreibung der wichtigsten Typen Anregungen für die Zusammenstellung einer Käseplatte à la française geben.

Die Weichkäse
Die bekannten Weichkäse Frankreichs stammen aus dem Norden und dem Osten des Landes. Man unterscheidet solche mit weißer Schimmelrinde und die »gewaschenen«, orange bis rötlich schimmernden. Gewaschen bedeutet, daß sie während der Reifezeit immer wieder mit Flüssigkeit, z.B. Salzlösung, abgerieben werden.

Käserei in Villefranche.
Oben: Um die Dicklegung der Milch nach Zugabe der Säurungskulturen zu fördern, müssen, je nach Käsetyp, Temperaturen zwischen 26 und 40 ° eingehalten werden.
Die dickgelegte Milch, die Gallerte, wird mit der »Käseharfe« zerkleinert.

Mitte: Die gestockte Käsemasse wird hier mit Kellen weiterbewegt, was die Trennung von festen Bestandteilen und Molke fördert.

Unten: Auf luftigen Regalen trocknen die geformten Käselaibe zunächst im Liegen, bis sie zur weiteren Reifung übereinander gestapelt werden.

Bei uns am bekanntesten sind die weißen Schimmelkäse **Brie** und **Camembert**. Wer nur die reinweißen Exemplare kennt, weiß nicht, was er versäumt hat. Echter Brie hat, wenn er optimal reif ist, eine grauweiße Rinde mit rötlichbraunen Flekken, vollreifen Camembert erkennt man an feinen grauen Streifen. Unverwechselbar ist ihr feines Haselnußaroma.

Der weißliche **Chaource** aus dem Grenzgebiet zwischen Burgund und Champagne schmeckt leicht säuerlich, der weiße milde **Neufchâtel** aus der Normandie wird häufig in Herzform angeboten.

Würziger schmecken meist die Käse mit gewaschener Rinde. Der rötlichgelbe **Livarot** aus der Heimat des besten Calvados ist an den typischen Baststreifen am Rande zu erkennen.
Ein sehr alter Käse ist der **Maroilles** von der belgischen Grenze. Er wird nach einem rund 1000 Jahre alten Rezept von Mönchen hergestellt. Er schmeckt intensiv würzig.

Munster aus der Milch von Kühen, die auf den Almwiesen der Hoch-Vogesen geweidet haben, muß mild schmecken, wenn der Duft auch intensiv ist. Beim Kauf unbedingt auf die Bezeichnung »Munster fermier« achten!
Eine besondere Köstlichkeit ist der **Vacherin du Haut-Doubs** oder **Mont-d'Or**. Er wird nur im Herbst und Winter hergestellt, nachdem die Kühe von den Almwiesen heruntergekommen sind. Er reift in Tannenholzschachteln, in denen er auch verkauft wird. Den weichen Teig mit dem sahnigen Geschmack kann man mit dem Löffel herausnehmen.

Einkauf und Aufbewahrung
Weichkäse sollten Sie am besten kaufen, wenn sie den optimalen Reifegrad erreicht haben. Im Haushalt reifen sie schlecht nach. Daher sollten Sie sie spätestens nach etwa

Von oben nach unten: Herstellung von Ziegenkäse in Étretat/Normandie. Mit einer Schöpfkelle wird der Weißkäse aus der Molke herausgehoben und vorsichtig in die runden, mit Löchern versehenen Formen gelegt. Nach 10 Stunden Abtropfzeit werden die Käse gedreht und gesalzen, weitere 12 Stunden später aus den Formen genommen und auf der anderen Seite gesalzen. Etwa die Hälfte der Produktion wird als Frischkäse am ersten Tag verkauft. Der Rest reift noch 3 Tage nach, bis sich eine Kruste aus Bakterien und Hefepilzen bildet. Während der nächsten 10 Tage bis 4 Monate reift der Käse endgültig aus.

3 Tagen genießen. Bewahren Sie sie am besten im kühlen Keller, zur Not im Gefrierfach des Kühlschranks auf, und nehmen Sie sie nicht aus der Originalverpackung heraus.

Die Schnitt- und Hartkäse
Sie stammen aus den Alpen, aus den Pyrenäen sowie dem Zentralmassiv.

Der älteste Käse überhaupt ist der **Cantal**, den schon Plinius erwähnte. Cantal schmeckt je nach Reifegrad mild bis würzig und hat ein feines Haselnußaroma. Ähnlich schmecken **Laguiole** und **Salers**. Auch sie werden in der Auvergne aus Kuhmilch bereitet.

Gruyère de Comté oder einfach **Comté** stammt aus der Franche-Comté von ganz bestimmten Rinderrassen, die auf hohen Almwiesen weiden. Er schmeckt frisch und nussig und hat kirschkerngroße Löcher. Keine Löcher hat der **Beaufort** aus Hoch-Savoyen, der dem Comté ähnlich ist.

Aus den Pyrenäen kommt ein fester Schafkäse mit dem Namen **Brebis Pyrénées** oder **Ossau-Iraty**. Der mild-würzige Käse ist an seiner dunkelgelben bis graubraunen Rinde zu erkennen.

Der halbfeste **Reblochon** aus Savoyen ist trotz seines intensiven Duftes bei Vollreife mild im Geschmack.

Saint-Nectaire wird zweimal täglich aus der Morgen- und Abendmilch hergestellt und auf Roggenstroh in Tuffsteinkellern gereift. Der herbwürzige Käse hat einen an Pilze und Haselnüsse erinnernden Geschmack.

Einkauf und Aufbewahrung
Hartkäse, am Stück gekauft, läßt sich im Gemüsefach des Kühlschranks gut aufbewahren. Schnittflächen mit Folie abdekken und den Käse in Pergamentpapier einschlagen. Nehmen Sie ihn eine Stunde vor dem Essen aus dem Kühlschrank, damit er sein Aroma voll entwickeln kann.

Edelpilzkäse
Die Edelpilzkäse mit blauem oder grünem Innenschimmel sind vielseitig, auch in Verbindung mit Salat, verwendbar.

Der bekannteste und älteste Edelpilzkäse ist der **Roquefort** aus Südwestfrankreich. Er wird aus Schafsmilch bereitet und reift in Höhlen nahe dem gleichnamigen Städtchen. Nur hier entwickelt er sein typisches pikantes Aroma. Ähnlich schmeckt der **Bleu d'Auvergne**. Er wird aus Kuhmilch bereitet und schmeckt sehr intensiv. Fruchtig-pikant und etwas milder schmeckt der **Fourme d'Ambert**, den es seit etwa 1000 Jahren gibt. **Bleu des Causses**, ebenfalls aus Kuhmilch, reift in Sandsteinhöhlen der Causses in Südfrankreich. Er schmeckt im Winter schärfer als im Sommer.

Einkauf und Aufbewahrung
Edelpilzkäse im Stück kaufen. Sie halten sich 1–2 Wochen im Gemüsefach des Kühlschranks. Eine Stunde vor dem Essen aus der Kühlung nehmen, damit sich das Aroma entwickeln kann.
Reste mit Butter verkneten oder als Würze an Salat- oder Fleischsauce geben.

Ziegenkäse
Frische Ziegenkäse gibt es nur von März bis September, da die Ziegen im Winter keine Milch geben. Die besten Ziegenkäse kommen aus dem Loire-Gebiet. Sie werden gern in Wein, Olivenöl oder Schnaps eingelegt.
Frischen Ziegenkäse nach dem Einkauf sofort verbrauchen. Zur Not wenige Tage in ein feuchtes Tuch eingewickelt im Kühlschrank aufbewahren.

Oben links: Auf Korsika wird für die Herstellung von Käse hauptsächlich Ziegen- oder Schafsmilch verwendet.

Oben rechts: Felsenhöhle auf Korsika, wo Frischkäse auf Blättern reift.

Mitte links: Käserei in Pont l'Évêque in der Normandie. Der gleichnamige Käse ist schon seit dem 13. Jahrhundert bekannt.

Unten links: Die Käse im Reifelager werden von Hand gewendet.

Mitte rechts: Käserei in Livarot, einem kleinen Nachbarort von Camembert. Der Käse mit diesem Namen hat später eine rötliche Rinde.

Unten rechts: Aus der Milch sind die unterschiedlichsten Käsesorten entstanden. Vorn links ein Frischkäse, rechts mit Holzasche bepuderte Ziegenkäse.

Elsaß, Lothringen, Franche-Comté, Savoyen

In der Straßburger Altstadt:
die Rabenbrücke (Pont du Corbeau) führt zum Elsässischen Museum (Musée Alsacien)

MUSEE
ALSACIEN

Das Land und seine Produkte

Grenzländer sind sie alle, die östlichen Regionen Frankreichs. Hier mischen sich die Völker, die Kulturen mit denen der Nachbarn. Hier, wo heute das Europäische Parlament im Sinne der Völkerverständigung tagt, prägen Soldatenfriedhöfe aus den Weltkriegen das Bild der Landschaft. Elsaß und Lothringen, jahrhundertelang Zankapfel zwischen Deutschland und Frankreich, gehören erst seit 1945 wieder zu Frankreich.

Heute ist Lothringen mit den Vogesen ein stilles, vom Tourismus noch unberührtes Land. In der ursprünglichen Natur der Hochvogesen wächst noch die Steineiche, Wanderwege und stille Seen garantieren erholsame Tage. Lothringen ist ein riesiger Obstgarten. Die besten Obstbrände Frankreichs stammen aus diesem Land. An der Mosel und bei Toul wird Wein angebaut. Karpfen und Moselhechte, Mineralwässer wie Contrex und Vittel sind geschätzte Produkte des Landes.

Der östliche Teil der Vogesen gehört schon zum Elsaß, dessen Landschaft mit romantisch am besten zu charakterisieren ist. Verschlungene Bachläufe und Wege, winkelige Städtchen mit Buckelpflaster und Fachwerkbauten entlang der 100 km langen Elsässischen Weinstraße und die gemütlichen Weinstuben ziehen alljährlich vor allem zur Zeit der Weinlese viele Menschen an. Die Landschaft ist ein Spiegelbild der badischen Rheinebene und des Schwarzwaldes. In der breiten elsässischen Flußebene wird Landwirtschaft betrieben, im Gebirge Weinbau, Holz- und Weidewirtschaft. Der Münsterkäse wird hier erzeugt. Aus den Brauereien des Elsaß kommt ein Drittel aller in Frankreich getrunkenen Biere, kleine Brennereien machen hervorragende Obstwässer.

Die Küche des Elsaß ist mehr alemannisch als französisch. Würste und Sauerkraut sowie die Straßburger Gänseleberpastete, der Elsässer Zwiebelkuchen und viele andere Spezialitäten des Gebiets werden nicht nur von den Meisterköchen gepflegt, im ganzen Land sind die Wirte bemüht, Einfaches aus frischen Zutaten hervorragend zuzubereiten. Das gilt auch für die Fischspezialitäten aus den Nebenflüssen des Rheins.

Seit dem 17. Jahrhundert gehört die Franche-Comté zu Frankreich. Ihrem friedlichen Nachbarn, der Schweiz, hat dieses Land eine ruhigere Vergangenheit zu verdanken als die beiden nördlich angrenzenden Regionen. Das Landschaftsbild ist geprägt vom französischen Jura, einem höchst reizvollen Gebirgszug, der sich in die Schweiz hinein fortsetzt. In den Tälern und auf den Hochflächen wird intensiv Weidewirtschaft betrieben. Unterirdische Wasserläufe und zahlreiche Höhlen, mehr als 70 Seen und ausgedehnte Wälder sowie Skistationen ziehen viele Erholungssuchende an.

Die Franche-Comté ist das Land von Butter, Sahne und Käse, Grundelementen der schmackhaften Gerichte, die denen der Schweiz ähneln. Im Tal wird bei Arbois Weinbau betrieben. Aus den Gebirgsbächen werden Forellen und Flußkrebse gefangen. Die bei uns seltene Morchel gehört zu den Spezialitäten des Gebiets.

Savoyen, im vorigen Jahrhundert von Italien an Frankreich abgetreten, erstreckt sich vom Südufer des Genfer Sees bis zum Col de la Croix de Fer, vom Rhônetal bis nach Piemont. Die Landschaft wird geprägt von den Westalpen, einem Paradies für Wintersportler und Bergsteiger. Skiorte und Heilbäder genießen internationalen Ruf.

Auf den Bergen spielen Rinderzucht und Milchwirtschaft eine große Rolle, in den Tälern gibt es Weinbau. Wild und Fische aus Bächen und Seen bereichern die regionale Küche. Hase, Wachtel und Rebhuhn gehören zu ihren Grundelementen. Dazu ist Savoyen bekannt für schmackhafte Käse aus Kuh- oder Ziegenmilch. Der Chartreuse, ein aus 130 Kräutern bereiteter Likör, wird heute noch von Kartäusermönchen hergestellt.

Rechts oben: Blick auf die schneebedeckten Gipfel am 2770 m hohen Col d'Iseran in Savoyen.

Rechts: Für das Jura typische Bauernhäuser mit tief gezogenen Dächern in Nods bei Ornans im Loue-Tal.

Oben: Schönes altes Schild einer Metzgerei im Elsaß.

Rechts oben: Käsestand mit der ganzen Fülle von Käsesorten von den Almweiden in den Bergen Savoyens.

Rechts Mitte: Altes Wirtshausschild, das die Weine und die Gänsestopfleber, Spezialitäten des Elsaß, anpreist. Daneben der in Frankreich beliebte Kougloff, bei uns Guglhupf.

Rechts: Eingang zu einem Weingut in Eguisheim, einem renommierten Weinort an der Elsässischen Weinstraße.

Menschen, Feste, Sehenswertes

Der Grenzlandsituation entsprechend, sind die Menschen in den Ostregionen unterschiedlichster Herkunft.

In Lothringen geht die Bevölkerung auf keltische, alemannische Ursprünge zurück. Reste deutscher Sprache und Kultur sind noch anzutreffen, doch ist der Lebensstil französisch.

Nancy, die Hauptstadt, hat Stanislas Leszcyński, dem entthronten König von Polen und Schwiegersohn von Louis XV, ihre wunderschönen Rokokobauten zu verdanken. Auf dem nach ihm benannten Platz finden alljährlich die in ganz Frankreich beliebten »Son-et-Lumière«-Präsentationen statt. In Lothringen gibt es besonders viele Musikfestivals: von Barockmusik in Fénétrauge über Jazz in Nancy bis hin zur Neuen Musik in Metz. In Metz feiert man im Frühjahr auch eines der wichtigsten Produkte des Landes: die Mirabelle.

Im Elsaß sind die alemannischen Usprünge noch deutlich zu spüren. In der Bevölkerung wird elsässisch neben französisch gesprochen. Es ist ein bäuerlicher, dabei genußfreudiger Menschenschlag.

Sehenswert sind neben Straßburg mit seinem Münster, an dem 600 Jahre lang Deutsche und Franzosen gemeinsam bauten, die mittelalterlichen Städte mit ihren Fachwerkbauten. Die älteste Kirche des Elsaß steht bei Molsheim mitten in den Feldern. Haguenau, die ehemalige Kaiserpfalz, Obernai, die Renaissancestadt, Boersch mit dem »Heidenhaus«, dem ältesten Steinhaus des Gebiets, Riquewihr, die pittoreske Weinstadt... dies sind nur einige von vielen Zielen, die einen Besuch wert sind. Das Thema Wein spielt im Elsaß eine große Rolle. Am 14. Juli findet in Barr alljährlich ein Weinmarkt statt, weitere Weinmärkte in Guebwiller, Ribeauvillé und Colmar ziehen Weinfreunde aus ganz Europa an. Das Bier steht im Mittelpunkt des hochsommerlichen Hopfenfestes in Haguenau.

Ganz auf den Wein konzentriert verläuft auch das Jahr in Arbois, dem reizvollen alten Weinstädtchen im französischen Jura. Ein bedeutender Weinmarkt findet hier im Herbst statt, auf dem man all die Spezialitäten des Gebiets verkosten kann. Hier verbrachte der Chemiker und Biologe Louis Pasteur seine Jugend. Sein Elternhaus ist heute noch zu besichtigen, es ist sogar noch der Weinberg vorhanden, an dem er die alkoholische Gärung erforschte. Das Weinmuseum ist einen Besuch wert. Unweit davon gibt es ein architektonisches Kuriosum – die Saline Royale, eine unter Louis XV errichtete Salzfabrik im klassizistischen Stil, die auch als Fragment noch beeindruckend ist.

Meisterwerke moderner Architektur sind die Kirchen von Ronchamps und Audincourt, die erste von dem Schweizer Le Corbusier erbaut, die zweite wegen ihrer Fenster von Fernand Léger und der Mosaiken von Bazaine weltberühmt.

Das Stammland des ehemaligen italienischen Königshauses, Savoyen, ist vor allem wegen seiner großartigen Alpenlandschaft sehenswert. Am Fuß des mächtigen Montblanc-Massivs liegt Chamonix, Luftkurort und Wintersportzentrum, wie auch Megève und das Val d'Isère. Von Aix-les-Bains am Mont Revard blickt man auf den größten Binnensee Frankreichs, den Lac du Bourget. Römische Badeanlagen und ein Dianatempel zeugen von der langen Geschichte dieses Ortes. Annecy, am gleichnamigen See gelegen, ist von unzähligen Kanälen durchzogen. Die berühmte Glocke namens »Savoyarde« in Sacré Cœur stammt aus der Glockengießerei dieser Stadt. In Chambéry, der ehemaligen Hauptstadt des vom 14. bis 16. Jahrhundert selbständigen Savoyen, ist die mächtige Burg der Herzöge zu bewundern. Evian, der reizvolle Badeort am Genfer See, veranstaltet alljährlich ein bedeutendes Musikfestival.

Ein originelles Fest wird in Les Andrieux gefeiert. Am 10. Februar eines jeden Jahres freut sich die Bevölkerung über die Wiederkehr der Sonne, die sich 100 Tage hinter den Bergen versteckt gehalten hat. Zu diesem Anlaß werden Omelettes gebacken und bei Musik und Tanz verzehrt.

Rechts: Straße in Chamonix am Fuß des mächtigen Montblanc, Luftkurort, Ausgangspunkt für Bergsteiger aus aller Welt und international bekannter Wintersportort. Hier wurden 1924 die ersten Olympischen Winterspiele ausgetragen.

Links oben: Die wunderschönen vergoldeten Gitter an der Place Stanislas im Zentrum von Nancy umschließen zwei prächtige Brunnen.

Links Mitte: Gemütliches elsässisches Wirtshaus in Ribeauvillé, wo man köstliche Gerichte zum kräftigen Wein serviert bekommt.

Oben: Liebfrauenportal der Kathedrale Saint-Étienne an der Place d'Armes in Metz, einer bedeutenden lothringischen Industrie- und Handelsstadt.

Links: Salins-les-Bains im französischen Jura war schon zu Zeiten der Römer wegen seiner heilsamen Solequellen bekannt.

Die Weinlese

Höhepunkt des Winzerjahres ist alljährlich im Herbst die Weinlese, der Lohn für harte Arbeit und sorgfältige Pflege der Weinstöcke. Der Winzer bestimmt den Zeitpunkt nicht selbst. Schon drei Wochen vor dem vermutlichen Lesezeitpunkt wird von offizieller Seite der Reifegrad der Weinbeeren bestimmt. Wenn der Säuregehalt noch hoch genug und der Zuckergehalt noch nicht zu hoch ist, wird gelesen. Das gilt vor allem für die später trockenen Tischweine bis hinauf zu den edelsten Kreszenzen. Nur die für Spätlesen bestimmten Trauben, zum Beispiel im Elsaß und im Bordeaux-Gebiet, werden nach der Hauptlese geerntet. Den richtigen Augenblick zu bestimmen ist nicht einfach, wenn man bedenkt, daß die Traube in den letzten Tagen vor der Ernte 10–20 g Zucker pro Liter Saft hinzugewinnt.

Die Weinlese mechanisch zu betreiben, hat sich in den europäischen Weinländern nicht durchgesetzt. Man setzt in den Qualitätsweinbaugebieten immer noch auf die sorgfältige Handarbeit vieler Pflücker, meist Saisonarbeitern, die aus der näheren und weiteren Umgebung anreisen.

Schon auf dem Weg in die Kelterhäuser beginnt das Traubengut, dank der auf den Beerenhäuten sitzenden Hefen, zu gären. Daher muß schnell gearbeitet werden, um eine wilde Gärung des Mostes zu verhindern. Das gilt vor allem für die heißen südlichen Gebiete.

Im Kelterhaus, ob in einer Winzergenossenschaft oder in einem Weingut, entscheidet sich dann, wie der neue Wein schmecken wird. Ob man mehrere Traubensorten miteinander mischt, ob die Gärung durch Kühlung verlangsamt wird, ob Rot-, Weiß- oder Roséwein entsteht, richtet sich nach den vielfach verschiedenen örtlichen Gegebenheiten und nach alten Traditionen, die im strengen französischen Weingesetz berücksichtigt sind.

Ganz oben: Reife Trauben kurz vor der Lese im Elsaß.

Oben: Sorgfältig werden die Trauben einzeln vom Stock abgeschnitten.

Links: Winzervesper bei der Weinlese. Nach einem anstrengenden Vormittag gibt es ein kräftiges Essen und selbstverständlich einen guten Wein.

Oben: Die frisch geernteten Trauben werden wie in alter Zeit in Butten gesammelt und zu den Wagen gebracht, die sie ins Kelterhaus transportieren.

Rechts oben: Ankunft des Traubengutes im Kelterhaus. Hier muß schnell gearbeitet werden, damit die Weinbeeren nicht platzen und vorzeitig zu gären beginnen.

Rechts unten: Große Holzfässer in einem elsässischen Keller, wo die Weine reifen. Probiergläser stehen bereit, damit sich der Kellermeister vom Zustand des Weines jederzeit überzeugen kann.

Die Weine

Lothringen, ehemals ein bedeutendes Weinbaugebiet, hat heute nur noch zwei Rebinseln aufzuweisen. Reblausbefall und die zahlreichen Kriege haben ihre Spuren hinterlassen. Die Vins de Moselle und die Weine von den Côtes de Toul gibt es als zarte Weiß-, Rosé- und Rotweine. Vor allem die als Vins gris bezeichneten Roséweine erfreuen sich großer Beliebtheit.

Ganz anders das Elsaß. Die Weinberge fallen von den Vogesen zur Rheinebene ab. Das Gebiet ist etwa 100 km lang und selten mehr als 5 km breit. Im Elsaß werden die Weine wie in Deutschland nach ihrer Rebsorte benannt. Der edle Riesling darf in Frankreich nur hier angebaut werden. Die wichtigsten Rebsorten sind außerdem Tokay Pinot Gris, bei uns als Ruländer bekannt, Sylvaner, Pinot Blanc, Gewürztraminer, Muscat d'Alsace und Pinot Noir oder Spätburgunder. Eine bekannte Spezialität ist der Edelzwicker, hauptsächlich aus Pinot Blanc und Chasselas gekeltert. Er kann trocken und kräftig, aber auch sehr dünn schmecken. Der Hersteller entscheidet über die Qualität. Die besten Weine des Landes tragen das Prädikat Grand Cru. Sie werden häufig mit dem Herkunftsort oder sogar – auch das eine Ähnlichkeit mit Deutschland – mit einer Lage bezeichnet. Spätlesen und Auslesen sind auch im Elsaß bekannt. Eine neue Herkunftsbezeichnung bezieht sich auf den Crémant d'Alsace, einen feinperligen Sekt, der nach dem Champagnerverfahren aus den edlen Trauben des Gebiets gewonnen wird.

Elsässische Weine werden trocken ausgebaut, sie schmecken deutlich kräftiger als ihre deutschen Pendants und passen daher gut zur deftigen Küche des Landes.

Das Weinbaugebiet Jura liegt östlich parallel zur berühmten burgundischen Côte d'Or am Rande der Bresse. Es ist ein kleines Gebiet, die Weine werden nur selten exportiert. Das Rebsortiment ist nicht so breit wie im Elsaß. Aus Trousseau und Poulsard sowie Pinot Noir stammen die Rotweine, die Weißweine aus Chardonnay und Savagnin. Die einfachen, frischen Landweine heißen Vins de pays de Franche-Comté. Sie passen gut zur einfachen, bäuerlichen Küche.

Die Qualitätsweine mit kontrollierter Ursprungsbezeichnung (Appellation contrôlée) heißen Côtes-du-Jura, Arbois, L'Étoile und Château-Chalon. Hinter diesen Namen verbirgt sich eine Reihe interessanter Spezialitäten. Neben den trockenen, blumigen Weißweinen, den kräftigen Rotweinen und den zarten Rosés gibt es Strohwein aus Weinbeeren, die zunächst auf Strohmatten trocknen müssen und dann Weine ergeben, denen man seit alters eine kräftigende Wirkung nachsagt. Die Schaumweine werden in allen Geschmacksrichtungen hergestellt. Eine Besonderheit dieses Gebiets ist der Vin jaune, der Gelbwein. Aus der anspruchsvollen Rebsorte Savagnin, die es auch in der benachbarten Schweiz gibt, wird aus spätgelesenen Trauben ein nußartig schmekkender, aromatischer Wein bereitet, der gut zu den würzigen Käsesorten des Landes paßt. Seine charakteristische gelbe Farbe erhält er durch eine mindestens sechsjährige Lagerung in Holzfässern, in denen er, ähnlich wie Sherry, eine dicke Flor-Hefeschicht bildet. Er hält sich fast unbegrenzt lange.

Der Weinbau Savoyens geht auf die Römer zurück. Die Weißweine ähneln in ihrer Spritzigkeit denen der benachbarten Schweiz. Chardonnay, Roussette, Aligoté und Chasselas sind die wichtigsten Rebsorten. Crépy vom Genfer See wird auch außerhalb des Produktionsgebietes verkauft. Er erinnert an den Fendant und wird wie dieser aus Chasselas bereitet. Die Rotweine aus Gamay, Mondeuse und Pinot Noir sind leicht und fruchtig, höhere Qualitäten auch ausdrucksvoll, jedoch niemals wuchtig oder schwer. Die leicht moussierenden Perlweine und die nach dem Champagnerverfahren gewonnenen Schaumweine stammen aus der Umgebung von Ayze oder Seyssel. Crépy und Seyssel sind die einzigen Gemeindenamen, die auf den Etiketten stehen.

Ganz oben: Die Weinlagen von Poligny befinden sich unterhalb des Château Chalon, wo aus der Savagnin-Traube nach einem besonderen Verfahren der fast unbegrenzt lagerfähige Gelbwein bereitet wird.

Links: Der Faßkeller der Caves des Jacobins in Poligny bei Arbois im Jura ist eine »zweckentfremdete« Kirche. Die Weine der Winzergenossenschaft werden unter der Bezeichnung Côtes-du-Jura verkauft.

Rezepte der Region

Croûte aux morilles

Morcheln in Sahne (Franche-Comté)

Zutaten für 6–8 Portionen:

Für die Pilze:
500 g frische oder 50 g getrocknete Morcheln
¼ l Milch (nur bei getrockneten Morcheln)
100 g Butter
100 ml Fleischbrühe oder -fond
12 Scheiben Toastbrot
Salz

Für die Béchamelsauce:
1 EL Butter
2 EL Mehl
100 g Sahne
100 ml Milch
1 Msp. geriebene Muskatnuß
Salz, Pfeffer aus der Mühle

Zubereitungszeit: etwa 1 ¼ Std. (+ 2–3 Std. Einweichzeit)

Bei 8 Portionen pro Portion: 1300 kJ/310 kcal

1 Getrocknete Morcheln in Milch und Wasser 2–3 Std. einweichen. Abtropfen lassen. Frische Morcheln sehr gründlich kalt abbrausen.

2 Für die Sauce die Butter zerlassen. Das Mehl darin hellbraun anschwitzen. Sahne und Milch angießen. Mit Muskat, Salz und Pfeffer würzen, etwa 10 Min. köcheln lassen.

3 Für die Pilze 70 g Butter zerlassen, die Morcheln bei milder Hitze darin andünsten, Fleischbrühe dazugießen. Etwa 20 Min. köcheln lassen.

4 Die Pilze mit der Fleischbrühe zur Béchamelsauce geben. Eventuell nachwürzen.

5 Die Toastbrotscheiben in der restlichen Butter braten. Die Morchelsahne in eine vertiefte Servierschüssel gießen. Die Weißbrotscheiben ringsherum anordnen. Oder die Pilze in eine Schüssel geben und das Brot getrennt dazu reichen.

• Die Pilze eignen sich auch sehr gut als Füllung für Blätterteigpastetchen.

Soufflé au fromage

Käsesoufflé (Franche-Comté)

Zutaten für 4 Portionen:

¼ l Milch
50 g Butter + Butter für die Form
50 g Mehl
frisch geriebene Muskatnuß
4 Eigelb
100 g frisch geriebener Comté-Käse (ersatzweise Gruyère)
5 Eiweiß
Salz, Pfeffer aus der Mühle

Zubereitungszeit: etwa 1 ¼ Std.

Pro Portion: 1700 kJ/400 kcal

1 Die Milch einmal aufkochen lassen. Die Butter in einer Kasserolle zerlassen. Das Mehl anstäuben und gründlich unterrühren. Die Kasserolle vom Herd nehmen. Die Mischung mit Muskat würzen, salzen, pfeffern. Die Kasserolle noch einmal aufsetzen, die Masse bei milder Hitze etwa 2 Min. köcheln lassen.

2 Die Kasserolle vom Herd nehmen. Eigelb und Käse dazugeben. Verrühren. Den Backofen auf 180° vorheizen.

3 Die Eiweiß sehr steif schlagen. Unter die lauwarme Käsemischung ziehen.

4 Eine Souffléform von 2 l Inhalt ausbuttern. Die Käsemasse hineingeben.

5 Das Käsesoufflé im Backofen (Mitte; Gas Stufe 2) in etwa 45 Min. goldgelb backen. Sofort servieren, sonst fällt es zusammen.

• Käsesoufflé ist gar, wenn es sein Volumen etwa verdoppelt hat. Während der ersten 20 Min. die Backofentür auf keinen Fall öffnen!

Champignons aux tomates

Champignons mit Tomaten (Savoyen)

Zutaten für 6 Portionen:

500 g Champignons
2–3 EL Zitronensaft
2 Zwiebeln
1 Knoblauchzehe
300 g kleine reife Tomaten
5 EL Olivenöl
100 ml Weinessig
Bouquet garni (Petersilie, Lorbeerblatt, Thymian)
½ Bund Petersilie
Salz, Pfeffer aus der Mühle

Zubereitungszeit: etwa 45 Min. (+ etwa 1 Std. Kühlzeit)

Pro Portion: 450 kJ/110 kcal

1 Die Champignons putzen und trocken abreiben. Zitronensaft mit etwa ¼ l Wasser verdünnen. Die Champignons kurz in das Zitronenwasser tauchen. Abtrocknen, große Pilze vierteln oder halbieren.

2 Zwiebeln und Knoblauch schälen und fein hacken. Die Tomaten kurz in kochendheißes Wasser tauchen, häuten, entkernen und würfeln.

3 2 EL Öl in einer Pfanne erhitzen. Die Pilze darin bei starker Hitze so lange braten, bis alle Flüssigkeit verdunstet ist. Vom Herd nehmen.

4 In einem kleinen Topf das restliche Öl erhitzen. Die Zwiebeln darin glasig dünsten, den Knoblauch dazugeben. Essig angießen, bei starker Hitze um die Hälfte einkochen. Die Tomaten und das Bouquet dazugeben, die Hitze reduzieren. Die Tomaten salzen, pfeffern, im offenen Topf etwa 25 Min. schmoren. Vom Herd nehmen. Das Bouquet entfernen. Champignons unter die Tomatensauce mischen und bis zum Servieren kühl stellen. Mit gehackter Petersilie bestreuen.

• Am Vortag zubereitet, schmeckt diese kalte Vorspeise noch besser.

Soupe à la choucroute

Sauerkrautsuppe (Elsaß)

Zutaten für 4 Portionen:

500 g rohes Sauerkraut
1 Gemüsezwiebel
50 g durchwachsener Räucherspeck
1 l Fleischbrühe oder -fond
1 großer süßer Apfel
½ TL Kümmel
Salz

Zubereitungszeit: etwa 1 Std.

Pro Portion: 590 kJ/140 kcal

1 Das Sauerkraut auseinanderzupfen und, wenn notwendig, etwas kleinschneiden. Die Zwiebel schälen und fein hacken. Den Speck in kleine Würfel schneiden.

2 Den Speck in einem Suppentopf auslassen, die Zwiebel darin glasig andünsten. Das Sauerkraut dazugeben. Alles unter Umrühren kurz anschmoren.

3 Die Fleischbrühe angießen. Den Topf zudecken und die Suppe etwa 40 Min. bei milder Hitze köcheln lassen.

4 Kurz vor Ende der Garzeit den Apfel schälen, vierteln, das Kerngehäuse herausschneiden und die Apfelviertel in die Suppe reiben. Noch kurz ziehen lassen.

5 Die Suppe in einer Terrine anrichten. Mit dem Kümmel und Salz abschmecken.

• Dazu schmeckt ein helles Landbrot.

• Für ein Zwischengericht pro Portion je 1 Paar Wiener Würstchen, in Scheiben geschnitten, 10 Min. vor Ende der Garzeit mit erhitzen.

• Wer es würziger mag, gibt noch ein paar Pfefferkörner und/oder Wacholderbeeren in die Suppe.

Tarte aux oignons

Zwiebelkuchen (Elsaß)

Zutaten für 6 Portionen:

Für den Teig:
250 g Mehl
125 g weiche Butter
1 Ei, Salz

Für den Belag:
1 kg milde Zwiebeln
2 EL Gänseschmalz oder Butter
1 Msp. geriebene Muskatnuß
1 EL Mehl
100 g Crème fraîche
2 Eier
Salz, Pfeffer aus der Mühle

Zubereitungszeit: etwa 2 ½ Std.

Pro Portion: 2200 kJ/520 kcal

1 Das Mehl in eine Schüssel sieben, eine Mulde hineindrücken. Die Butter und das Ei hineingeben. Verkneten. 1½ EL kaltes Wasser unterkneten. Salzen. Den Teig nicht zu stark kneten. Zum Schluß mit dem Handballen einmal kräftig durchwalken. Den Teig etwa 1 Std. ruhen lassen.

2 Die Zwiebeln schälen und fein hacken. Mit etwas Wasser in einen Topf geben und bei milder Hitze glasig schmoren. Gänseschmalz oder Butter dazugeben. Mit Muskatnuß, Salz und Pfeffer würzen. Mehl anstäuben und gut verrühren. Créme fraîche dazugeben und noch ein paar Minuten köcheln lassen. Vom Herd nehmen. Die Eier in einer Schüssel verquirlen, mit der Zwiebelmasse mischen. Den Backofen auf 220° vorheizen.

3 Den Teig ausrollen, in eine Springform von 28 cm ø legen, einen Rand hochziehen. Den Teig mehrmals mit einer Gabel einstechen. Die Zwiebeln auf dem Teig verteilen. Den Kuchen im Backofen (Mitte; Gas Stufe 4) in etwa 30 Min. goldgelb backen. Lauwarm servieren.

• Weinempfehlung: ein Sylvaner oder Edelzwicker.

Pâté lorrain

Fleischterrine (Lothringen)

Zutaten für 6–8 Portionen:

Für die Terrine:
250 g mageres Kalbfleisch
250 g mageres Schweinefleisch
500 g Wildragout (Wildschwein, Reh oder Hase)
frisch geriebene Muskatnuß
1 Msp. gemahlene Gewürznelken
3 Zwiebeln
6 Schalotten
1 Bund Petersilie
200 g gemischtes Hackfleisch
100 g fetter Speck
50 g Butter
200 ml trockener Weißwein
Salz, Pfeffer aus der Mühle

Für den Sud:
Knochen und Fleischabschnitte vom Wild
2–3 frische Speckschwarten
1 Kalbsfuß (vom Metzger kleingehackt)
großes Bouquet garni (Petersilie, Thymian, Lorbeer)
¾ l trockener Weißwein
Salz, schwarze Pfefferkörner

Zubereitungszeit: etwa 3 Std. (+ 24 Std. Ruhezeit)

Bei 8 Portionen pro Portion: 1700 kJ/400 kcal

1 Kalb- und Schweinefleisch fein würfeln. Das Wildfleisch von den Knochen lösen und ebenfalls fein würfeln (Knochen für den Sud aufheben). Alles miteinander vermengen. Muskatnuß und Nelkenpulver dazugeben, kräftig salzen und pfeffern.

2 Die Zwiebeln und die Schalotten schälen und fein hacken. Die Petersilie waschen, trockentupfen und ebenfalls fein hacken. In einer Schüssel mit dem Hackfleisch mischen. Den Speck sehr klein würfeln und untermischen.

3 Den Backofen auf 200° vorheizen. Eine Terrinenform dick mit der Butter ausstreichen. Abwechselnd je eine

Schicht Fleischwürfel und Hackfleisch-Zwiebel-Mischung in die Terrine füllen. Den Wein angießen. Die Terrine im vorgeheizten Backofen (Mitte; Gas Stufe 3) offen etwa 1 ½ Std. garen.

4 Inzwischen die Wildfleischabfälle und -knochen mit den Speckschwarten, dem Kalbsfuß und dem Bouqut garni in einen Topf geben. Den Wein angießen. Salz und Pfefferkörner dazugeben. Den Sud auf ein Drittel einkochen lassen. Entfetten.

5 Die Terrine aus dem Ofen nehmen. Den Sud durch ein Sieb darauf gießen. Die Terrine mit einem Brett und einem Gewicht beschweren. Abkühlen lassen.

6 Vor dem Servieren mindestens 24 Std. in den Kühlschrank stellen. In der Form oder gestürzt servieren.

Quiche lorraine

Lothringer Schinkentorte (Lothringen)

Zutaten für 6–8 Portionen:

Für den Teig:
125 g weiche Butter
etwa 200 g Mehl
1 EL frisch geriebener Gruyère
1 Knoblauchzehe
Salz, Pfeffer aus der Mühle

Für den Belag:
250 g gekochter Schinken in ½ cm dicken Scheiben
100 g milder roher Schinken in dünnen Scheiben
3–4 Zwiebeln
1 großes Bund gemischte frische Kräuter, je nach Jahreszeit
3 Knoblauchzehen
4 Eier
200 g frisch geriebener Gruyère
200 g Sahne
Salz, Pfeffer aus der Mühle

Zubereitungszeit: etwa 2 ½ Std.

Bei 8 Portionen pro Portion: 2300 kJ/545 kcal

1 Die weiche Butter in einer großen Schüssel mit dem Mehl verkneten. Etwa 3 EL kaltes Wasser unterarbeiten. Den Käse dazugeben. Salzen, pfeffern. Den geschälten Knoblauch durch die Presse dazudrücken. Den Teig noch einmal durchkneten. 1 Std. an einem kühlen Platz ruhen lassen.

2 Inzwischen für den Belag die beiden Schinkensorten würfeln. Die Zwiebeln schälen und fein hacken. Die Kräuter waschen, trockentupfen und sehr fein zerkleinern. Alles in einer Schüssel vermengen. Den Knoblauch schälen und dazupressen.

3 In einer anderen Schüssel die Eier verquirlen. Den Käse und die Sahne darunterrühren. Salzen, pfeffern. Den Backofen auf 200° vorheizen.

4 Nach der Ruhezeit den Teig mit den Fingern flachdrücken und in eine Springform von 28 cm ø legen. Einen etwa 3 cm hohen Rand hochziehen. Den Teig auf der mittleren Schiene im vorgeheizten Backofen (Gas Stufe 3) etwa 10 Min. vorbacken.

5 Die Schinken-Kräuter-Mischung auf dem Teig verteilen. Die Käse-Sahne darüber gießen.

6 Die Quiche im Backofen (Mitte) bei 250° (Gas Stufe 5) in etwa 1 Std. fertig backen. Lauwarm servieren.

• Tip: Wenn Ihnen der Teig zu weich erscheint, kneten Sie noch etwas Mehl unter. Die Konsistenz hängt von der Quellfähigkeit des Mehls ab.

• Weinempfehlung: ein zarter Rosé aus Lothringen, zum Beispiel ein Vin gris aus Toul.

Truite au vin de Pupillin

Lachsforelle in Weingelee (Franche-Comté)

Zutaten für 12 Portionen:

1 Lachsforelle, küchenfertig vorbereitet (1,2–1,5 kg)
3/4 l Roséwein aus Pupillin (oder ein anderer Roséwein)
Bouquet garni (Lorbeerblatt, Petersilie, Fenchel)
9 Blatt helle Gelatine
Salz, Pfeffer aus der Mühle
2 Zitronen

Zubereitungszeit: etwa 45 Min. (+ 3 Std. Kühlzeit)

Pro Portion: 1100 kJ/260 kcal

1 Den Fisch innen und außen kalt abbrausen, dabei vorsichtig anfassen, damit die Schleimschicht auf der Haut nicht beschädigt wird.

2 Den Wein mit dem Bouquet in einen Fischtopf gießen, salzen, leicht pfeffern. Zum Kochen bringen. Wenn der Sud kocht, den Fisch einlegen, die Hitze sofort reduzieren, damit der Fisch nicht kocht. Die Forelle etwa 25 Min. ziehen lassen. Sie ist gar, wenn die Augen weiß sind.

3 Den Fisch vorsichtig aus dem Sud heben, die Haut an einer Seite entfernen. Den Fisch mit der enthäuteten Seite nach oben auf einer Platte anrichten. Gelatine einweichen.

4 Den Fischsud um gut die Hälfte einkochen lassen, die ausgedrückte Gelatine hineinrühren. Den Topf vom Herd nehmen. Das Bouquet entfernen. Den Sud abkühlen lassen.

5 Den Sud über die Forelle gießen und etwa 3 Std. kühl stellen. Die Zitronen in feine Scheibchen schneiden und rings um die Platte legen. Kühl, aber nicht eiskalt servieren.

• Dazu passen selbstgemachte Mayonnaise, Brot und der gleiche Rosé, der für den Sud verwendet wurde.

Tanche à la lorraine

Gratinierte Schleie (Lothringen)

Zutaten für 2 Portionen:

2 Schleien, küchenfertig vorbereitet (je etwa 500 g)
2 Bund Petersilie
2 Zwiebeln
3 Schalotten
2–3 Zweige Thymian
2 Lorbeerblätter
375 ml Roséwein (möglichst aus Lothringen)
2 Eigelb
100 g Crème double
Salz, Pfeffer aus der Mühle

Zubereitungszeit: etwa 1 Std.

Pro Portion: 1800 kJ/430 kcal

1 Die Fische kalt abbrausen. Die Petersilie waschen, trockentupfen und fein hacken. Etwa 2 EL Petersilie zum Bestreuen beiseite stellen. Zwiebeln und Schalotten schälen, in Scheiben schneiden.

2 Petersilie, Schalotten, Zwiebeln und die übrigen Kräuter in einem Fischtopf ausbreiten. Salzen, pfeffern. Die Fische auf das Kräuterbett legen. Den Roséwein angießen, so viel kaltes Wasser dazugeben, daß die Fische knapp bedeckt sind. Die Flüssigkeit zum Kochen bringen, die Hitze reduzieren und die Fische, je nach Größe, in etwa 30 Min. garen. Sie sollten nicht kochen, sondern nur ziehen.

3 Die Fische auf einer feuerfesten Platte anrichten. Den Backofen (auch den Gasofen) auf die höchste Stufe vorheizen.

4 Den Sud durch ein Sieb gießen und um etwa ein Drittel einkochen lassen. Die Eigelb mit der Crème double verquirlen und die Sauce damit binden. Nicht mehr kochen lassen. Abschmecken, eventuell nachwürzen. Die Sauce über die Fische gießen. Im vorgeheizten Backofen (oben) noch etwa 3 Min. gratinieren.

Matelote de brochet

Hecht in Weinsauce (Lothringen)

5 Die Fische mit dem Rest der Petersilie bestreuen. In der Form servieren.

• Für ein Zwischengericht servieren Sie einfach Weißbrot dazu, zu Schleie als Hauptgang kleine neue Kartoffeln.

• Achten Sie beim Fischkauf darauf, daß die Schleie hell sind, dann kommen sie aus klarem Wasser. Dunkel gefärbte Schleie lieber lebend kaufen und 4–5 Tage in klarem Wasser (in der Badewanne) schwimmen lassen, dann schmecken sie nicht sumpfig.

• Weinempfehlung: Am besten schmeckt der Wein, den Sie für den Sud verwendet haben. Lothringer Weine bekommt man bei uns nicht so leicht zu kaufen. Wählen Sie einen hellen, feinen trockenen Rosé.

Zutaten für 4 Portionen:

1 Hecht (etwa 1 kg), küchenfertig vorbereitet
2 Schalotten
80 g Butter
4 cl Mirabellengeist
Bouquet garni (Lorbeerblatt, Petersilie, Fenchel)
½ l Roséwein
1 EL Mehl
1 Eigelb
200 g Crème fraîche
Salz, Pfeffer aus der Mühle

Zubereitungszeit: etwa 50 Min.

Pro Portion: 2855 kJ/685 kcal

1 Den Hecht kalt abbrausen. Quer in Portionsscheiben schneiden. Die Schalotten schälen und fein hacken.

2 50 g Butter in einem Topf zerlassen und die Hechtscheiben darin auf beiden Seiten anbraten. Mirabellengeist in einer Schöpfkelle etwas anwärmen, anzünden, dazugießen.

3 Die Schalotten und das Bouquet in den Topf geben, salzen, pfeffern. Den Wein angießen. Den Fisch zugedeckt bei milder Hitze etwa 10 Min. köcheln lassen. Den Kochsud abgießen, durchsieben und aufbewahren. Den Fisch im Topf warm stellen.

4 30 g Butter in einem Topf zerlassen. Das Mehl darin hellbraun anschwitzen, mit dem Fischsud ablöschen. Die Sauce über die Fischscheiben gießen und den Fisch zugedeckt in etwa 15 Min. fertig garen. Dabei den Fisch einmal vorsichtig wenden.

5 Die Fischscheiben auf einer Platte anrichten. Das Eigelb mit Crème fraîche verquirlen. Unter die Sauce rühren, kurz erhitzen, aber nicht kochen lassen. Zum Fisch servieren.

• Dazu passen in Butter gebratene Weißbrotscheiben. Noch besser schmeckt die Beilage, wenn Sie 150 g Champignons in der Butter mitbraten und auf die Brotscheiben legen.

• Weinempfehlung: Vin gris de Bruley, ein Roséwein aus Lothringen, wird sowohl für den Sud wie auch dazu empfohlen. Der Begriff »Vin gris«, eigentlich Grauwein, klingt in unseren Ohren nicht gerade verlockend, denn Grau ist keine Farbe, die Appetit macht. Lassen Sie sich auf keinen Fall abschrecken: Unter Vin gris versteht man in Frankreich nichts anderes als sehr helle Roséweine, deren Farbe oft sogar sehr reizvoll ist. Zu ihrer Herstellung hat man die Schalen der dunklen Trauben nur kurz mitvergoren, um einen leichten, feinen Wein mit wenig Gerbstoff oder Tannin zu erhalten. Daher eignet sich Vin gris sehr gut für Fischrezepte, für die man sonst Weißwein verwenden würde.

Baeckeofe

Deftiger Fleischeintopf (Elsaß)

Zutaten für 6–8 Portionen:

Für den Eintopf:
750 g Beinscheiben vom Rind
750 g Lamm- oder Hammelschulter
750 g Halsgrat vom Schwein
1 Schweinefuß (vom Metzger kleingehackt)
1 Schweineschwanz (vom Metzger kleingehackt)
2 kg Kartoffeln (festkochende Sorte)
4 Stangen Lauch
5 Zwiebeln
Salz, Pfeffer aus der Mühle

Für die Marinade:
2 Stangen Sellerie
2 Zwiebeln
1 l Elsässer Riesling
Bouquet garni (Petersilie, Lorbeer, Thymian)
Salz, Pfeffer aus der Mühle

Außerdem:
Butter für die Form
Fleischbrühe nach Geschmack
2 EL Mehl

Zubereitungszeit: etwa 3 ¾ Std. (+ 12–24 Std. Marinierzeit)

Bei 8 Portionen pro Portion: 3000 kJ/710 kcal

Der Name des Rezepts klingt gar nicht französisch. Er kommt aus dem Alemannischen und bedeutet »Backofen«. Das Gericht wurde früher im Backofen des Bäckers langsam gegart, wenn die Brote fertig waren und der Ofen noch heiß genug, um einen deftigen Fleischtopf darin zu bereiten. Daher die lange Garzeit bei niedrigen Temperaturen.

• Unerläßlich für das Gelingen ist eine große feuerfeste Form mit Deckel, möglichst aus Keramik, zur Not auch aus Glas oder Porzellan.

• Weinempfehlung: ein kräftiger Elsässer Riesling.

1 Für die Marinade den Sellerie putzen und in Stücke schneiden. Die Zwiebeln schälen und grob hacken. Mit dem Wein in eine große Schüssel gießen. Das Bouquet in die Marinade geben. Salzen, pfeffern. Rind-, Lamm- und Schweinefleisch in die Marinade legen. 12–24 Std. durchziehen lassen.

2 Am nächsten Tag den Schweinefuß und den Schweineschwanz in kochendem Wasser 5 Min. blanchieren. Herausnehmen, abtropfen lassen.

3 Die Kartoffeln schälen, heiß waschen, abtropfen lassen und in dünne Scheiben schneiden. Den Lauch putzen, waschen, in Scheiben schneiden. Die Zwiebeln schälen und grob würfeln. Den Backofen auf 170° vorheizen.

4 Eine große feuerfeste Form mit Deckel ausbuttern. Die Hälfte der Kartoffeln hineingeben. Das Fleisch auf die Kartoffeln legen, den Schweineschwanz und den Schweinefuß sowie den Lauch dazugeben.

5 Den Rest der Kartoffeln obenauf schichten, die Zwiebelwürfel darüber streuen. So viel Marinade durch ein Sieb dazugießen, daß die Kartoffeln und das Fleisch zu etwa drei Viertel davon bedeckt sind. Eventuell etwas Wasser oder Fleischbrühe dazugeben.

6 Aus dem Mehl und Wasser eine klebrige Masse kneten, zwischen den Handballen zu einer länglichen Wurst formen, auf den Rand der Form legen. Den Deckel aufsetzen und mit dem Mehlteig festkleben. Den Eintopf im Backofen (unten; Gas Stufe 2) in etwa 3 Std. garen.

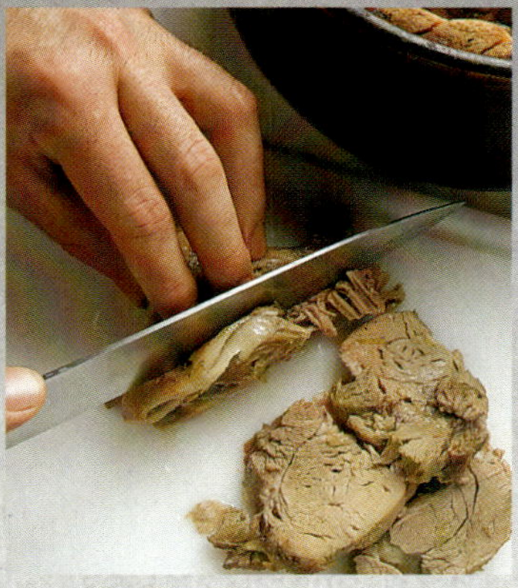

7 Zum Servieren das Fleisch herausnehmen, in Portionsstücke schneiden, die Kartoffeln und das Gemüse ringsherum in einer tiefen Schüssel anordnen. Den Saft darüber gießen. Oder: das Fleisch schneiden und oben auf die Kartoffeln in die Form legen. In der Form servieren.

Côtes de veau

Kalbskoteletts, überbacken (Franche-Comté)

Zutaten für 4 Portionen:

150 g frisch geriebener Comté-Käse (oder Gruyère)
1 Ei
2 EL Crème fraîche
frisch geriebene Muskatnuß
30 g Butter
4 Kalbskoteletts
Salz, Pfeffer aus der Mühle

Zubereitungszeit: etwa 30 Min.

Pro Portion: 1620 kJ/395 kcal

1 Den Backofen auf 250° vorheizen. In einer Schüssel den Käse mit dem Ei und der Crème fraîche mischen. Mit Muskat würzen, salzen und pfeffern.

2 Die Butter in einer Pfanne erhitzen. Die Koteletts in der Butter pro Seite in etwa 3 Min. halbgar braten.

3 Die Koteletts in einer feuerfesten Form anrichten. Mit je ¼ der Käsemasse bestreichen. Mit dem Bratfett beträufeln. Im heißen Backofen (Gas höchste Stufe) in etwa 15 Min. fertiggaren.

• Die gleiche Zubereitungsart eignet sich auch für Hähnchenbrustfilets.

• In Frankreich gibt es nur Brot dazu, doch passen auch Butternudeln oder Reis – oder ein gemischter Salat, wenn er nicht schon als Vorspeise serviert wurde.

• Weinempfehlung: ein junger Beaujolais oder ein trockener weißer Jura-Wein, zum Beispiel ein Arbois.

Choucroute garnie

Sauerkraut Hausfrauen Art (Elsaß)

Zutaten für 3–6 Portionen:

1 Zwiebel
2 EL Gänseschmalz
1 kg rohes, möglichst junges Sauerkraut
200 ml trockener Elsässer Weißwein
1 säuerlicher Apfel
12 Wacholderbeeren
etwa 1 l Fleischbrühe oder -fond
250 g durchwachsener Räucherspeck
2 cl Kirschwasser
500 g Kartoffeln
3 gegarte Kasseler Koteletts (Schweinerippchen)
3 Würste aus Colmar (oder eine andere kräftig schmeckende Kochwurst)
Salz, Pfeffer aus der Mühle

Zubereitungszeit: etwa 2 ½ Std.

Bei 6 Portionen pro Portion: 2800 kJ/665 kcal

1 Die Zwiebel schälen und hacken. Das Gänseschmalz in einem Topf oder besser noch in einer feuerfesten Keramikform zerlassen. Die Zwiebel darin anbraten. Das Sauerkraut dazugeben. Etwa 5 Min. andünsten, dabei mit einer Gabel umwenden.

2 Den Wein angießen. Den Apfel vierteln, das Kerngehäuse entfernen. Mit oder ohne Schale in kleinen Scheibchen dazugeben. Die Wacholderbeeren in ein Mullsäckchen stecken und in den Topf geben. So viel Fleischbrühe dazugießen, daß das Kraut knapp davon bedeckt ist. Das Gericht zugedeckt etwa 1 Std. bei milder Hitze garen.

3 Dann den Speck in den Topf geben. Das Kirschwasser angießen. Das Gericht in noch etwa 1 Std. fertig garen.

4 Die Kartoffeln 30 Min. vor Ende der Garzeit waschen und mit der Schale in einem

Oie en choucroute

Gänsebraten mit Sauerkraut (Elsaß)

Siebeinsatz oder in der Folie garen, damit sie trocken bleiben.

5 10–15 Min. vor dem Servieren die Koteletts und die Würste im Kraut erwärmen.

6 Den Speck in Streifen schneiden. Das Säckchen mit den Wacholderbeeren entfernen. Das Kraut mit Salz und Pfeffer abschmecken. Auf einer Platte anrichten, den Speck und das Fleisch ringsherum legen. Die Kartoffeln dazu reichen.

• Die traditionellen Choucroute-Rezepte werden in den Familien durch Generationen weitergereicht. Aus diesem Grund gibt es fast unzählige Zubereitungsarten. Hinzu kommen die Varianten, die die Gastronomie bis hinauf zu den Sterne-Köchen ersonnen hat. Dieses Rezept entspricht der Art, wie sie von den Familien in Colmar und Umgebung geschätzt wird.

Zutaten für 8 Portionen:

Für das Kraut:
2,5 kg rohes Sauerkraut
2 Zwiebeln
2 EL Gänseschmalz
300 g durchwachsener Räucherspeck
2 Gewürznelken
15 Wacholderbeeren
1 ½ l Elsässer Riesling
Salz, Pfeffer aus der Mühle

Für die Gans:
1 junge Gans, küchenfertig vorbereitet (etwa 3 kg)
3 Scheiben Toastbrot ohne Rinde
⅛ l Milch
2 Schalotten
100 g roher Schinken
300 g Geflügellebern
1 EL Butter
1 Ei
Salz, Pfeffer aus der Mühle

Zubereitungszeit: etwa 3 ½ Std.

Pro Portion: 5200 kJ/1200 kcal

1 Das Sauerkraut in kochendem Wasser 3–4 Minuten blanchieren, gut ausdrücken.

2 Die Zwiebeln schälen und fein hacken. In einem großen Schmortopf in Gänseschmalz anschmoren. Sauerkraut, Speck, Gewürznelken und Wacholderbeeren dazugeben. Salzen, pfeffern und den Wein angießen. Das Kraut zugedeckt etwa 2 ½ Std. bei milder Hitze garen.

3 Inzwischen die Gans innen und außen kalt waschen, abtrocknen. Den Backofen auf 200° vorheizen.

4 Für die Füllung das Brot in Milch einweichen. Ausdrükken. Schalotten schälen und fein hacken. Schinken und Geflügellebern fein würfeln. Die Butter in einer Kasserolle zerlassen, Schalotten, Schinken und Lebern hinzufügen, leicht anbraten. Vom Herd nehmen.

5 Das Brot und das Ei mit der Masse verkneten. Salzen, pfeffern. Die Gans mit der Farce füllen, alle Öffnungen mit Küchengarn zunähen.

6 Die Gans in einen Bräter legen und im Backofen (unten; Gas Stufe 3) etwa 45 Min. unter häufigem Begießen braten. Den Bratfond abgießen und über das Kraut gießen. Durch 1–2 Gläser Wasser ersetzen. Die Gans in weiteren 45 Min. fertig braten.

7 Das Sauerkraut auf einer Platte anrichten. Die Gans in Portionsstücke, die Füllung nach Wunsch in Scheiben schneiden. Beides auf das Kraut legen. Den Speck in Portionsstücke schneiden und dazu servieren.

• Noch besser schmeckt Sauerkraut, das am Tag zuvor zubereitet wurde und dann weiter verwendet wird.

Poularde aux chanterelles

Poularde mit Pfifferlingen (Savoyen)

Zutaten für 4 Portionen:

1 Poularde (etwa 1,5 kg)
100 g roher Schinken
1 kg frische Pfifferlinge
1 große Zwiebel
120 g Butter
1 Bund Petersilie
Salz, Pfeffer aus der Mühle

Zubereitungszeit: etwa 3 1/2 Std.

Pro Portion: 2600 kJ/620 kcal

1 Die Poularde in 8 Portionsstücke teilen. Den Schinken fein würfeln. Die Pilze putzen, trocken abreiben. Große Pilze längs halbieren, kleine ganz lassen. Die Zwiebel schälen und fein hacken.

2 50 g Butter in einem Topf zerlassen. Die Poulardenstücke darin goldgelb anbraten. Den Schinken und die Zwiebel dazugeben, salzen, pfeffern. Bei mittlerer Hitze etwa 10 Min. dünsten.

3 Die Pilze auf die Poularde schichten, sie muß vollkommen bedeckt sein. Weitere 50 g Butter in Flöckchen obenauf verteilen. Das Gericht zugedeckt 1 1/2 Std. bei geringster Hitze garen. Die restliche Butter und die Petersilie im ganzen dazugeben, weitere 1 1/2 Std. garen, ohne den Deckel zu lüften. Im geschlossenen Topf servieren.

• Die lange Garzeit erfordert festfleischiges Geflügel, etwa eine große Poularde oder einen Kapaun. Ein Hähnchen würde zerfallen. Nehmen Sie lieber zu viele Pilze als zuwenig. Je dikker die Schicht, desto saftiger die Poularde.

• Weinempfehlung: trockener Weißwein aus Savoyen, zum Beispiel Crépy oder Seyssel. Da sie bei uns rar sind, können Sie auch einen der frischen, fruchtigen Westschweizer Weine servieren.

Coq à la comtoise

Hähnchen, überbacken (Franche-Comté)

Zutaten für 4 Portionen:

1 großes Brathähnchen (etwa 1,5 kg)
50 g Butter
2 Möhren
2 Stangen Lauch
1 Stange Sellerie
1 l Hühnerbrühe
frisch geriebene Muskatnuß
200 g Champignons
4 EL Zitronensaft
100 g Crème fraîche
100 g frisch geriebener Comté-Käse (ersatzweise Gruyère)
Salz, Pfeffer aus der Mühle

Zubereitungszeit: etwa 2 Std.

Pro Portion: 2335 kJ/560 kcal

1 Das Hähnchen kalt abbrausen. Das Innere reichlich pfeffern und salzen.

2 30 g Butter in einem Topf erhitzen. Das Hähnchen darin rundherum goldgelb anbraten.

3 Inzwischen die Möhren, Lauch und Sellerie putzen, waschen und kleinschneiden. Das Gemüse zum Huhn geben und mit anbraten. In einem anderen Topf die Hühnerbrühe erhitzen.

4 Die Brühe angießen. Mit Muskat würzen. Zugedeckt bei milder Hitze etwa 40 Min. köcheln lassen.

5 Die Champignons putzen, trocken abreiben, nicht waschen. Die Hälfte des Zitronensaftes über die Champignons gießen.

6 In einer Pfanne die restliche Butter zerlassen. Die Champignons darin bei starker Hitze so lange andünsten, bis die Flüssigkeit aus den Pilzen verdampft ist. Den Backofen auf 220° vorheizen.

Poule à la mode de Gray

Gekochtes Huhn mit Gemüse (Franche-Comté)

Zutaten für 4 Portionen:

1 Suppenhuhn mit Innereien (etwa 1,5 kg)
1 Ei
1 Döschen Gänseleberpastete (50 g)
frisch geriebene Muskatnuß
4 Stangen Lauch
4–6 junge Möhren
4–6 weiße Rübchen
1 mittelgroßer Knollensellerie
1 Rinderknochen
Salz, Pfeffer aus der Mühle

Zubereitungszeit: etwa 3 Std.

Pro Portion: 1600 kJ/380 kcal

1 Die Innereien vom Huhn fein hacken. Wenn im Huhn noch Eigelb vorhanden ist, dieses unter die Innereien mischen. Das Ei dazugeben. Die Gänseleberpastete unter die Masse mischen. Salzen, pfeffern, mit Muskatnuß würzen.

2 Das Huhn innen und außen kalt waschen, abtrocknen und mit der Farce füllen. Die Bauchöffnung mit Küchengarn zunähen.

3 Den Lauch und die Möhren putzen, die Rübchen und den Sellerie schälen. Alles kalt abbrausen. Die Gemüse in mundgerechte Stücke schneiden.

4 Einen großen Topf mit Wasser aufsetzen. Das Gemüse mit dem Rinderknochen hineingeben und zum Kochen bringen. Das Huhn einlegen und etwa 2 1/2 Std. zugedeckt sieden lassen. Den Sud ab und zu abschäumen.

5 Das Gemüse und das Huhn auf einer Platte anrichten und servieren. Die Brühe aufbewahren oder vorher reichen.

7 Das Hähnchen aus der Brühe nehmen und vierteln. In eine feuerfeste Form legen. Die Pilze ringsherum anordnen.

8 Den Kochsud durch ein Sieb passieren oder im Blitzhacker fein pürieren. 1/2 l davon in den Topf zurückgießen und bei starker Hitze einkochen lassen. Die Crème fraîche mit dem übrigen Zitronensaft verrühren, in den Schmortopf gießen. Mit dem Schneebesen schlagen. Die Hälfte des Käses dazugeben. Unter ständigem Umrühren schmelzen lassen. Die Sauce abschmecken und über die Hähnchenteile gießen. Den restlichen Käse darüber streuen. Das Hähnchen im Backofen (Mitte; Gas Stufe 4) etwa 20 Min. goldgelb überbacken. Sehr heiß servieren.

• Dazu paßt zum Beispiel Riz à la créole, eine in ganz Frankreich beliebte Art, Reis als Beilage zuzubereiten: 3 l Wasser mit Salz und dem Saft von 1 Zitrone zum Kochen bringen. 250 g Langkornreis in das Wasser schütten, 15 Min. garen, dann in einem Haarsieb sehr heiß abbrausen. Den Reis in einer feuerfesten Form im Backofen auf niedrigster Schaltstufe noch etwa 5 Min. nachquellen lassen.

• Weinempfehlung: ein junger Beaujolais oder für den, der Weißen bevorzugt, ein trockener Weißwein aus dem Jura oder Savoyen.

Cailles aux myrtilles

Wachteln mit Blaubeeren (Lothringen)

Zutaten für 4 Portionen:

8 Wachteln, küchenfertig vorbereitet
8 dünne Scheiben frischer fetter Speck
2 EL Butter
2 EL Öl
1 Salbeiblatt
250 g frische Blaubeeren
Salz, Pfeffer aus der Mühle

Zubereitungszeit: etwa 1 Std.

Pro Portion: 1800 kJ/430 kcal

1 Die Wachteln innen und außen kalt waschen und abtrocknen. Mit den Speckscheiben umwickeln, mit Küchengarn befestigen.

2 In einem flachen Schmortopf Butter und Öl erhitzen. Die Wachteln darin ringsherum anbraten. Das Salbeiblatt in kleine Stücke zupfen und dazugeben. Salzen, pfeffern. Die Wachteln zugedeckt bei milder Hitze etwa 30 Min. schmoren.

3 Inzwischen die Blaubeeren waschen und abtropfen lassen. Zu den Wachteln geben. Den Topf wieder schließen und das Gericht in weiteren 10 Min. fertiggaren.

• Tierschützer brauchen keine Bedenken zu haben: Wachteln sind keine Singvögel, die auf ihrem Weg in den Süden heimtückisch abgeschossen werden. Wachteln gehören zur Familie der Feldhühner. Sie wuchsen in früheren Zeiten auf den Äckern heran, überwinterten im Süden und wurden tatsächlich gejagt. Heute ist das verboten. Im Handel gibt es ausschließlich Zuchtwachteln, frisch oder tiefgefroren, zu kaufen. Sie werden wie Hausgeflügel frisch und nicht wie Federwild abgehangen verarbeitet.

• Weinempfehlung: ein zarter Vin gris (Rosé) aus Lothringen.

Faisan à l'alsacienne

Fasan in Sauerkraut (Elsaß)

Zutaten für 2–4 Portionen:

1 kg rohes Sauerkraut
3 TL Kümmel
2 säuerliche Äpfel
2 Zwiebeln
2 EL Schweineschmalz oder Butter
1/4 l Elsässer Weißwein
1/2 l Kalbsknochenbrühe oder Kalbsfond
24 Wacholderbeeren
12 Pfefferkörner
1 Fasan (etwa 1 kg)
1 große Scheibe frischer fetter Speck zum Umwickeln
125 g durchwachsener Räucherspeck
1 würzige Kochwurst
Salz

Zubereitungszeit: etwa 2 1/2 Std.

Bei 4 Portionen pro Portion: 4100 kJ/980 kcal

1 Das Sauerkraut gründlich waschen und gut ausdrükken. Den Kümmel darüber streuen. Die Äpfel schälen, vierteln, Kerngehäuse entfernen.

2 Die Zwiebeln schälen und hacken. Das Schweineschmalz in einem Schmortopf erhitzen. Die Zwiebeln darin glasig anbraten. Die Äpfel und das Sauerkraut dazugeben. Weißwein und Fleischbrühe angießen. Wacholderbeeren und Pfefferkörner darüber streuen. Den Topf zudecken und das Kraut bei geringster Hitze etwa 1 Std. schmoren.

3 Den Fasan mit dem frischen Speck umwickeln, mit Küchengarn befestigen.

4 Die Hälfte des Sauerkrauts aus dem Topf nehmen, den Fasan einlegen. Den Speck und die Kochwurst im ganzen dazulegen. Das Fleisch mit Kraut bedecken.

5 Den Deckel schließen und das Gericht in etwa 1 Std.

Canard sauvage à la sauce infernale

Wildente mit scharfer Rotweinsauce (Franche-Comté)

fertig garen. Abschmecken, eventuell nachwürzen. Den Fasan auf dem Sauerkraut servieren.

• Weinempfehlung: ein junger Beaujolais oder ein (allerdings sehr seltener) Elsässer Rotwein.

Zutaten für 2 Portionen:

1 Wildente mit Leber (etwa 900 g), küchenfertig vorbereitet
4 dünne Scheiben frischer fetter Speck
1 unbehandelte Zitrone (Saft und Schale)
1 Bund Petersilie
3 Schalotten
65 ml kräftiger Rotwein (z.B. ein Arbois oder Pupillin)
½ TL Dijon-Senf
Salz, Pfeffer aus der Mühle

Zubereitungszeit: etwa 1 ½ Std.

Pro Portion: 2840 kJ/680 kcal

1 Den Backofen auf 210° vorheizen. Die Entenleber beiseite legen. Die Wildente innen und außen kurz kalt abbrausen und gut abtrocknen. Innen mit Salz und Pfeffer einreiben. Schenkel, Brust und Rücken mit den Speckscheiben umwickeln und mit Küchengarn befestigen.

2 Die Ente auf den Grillrost legen und mit der Fettpfanne in den vorgeheizten Backofen (Mitte; Gas Stufe 3 ½) schieben. Etwas Wasser in die Fettpfanne gießen. Die Ente etwa 70 Min. braten. Dabei mehrmals wenden und immer wieder mit Wasser begießen.

3 Für die Sauce die Zitrone dünn abschälen. Die Schale sehr fein hacken. Petersilie waschen, trockentupfen und ebenfalls fein hacken. Schalotten schälen und fein hacken. Die Entenleber mit der Gabel zermusen oder mit dem Blitzhacker pürieren. Alles mischen.

4 Die Zutaten in eine Kasserolle geben. Etwas Bratfond aus der Fettpfanne und den Wein angießen. Die Sauce bei schwacher Hitze erwärmen. Den Senf einrühren. Die Zitrone auspressen. Die Sauce vorsichtig mit Zitronensaft würzen. Salzen, pfeffern.

5 Die Wildente aus dem Ofen nehmen, das Küchengarn lösen, die Speckscheiben in Streifen schneiden und mit der Ente auf einer Platte anrichten. Die Sauce dazu reichen.

• Dazu schmeckt helles Bauernbrot.

• Verwenden Sie für dieses Rezept nur junge Wildenten. Sie sind an den zarten Schwimmhäuten zu erkennen, die man leicht einreißen kann. Sollten die Füße bereits entfernt sein, wählen Sie die Ente lieber etwas kleiner als zu groß.

• Weinempfehlung: Am besten eignet sich ein roter Arbois oder Pupillin aus dem französischen Jura. Da diese Weine sehr selten bei uns erhältlich sind, verwenden Sie für die Sauce wie als Getränk dazu einen Côtes-du-Rhône aus dem nördlichen Anbaugebiet, zum Beispiel einen Hermitage oder Crozes-Hermitage.

Gâteau au chocolat

Schokoladenkuchen (Lothringen)

Zutaten für 6–8 Portionen:

125 g Butter + Butter für die Form
125 g Zartbitter-Schokolade (Blockschokolade oder Kuvertüre)
100 g geschälte Mandeln
4 Eier
125 g Zucker
1 EL Speisestärke
Puderzucker

Zubereitungszeit: etwa 1 ½ Std.

Bei 8 Portionen pro Portion: 1600 kJ/380 kcal

1 125 g Butter im Wasserbad schmelzen, jedoch nicht ganz flüssig werden lassen. Dabei mit einem Kochlöffel umrühren.

2 Die Schokolade fein reiben oder auf einem Stövchen schmelzen. Die Mandeln reiben. Die Eier trennen. Eigelb mit dem Zucker schaumig rühren. Die Mandeln dazugeben.

3 Den Backofen auf 200° vorheizen. Die weiche Butter und die Schokolade unter den Teig rühren. Eiweiß sehr steif schlagen. Den Eischnee vorsichtig unter den Teig heben. Speisestärke durch ein Sieb zur Eimasse geben. Noch einmal behutsam durchmischen.

4 Eine Springform (26 cm ø) mit Butter fetten. Den Teig hineinfüllen. Im Backofen (Mitte; Gas Stufe 3) etwa 40 Min. backen.

5 Als Garprobe mit einem breiten Messer einstechen. Wenn kein Teig an der Klinge hängenbleibt, ist der Kuchen durchgebacken. Er sollte im Inneren noch weich und nicht zu trocken sein. Aus der Form nehmen, abkühlen lassen und Puderzucker darüber sieben.

• Kuvertüre eignet sich besonders gut für diesen Teig, da sie leicht schmilzt.

Tarte aux mirabelles

Mirabellentorte (Lothringen)

Zutaten für 6–8 Portionen:

250 g Mehl + Mehl für die Arbeitsplatte
125 g weiche Butter + Butter für die Form
1 Eigelb
1 TL Zucker
Salz
500 g Mirabellen
75 g Puderzucker

Zubereitungszeit: etwa 50 Min. (+ 2 Std. Ruhezeit)

Bei 8 Portionen pro Portion: 1300 kJ/310 kcal

1 Das Mehl auf eine Arbeitsplatte sieben. In die Mitte eine Vertiefung drücken. Die Butter, das Eigelb, den Zucker und 1 Prise Salz hineingeben. Mit 2 EL Wasser anfeuchten. Die Zutaten mit den Fingerspitzen miteinander verkneten. Wenn nötig, noch etwas Wasser dazugeben, damit der Teig geschmeidig, jedoch nicht weich wird. Mit dem Kneten aufhören, sobald das gesamte Mehl aufgenommen ist. Aus dem Teig eine Kugel formen, an einem kühlen Ort etwa 2 Std. ruhen lassen.

2 Inzwischen die Mirabellen waschen, abtrocknen und im ganzen entsteinen. Den Backofen auf 230° vorheizen.

3 Die Arbeitsplatte dünn mit Mehl bestäuben. Den Teig ausrollen.

4 Eine Springform (26 cm ø) mit Butter ausstreichen. Den Teig hineinlegen und mit einer Gabel einstechen. Die Früchte auf dem Teig verteilen und mit dem Puderzucker bestäuben.

5 Den Kuchen im Backofen (Mitte; Gas Stufe 4 ½) etwa 15 Min. backen. Die Hitze auf 200° (Gas Stufe 3) reduzieren und den Kuchen in etwa 15 Min. fertig backen.

Tarte aux pommes

Deftiger Apfelkuchen (Elsaß)

• Wenn die Früchte sehr saftig sind, bestäuben Sie den Teigboden, bevor Sie die Früchte darauf verteilen, mit 1 EL Weizengrieß. Er saugt den aus den Früchten austretenden Saft auf.

• Tôt-fait
Eine ganz einfaches, dabei köstliches Dessert mit Mirabellengeist ist das Tôt-fait: 4 Eier mit 125 g Puderzucker schaumig rühren. 6 EL Mehl durch ein Sieb anstäuben und 1 l Milch gut untermischen. 3 cl Mirabellengeist angießen. Die Masse in eine gebutterte Savarinform geben und etwa 30 Min. bei 230° backen (Gas Stufe 4 ½).

• Mirabellen sind eine Spezialität Lothringens. Sie werden in vielfältiger Form verarbeitet: von der Mirabellenkonfitüre bis hin zum köstlichen Mirabellengeist.

Zutaten für 6–8 Portionen:

Für den Teig:
125 g weiche Butter + Butter für die Form
125 g Puderzucker
2 Eier
250 g Mehl + Mehl für die Arbeitsplatte

Für den Belag:
1 kg säuerliche Äpfel
2 EL Zucker

Für die Creme:
400 ml + 2 EL Milch
125 g Zucker
4 Eigelb

Zubereitungszeit: etwa 1 ¼ Std. (+ 1 Std. Ruhezeit)

Bei 8 Portionen pro Portion: 2200 kJ/520 kcal

1 Die weiche Butter mit dem Puderzucker schaumig rühren. Die Eier nacheinander dazugeben und unter leichtem Schlagen daruntermischen. Das Mehl dazusieben und unter den Teig kneten. Nicht mehr schlagen. Den Teig etwa 1 Std. an einem kühlen Ort ruhen lassen.

2 Inzwischen für den Belag die Äpfel schälen und vierteln, Kerngehäuse entfernen. Den Zucker in einem Topf in 1½ l Wasser auflösen und zum Kochen bringen. Die Apfelviertel kurz im Zuckerwasser aufkochen. Abtropfen lassen und beiseite stellen.

3 Den Backofen auf 200° vorheizen. Eine Springform von 26 cm ø ausbuttern. Den Teig auf einer dünn bemehlten Arbeitsplatte rund ausrollen und die Springform damit auslegen. Den Rand hochziehen.

4 Die Form auf der mittleren Schiene in den Backofen (Gas Stufe 3) schieben und den Teig 10–15 Min. vorbacken.

5 Inzwischen für die Creme 400 ml Milch mit 125 g Zucker aufkochen. Die 4 Eigelb in einem weiten Topf mit den 2 EL Milch schaumig schlagen, die kochende Milch dazu gießen und das Ganze unter ständigem Rühren erhitzen, jedoch nicht kochen lassen.

6 Den vorgebackenen Teigboden mit den abgetropften Apfelvierteln belegen. Die Creme darauf verteilen.

7 Die Form noch einmal in den Backofen (Mitte) schieben, die Hitze auf 220° (Gas Stufe 4) erhöhen und den Kuchen in etwa 25 Min. fertig backen. Vor dem Servieren abkühlen lassen.

Baba au rhum

Rum-Baba (Lothringen)

Zutaten für 6–8 Portionen:

Für den Teig:
150 g Mehl + Mehl für die Form
100 ml Milch
10 g Hefe
2 Eier
75 g weiche Butter + Butter für die Form
1 Prise Salz
1 EL Zucker
½ Päckchen Vanillezucker
50 g Korinthen
50 g Rosinen

Für den Sirup:
250 g Zucker
150 ml Rum

Zubereitungszeit: etwa 2 Std. (+ etwa 4 Std. Kühlzeit)

Bei 8 Portionen pro Portion: 1600 kJ/380 kcal

Die »Erfindung« dieses köstlichen Desserts wird dem polnischen König Stanislas Leszynski zugeschrieben. Er herrschte dank der Gunst seines Schwiegervaters Louis XV nach seiner Flucht aus Polen über die Herzogtümer Lothringen und Bar und machte sich wegen seiner Kunstsinnigkeit und Wohltätigkeit beim Volk, vor allem in Nancy, sehr beliebt. Erfunden hat Stanislas dieses Dessert eigentlich nicht, doch war es wohl seine Idee, den etwas trockenen Hefe-Guglhupf, der schon am Lemberger Hof bekannt war, mit Malaga zu tränken. Als begeisterter Leser von »Tausendundeine Nacht« nannte König Stanislas sein Lieblingsdessert nach Ali Baba. Anfang des 19. Jahrhunderts kam die, nun Baba genannte, Nachspeise in Paris groß in Mode. Man ersetzte den Malaga durch Rumsirup. Mitte des 19. Jahrhunderts wandelte ein Pariser Meister-Pâtissier die Speise noch einmal ab. Er ließ die Rosinen weg und gab dem Kuchen die Form eines Ringes, in dessen Mitte er Schlagsahne, garniert mit kandierten Früchten, anrichtete. Die neue Süßspeise nannte er Brillat-Savarin, woraus bald Savarin wurde. Sehr gut schmeckt diese Variante, wenn Sie sie mit geschlagener Sahne füllen und mit Beeren garnieren.

1 Eine Schüssel mit heißem Wasser erwärmen, abtrocknen. Das Mehl hineinsieben. In die Mitte eine Vertiefung drükken. Die Milch anwärmen. Die Hefe in die Vertiefung im Mehl bröckeln. Die Milch dazugießen und die Hefe auflösen.

2 Die Eier in einer Schüssel mit dem Schneebesen schaumig schlagen. Unter den Teig mischen.

3 Den Teig mit dem Schneebesen oder dem Knethaken des Handrührgerätes so lange schlagen, bis er Blasen wirft. Den Teig zugedeckt an einem warmen Ort so lange gehen lassen, bis er sein Volumen verdoppelt hat. Das dauert je nach Raumtemperatur etwa 20 Min.

4 Die Butter mit dem Salz, dem Zucker und dem Vanillezucker schaumig rühren. Mit den Korinthen und den Rosinen zum Teig geben. Den Teig noch etwa 5 Min. durchkneten. Eine Baba-Form oder eine andere hohe zylindrische Kuchenform ausbuttern und mit Mehl bestäuben.

5 Den Backofen auf 210° vorheizen. Den Teig in die Form füllen und noch einmal etwa 20 Min. aufgehen lassen. Im vorgeheizten Backofen (Mitte; Gas Stufe 3 ½) etwa 35 Min. backen. Wenn die Oberfläche zu bräunen beginnt, die Hitze auf 200° (Gas Stufe 3) reduzieren.

6 Inzwischen den Rumsirup bereiten: ¼ l Wasser in eine kleine Kasserolle gießen. Den Zucker darin auflösen. Die Kasserolle auf den Herd setzen und den Sirup bei mittlerer Hitze 3–4 Min. kochen lassen. Dabei ständig umrühren. Den Sirup etwas abkühlen lassen, den Rum einrühren.

7 Die Form aus dem Ofen nehmen und den Kuchen sofort stürzen. Auf einen Teller stellen und mit einer Gabel ringsherum einstechen. Den Rumsirup mit einem Löffel auf dem Kuchen verteilen. Abkühlen lassen und servieren.

Sauerkraut und Wurst – die deftigen Genüsse

Sauerkraut in der französischen Küche? Die vielgelästerten »Krauts« sind doch die Deutschen, denen man mit diesem Ausdruck nicht gerade Sinn für feine Küche unterstellt. Tatsächlich ist das Elsaß größter Produzent von Sauerkraut in Frankreich, und hier wird es in nahezu unendlichen Varianten zubereitet. Die Elsässer sind ein alemannisches Volk, und ihr

Das Ortsschild weist die Stadt Riedwihr als »Hauptstadt des Sauerkrauts« aus.

Land war durch die Jahrhunderte Zankapfel zwischen den beiden Nachbarn, bis es 1945 endgültig an Frankreich kam. Dabei wußten die Franzosen schon immer die bodenständige, ehrliche, dabei durchaus feine Küche der Elsässer zu schätzen. Brillat-Savarin, der große Gourmet, hat einmal gesagt: »Dies ist eine der europäischen Landschaften, in denen mir am meisten das Wasser im Munde zusammenläuft.«

Wer ißt nun mehr Sauerkraut, die Deutschen oder die Franzosen? Erraten, die Franzosen! Sogar die Amerikaner sind im Sauerkrautkonsum den Deutschen überlegen. Der deutsche Dichter Ludwig Uhland hat zwar behauptet: »Ein Deutscher hat's zuerst gebaut, drum ist's ein deutsches Essen«, aber Dichtern steht auch einmal das Recht auf Irrtum zu. In Wirklichkeit waren es elsässische Mönche, die bereits im 15. Jahrhundert das erste Sauerkraut unter dem Namen Gumboskraut als Fastenspeise herstellten. Von der Fastenspeise avancierte es allerdings bald zum Fest- und Sonntagsessen, in einigen Gegenden gehört es zu jedem Hochzeitsmenü.

»Erfunden« haben die Elsässer das Sauerkraut allerdings auch nicht. Hippokrates, der große griechische Arzt, und einige römische Schriftsteller erwähnen es bereits in ihren Abhandlungen über Landwirtschaft und Naturheilkunde. Römische Legionäre waren es auch, die das Kraut zuerst ins Elsaß und später erst nach Germanien brachten.

Was ist Sauerkraut? Noch vor 40 Jahren hätte das jeder gewußt, da auch bei uns in den Haushalten Sauerkraut selbst eingelegt wurde. Heute kauft man es fertig – daher eine kurze Erklärung: Sauerkraut ist nichts anderes als Weißkohl, der mit Hilfe von Salz vergoren wird – daher die Säure.

Der beste Kohl für die Sauerkrautbereitung stammt in Frankreich aus der Gegend von Krautergersheim nahe Obernai. Hier ist auch das Zentrum der Sauerkrautproduktion. Nach der Ernte wird der Kohl sorgfältig geputzt und vom Strunk befreit. Die Köpfe werden dann dünn gehobelt und die Schnitzel in Gärbehälter gebracht. Salz in der Menge von 0,8 bis 1,8% des Krautgewichts über das Kraut gestreut genügt, um die Milchsäuregärung in Gang zu bringen. In der Industrie setzt man die Gärbehälter unter Druck, so daß die Luft zwischen den Krautschnitzeln entweicht. Im Haushalt beschwert man die Krautmasse mit Gewichten.

Nach 6 Tagen bis 3 Wochen wird heute, anders als in der Antike und auch anders als im Haushalt, das Kraut zur besseren Haltbarkeit pasteurisiert, das heißt auf 80° erhitzt, so daß die Milchsäurebakterien abgetötet werden.

Im Handel gibt es rohes Sauerkraut ohne Hitzebehandlung direkt aus dem Faß sowie konserviertes in Dosen, Gläsern oder Vakuumverpackungen. Gutes Sauerkraut schmeckt säuerlich, die Farbe muß hellgrau bis bräunlich sein, die Konsistenz fest und die Oberfläche stumpf.

Im Elsaß wird die Kunst der Sauerkrautzubereitung von Generation zu Generation weitergereicht. »Choucroute garnie« ist hier Nationalspeise und

Rechts: Choucroute garnie, die Nationalspeise der Elsässer, mit Bauchspeck, Kassler und Straßburger Würstchen als deftige Beilage zu Sauerkraut und Kartoffeln. Dazu gibt es selbstverständlich einen guten Elsässer Wein.

Oben: Das vielseitige Sauerkraut eignet sich für die Zubereitung sehr unterschiedlicher Gerichte. Hier eine Tarte mit Sauerkraut- und Speckbelag.

Mitte: Verschiedene Fleischbeilagen, die gut zum Sauerkraut passen. Neben Blutwürsten (hinten) werden auch Andouillettes, Kaldaunenwürste (vorn), sowie gepökelte Schweinshaxen empfohlen.

Unten: Auslage eines elsässischen Fleischwarenladens (Charcuterie) mit einer großen Auswahl an Dauerwürsten, Pasteten und Schinken.

wird in den Familien wie in den Restaurants auf vielerlei Art abgewandelt. Das beginnt bei den Gewürzen wie Pfeffer, Paprika, Kümmel, Koriander und Wacholderbeeren, den Kräutern wie Dill, Bohnenkraut, Estragon, Lorbeer, Oregano, Petersilie, Schnittlauch, allerlei Gemüse und Früchten wie Äpfeln, Ananas, Rosinen, Zwiebeln und Walnüssen und hört bei den Fetten und Ölen, den Weinen und Schaumweinen nicht auf.

Was aus dem Sauerkraut ein Sauerkrautgericht macht, ist die Fleisch- oder Fischeinlage. Feine Fische wie Lachs und Lotte, edle Geflügel wie Fasan, Gans, Rebhuhn, Wachtel und Perlhuhn oder deftiges Schweinefleisch machen daraus ein Festtags- oder Alltagsgericht.

Sauerkraut gibt es nicht nur als Hauptgericht. Eine Sauerkrautsuppe vorneweg oder roher Sauerkrautsalat mit Muscheln, Geflügelleber, sogar Käse als Vorspeise erfreuen sich nicht nur im Elsaß wachsender Beliebtheit.

Der besonderen Pflege des Sauerkrauts und seiner vielfältigen Verwendungsmöglichkeiten hat sich die Confrérie de la Choucroute, eine 1987 gegründete Bruderschaft französischer Meisterköche, gewidmet. Die Mitglieder mit eigenem Restaurant verpflichten sich, das ganze Jahr über mindestens ein Sauerkrautgericht auf der Speisekarte anzubieten.

Vom Sauerkraut führt der Weg direkt zu den Würsten, die in Frankreich nicht in der Boucherie, der Metzgerei, verkauft werden, sondern in der Charcuterie, dem Fachgeschäft für Fleischwaren. Dazu gehören nicht nur die Würste, sondern auch die Pâtés, Terrinen, Galantinen und Schinken.

Die Wurst nimmt im französischen Menü eine andere Stellung ein als bei uns. Das abendliche Wurstbrot in unserem Sinne ist in Frankreich unbekannt. In Cafés gibt es höchstens als Imbiß Sandwich au jambon oder au saucisson, das heißt ein der Länge aufgeschnittenes Baguette mit Schinken oder Wurst belegt und mit Salatblatt oder Cornichons garniert.

Würste haben ihren bevorzugten Platz auf dem Vorspeisenteller, andere werden in den bäuerlichen Fleisch- und Gemüseeintöpfen, also auch im Elsässischen Sauerkraut, heiß serviert.

Die in ganz Frankreich beliebten **Saucissons,** der Salami ähnliche Dauerwürste, kommen aus Frankreich auch zu uns. Meist bestehen sie aus reinem Schweinefleisch (pur porc) und werden im Naturdarm mehrere Wochen luftgetrocknet, jedoch nur selten geräuchert. Bei 10–15° Lagertemperatur halten sie sich 3–4 Monate. Pfeffer- und Kräutersalami werden nach der Trocknungsphase in gestoßenem Pfeffer bzw. getrockneten Kräutern gewälzt. Sie alle sind unverzichtbarer Bestandteil einer gemischten kalten Vorspeisenplatte.

Zu den Dauerwürsten gehören außer der Salami oder Saucisson die Lyoner Wurst, die **Rosette,** eine erstklassige Rohwurst aus dem Beaujolais, die Gebirgswurst und als größte von ihnen eine Wurst namens **Jésus** aus der Franche-Comté, die auch im Schweizer Jura bekannt ist. Aus Rind- und Schweinefleisch wird die ebenfalls luftgetrocknete **Arleser Wurst** hergestellt.

In Frankreich überall bekannt und beliebt, jedoch bei uns nur selten erhältlich, sind die **Andouilles** und **Andouillettes**. Der Unterschied besteht nur in der Größe, letztere sind kleiner. Andouilles sind in Darm gefüllte Kaldaunen vom Schwein. Die meisten werden bereits gekocht verkauft und kalt aufgeschnitten zur Vorspeise serviert. Die rohen werden in Salzwasser pochiert oder gegrillt zu verschiedenen Beilagen, am häufigsten zu Kartoffelpüree, gereicht.

Chipolatas, kleine Bratwürste, ähnlich unseren Schweinswürstchen, werden gern zu kleinem Wildgeflügel wie Wachteln oder Tauben auf den Tisch gebracht.

Boudin blanc und **Boudin noir** sind helle und dunkelrote Blutwürste, meist vom Schwein, in einer Hülle aus Naturdarm. Sie gehören in einigen Gegenden Frankreichs z. B. zum traditionellen Menü am Heiligen Abend und werden pochiert oder gegrillt serviert.

Zum Sauerkraut gehören schließlich die **Straßburger Würstchen**, die unseren Frankfurter oder Wiener Würstchen ähneln.

Alle regionalen Wurstspezialitäten hier aufzuzählen hieße von dem ablenken, was in den Theken französischer Charcuterien sonst noch appetitlich ausgestellt ist und den Mund wäßrig macht. Die Franzosen verstehen es nämlich auf unnachahmliche Weise, ihre Fleischprodukte in allen möglichen appetitlichen Formen anzubieten. Die Wurst ist wahrhaftig nicht die einzige.

Auch bei uns erhältlich sind seit einigen Jahren die köstlichen Pâtés, Terrinen und Galantinen. Jeder, der in einem Bistro oder einem Restaurant eine Pâté oder Terrine du chef vom Patron stolz zur Auswahl präsentiert bekommen hat, weiß, was damit gemeint ist.

Unter Pâté im engeren Sinne versteht man eine im Teigmantel gebackene Farce, meist aus Fleisch, aber auch aus Pilzen, Gemüse oder Kartoffeln. Die berühmte, köstliche Straßburger Gänseleberpastete ist also eine Pâté in diesem Sinne.

Terrinen sind in einem feuerfesten Gefäß gegarte Farcen ohne Teighülle. Allerdings hat sich hier der Sprachgebrauch etwas verändert. Im Handel werden häufig ohne Teig gegarte Fleischzubereitungen als Pâté bezeichnet. In allen Fällen besteht die Farce aus grob oder fein gehacktem Fleisch, manchmal auch Speck, Gewürzen, Champignons und bei den feinsten ihrer Art Trüffeln. Die Pâté de jambon, Schinkenpastete, wird aus reinem Schweinefleisch und mageren Schinkenwürfeln gemacht. Die Pâté de campagne, die ländliche Pastete, besteht aus magerem Fleisch, etwa vom Kaninchen, Speck und Innereien wie der Leber. Außerdem gibt es Wild- und Geflügelpasteten in vielen Varianten.

Pâté de foie, Leberpastete, kann aus grob gehacktem Fleisch mit Leberwürfeln bestehen. Feinere Sorten kommen als Crème, Mousse oder Purée de foie auf den Markt.

Besonders attraktiv, z.B. auf einem kalten Buffet, sehen Galantinen, auch Ballottines genannt, aus. Hühner, Enten, Kaninchen, aber auch ganze

Ganz oben: Marktstand in den Ardennen. Vor allem die Schinken, aber auch die Würste dieser nordöstlichen Region sind für ihre hohe Qualität im ganzen Land bekannt.

Oben: Rosette, die Wurst im linken Korb, stammt aus dem Beaujolais und wird kalt als Vorspeise genossen. Die Dauerwurst im rechten Korb wurde in Holzasche gewälzt.

Spanferkel werden von innen vorsichtig entbeint, mit einer Masse aus dem entsprechenden Fleisch, Eiern, Leber und Gewürzen gefüllt und in Scheiben aufgeschnitten serviert.

Eine französische Spezialität sind die Rillettes. Sie werden mit Brot zur Vorspeise gereicht. Es handelt sich hier um magere Fleischteile von Schwein, Gans, Ente, Kaninchen oder Wild, die im eigenen Fett oder in Schmalz so lange geschmort werden, bis das Fleisch faserig zerfällt. (Rezept Seite 219).

Schinken

Zum Schluß noch ein Wort über die Schinken. Sie werden in Frankreich gepökelt, das heißt mit Salz eingerieben und anschließend bis zu 10 Monate lang an der Luft gereift und getrocknet.

Bei uns am bekanntesten ist der milde, feinwürzige **Bayonner Schinken. Ardenner Schinken** zeichnet sich durch seine schöne dunkelrote Farbe und seinen typischen Duft aus. Bei Feinschmeckern beliebt sind auch die Gebirgsschinken aus der Auvergne und Savoyen sowie der bretonische **Armorique-Schinken.**
Jambon de Paris ist ein Sammelname für alle Arten von gegarten Schinken, auch wenn diese nicht aus der Hauptstadt stammen.
In jedem Restaurant des Burgund findet man im Vorspeisenangebot Jambon persillé, Schinken in Aspik mit Petersilie (Rezept Seite 86).

Links: Auslage eines Wurststandes in Antibes an der Côte d'Azur. Neben korsischen Rotweinen werden korsischer Speck und Räucherwaren angeboten.

Links oben: Wurststand am Markt von Chéniers/Creuse.

Oben: Schinken in der Räucherkammer. Die meisten französischen Schinken werden allerdings nicht geräuchert, sondern an der Luft getrocknet.

Dauphiné, Burgund, Bresse, Lyonnais

Stille Größe:
Meursault und seine Weinberge, Herkunft der edelsten Weißweine Frankreichs

Das Land und seine Produkte

Burgund reichte in seiner Glanzzeit als selbständiges Herzogtum von der Nordsee bis zum Jura. Seine Reichtümer waren der Wein und das Holz, mit denen es den französischen Hof belieferte. Seit dem 15. Jahrhundert gehört es zu Frankreich und reicht heute vom Pariser Becken bis zum Tal der Rhône und vom oberen Loiretal bis zum Oberrhein.

Das im Norden gelegene Niederburgund liegt auf einem Jurakalkplateau, das von der Yonne durchflossen wird. Hier wird bei Chablis Weinbau betrieben, außerdem gibt es hier besonders gute Kirschen. Der landschaftlich und geschichtlich interessantere Teil ist das südlich angrenzende Hochburgund im Becken der Saône. Östlich der Saône erstreckt sich die wald- und seenreiche ehemalige Grafschaft Bresse, die durch ihre Geflügelzucht Weltruhm erlangt hat. Das Geflügel aus der Bresse wurde 1986 sogar zum viertbesten gastronomischen Produkt der Welt ernannt – nach Stopfleber, Hummer und Trüffel. Am anderen Ufer der Saône sind es die Weine der Côte d'Or, einer bis 600 m hohen Juraformation, die die Herzen der Feinschmecker in aller Welt höher schlagen lassen. Die von den Franzosen als Vorspeise geschätzten Weinbergschnecken werden hier in Kulturen gezüchtet. Die Hauptstadt des ehemaligen Herzogtums und bedeutende Weinhandelsstadt Dijon ist wegen ihres scharfen, dabei wohlschmeckenden Senfs über die Grenzen hinaus bekannt.

Die Monts du Morvan, nördliche Ausläufer des Zentralmassivs, sind mit ihren Heckenlandschaften, den bocages, und den Wäldern von großem landschaftlichem Reiz. Der luftgetrocknete Gebirgsschinken des Gebiets wird in ganz Frankreich hoch geschätzt.

Südlich davon kündigt sich ein weiteres Superlativ an: In der ehemaligen Grafschaft Charolais wird die älteste Rinderrasse Frankreichs gezüchtet. Das feine, äußerst schmackhafte Fleisch der cremeweißen Tiere wird in viele Länder exportiert.

In den östlich gelegenen Landschaften Mâconnais und Beaujolais wird Weinbau betrieben, und im südlichen Burgund locken 1200 km Binnenwasserstraßen zu beschaulichen Bootstouren.

Zwischen Rhônetal und italienischer Grenze, südlich von Savoyen und nördlich der Gebirgspässe zur Haute-Provence liegt die Dauphiné. Der Name geht zurück auf die Grafen von Albon, die als erste den Titel Dauphin annahmen. Später war das Gebiet dem jeweiligen Kronprinzen als Apanage vertraglich zugesichert.

Die Dauphiné wird beherrscht von dem 4100 m hohen Pelvoux-Massiv mit einem weiträumigen Nationalpark und eindrucksvollen Gletschern. Hier befinden sich die meisten Alpenpässe auf kleinem Raum. Eine über die Grenzen des Landes hinaus bekannte Spezialität ist der Gratin dauphinois, ein Kartoffelauflauf mit Käse. Die Weine der Dauphiné gedeihen am linken Ufer der Rhône. Hermitage und Crozes-Hermitage sind die ältesten Weinberge der Rhône.

Aus Grenoble, der Hauptstadt des Gebiets, stammen die besten Walnüsse, die sogar Ursprungsschutz (Appellation contrôlée) genießen. Die in Grenoble produzierten Süßigkeiten verdanken ihnen ihre außergewöhnliche Qualität. Zwei weitere Zentren für Pralinen und andere Süßwaren sind die Nougatstadt Montélimar und Voiron.

Lyon genießt den Ruf einer Feinschmeckerstadt. Hier erreicht die Kochkunst jenen Grad der Einfachheit, der kennzeichnend für äußerste Perfektion ist. Gepflegt wird sie nicht nur von der einheimischen Gatronomie, sondern auch von den Familien, die ihre Kenntnisse von Generation zu Generation weiterreichen. Spezialitäten sind unter vielen anderen die Lyoner Trüffelwurst, die in Briocheteig zubereitet wird, Poularde demi-deuil mit Trüffeln, die mit Zwiebeln zubereitete Lyoner Omelette, Zwiebelsauce und Zwiebelpüree mit dem Beinamen Soubise, zubereitet aus der milden Lyoner Zwiebel.

Oben: Die weißen Freilandhühner aus der Bresse gelten als das beste Geflügel Frankreichs. Sie unterliegen besonders strengen Qualitätsanforderungen.

Rechts oben: Rebfelder bei Beaune an der Côte d'Or.

Rechts Mitte: Blühende Mandelbäume in der Dauphiné.

Rechts: Blick auf die Hochalpen der Dauphiné bei Briançon, Europas höchstgelegener Stadt nahe der italienischen Grenze.

Ganz oben: Obststand in Dijon, der ehemaligen Hauptstadt des Herzogstums Burgund.

Mitte links: Das zarte Fleisch der weißen Charolais-Rinder wird von Feinschmeckern hoch geschätzt.

Mitte rechts: Sonntagsvergnügen in Burgund. Angeln im Flüßchen Ouche.

Unten: Marktstand in Dijon. Hier gibt es den Honig aus der Umgebung.

Menschen, Feste, Sehenswertes

Gaumenfreuden besonderer Art, aber auch Augenschmaus für den Kenner hat Burgund in überreicher Fülle zu bieten. Nicht nur Asterix-Fans werden von den Ausgrabungen von Alesia begeistert sein. Es ist der Ort, wo Caesar den mächtigen Vercingetorix nach langer Belagerung zur Kapitulation zwang.

Sehenswert sind außerdem die vielen romanischen Klöster und Kirchen. Von Cluny ging im frühen Mittelalter eine besondere Form des romanischen Stils aus, dessen Einflüsse über die Grenzen des Herzogtums hinaus reichten. Hier wurde die bis zur Erbauung des Petersdomes größte Kirche der Christenheit errichtet.

In flämischer Gotik erbaut ist eines der schönsten Denkmale spätmittelalterlicher Kunst: das Hôtel-Dieu in Beaune, gestiftet von Nicolas Rolin und seiner Frau als Krankenhaus für die Armen. In Beaune befindet sich auch ein interessantes Weinmuseum.

Die Weinorte mit den weltbekannten Namen an der Côte d'Or wirken eher bescheiden. Spektakulär ist nur das, was im Glas funkelt. Dennoch gibt es überall große und kleine Kirchen und Klöster, alte Fachwerkhäuser und hübsche Plätze zu bewundern. Interessant ist das Schloß von Vougeot, wo alljährlich die Chevaliers du Tastevin, die älteste Weinbruderschaft Frankreichs, tagt.

Die Abtei von Fontenay ist eine der ältesten Zisterzienserkirchen Frankreichs. Auch die Kirchen von Sens, Tournus und Vézelay verdanken ihre Schönheit den Mönchen.
Dijon, die Senfstadt im nördlichen Burgund, ist einst durch den Wein gerettet worden. Als 1513 Schweizer, Deutsche und Soldaten der Comté die Stadt belagerten, bot man ihnen Wagenladungen vom köstlichen Burgunderwein, und schon ließen die mutigen Kriegsherren von ihrem bedrohlichen Tun ab und hoben die Belagerung auf.
Die Feste in Burgund gelten zum Großteil dem Wein. Höhepunkt der Weinfeste sind im November die Trois Glorieuses in Vougeot, Beaune und Meursault. Während dieser Tage kommen Weine des Hospizes zum Verkauf, und die Weinbruderschaft hält ihre große Versammlung ab. Von Juli bis Oktober findet das Festival des Grands Crus, der großen Kreszenzen, in vielen Orten mit Musikveranstaltun-

Rechts oben: Brücke und Zitadelle in Semur-en-Auxois, einem mittelalterlichen Städtchen im Norden Burgunds.

Rechts Mitte: Gemütliche Cafébar in Dijon.

Rechts unten: Straßenszene in Dijon während des großen Wein- und Folklorefestes im August.

gen statt. Dem frisch gepreßten Traubensaft, dem bourru, huldigt man in Nuits-Saint-Georges und Chenove. Trois Glorieuses, die eigentlich Quatre Glorieuses heißen müßten, werden in Bourg-en-Bresse, Pont de Vaux, Montrevel-en-Bresse und Louhans gefeiert. Dort gilt die Ehrung allerdings dem besten Geflügel Frankreichs, das in Wettbewerben zur Schau gestellt wird.

Oben: Die ehemalige Zisterzienserabtei von Fontenay aus dem 12. Jahrhundert vermittelt ein lebendiges Bild vom Klosterleben im frühen Mittelalter.

Links: Kulinarisches Spektakel eines Restaurants auf dem Place F. Rude im Zentrum Dijons.

Unten links: Das Hôtel-Dieu in Beaune, im 15. Jahrhundert erbautes ehemaliges Spital für die Armen.

Unten rechts: Caféterrasse am Marktplatz von Dijon.

Sind es in Burgund vor allem Kunst- und Weingenuß, die einen Besuch des Landes attraktiv machen, so locken in der Dauphiné die imposanten Naturdenkmäler. Grenoble, einst Austragungsort der Olympischen Winterspiele, ist eine Stadt der Gärten und Museen. Die schönste Kirche der Dauphiné steht in Embrun, die ursprünglichste Landschaft ist Queyras nahe der italienischen Grenze. In Lyon findet alljährlich ein großes Töpferfest statt, Wein und Käse feiert man in Condrieu an der Rhône.

Die Weine

Burgunder ist ebenso ein Synonym für einen bestimmten Weintyp wie Bordeaux. In der ganzen Welt oftmals imitiert, jedoch niemals erreicht, steht der Burgundertyp für einen weichen, samtigen Rotwein mit dem unvergleichlichen Duft und Geschmack der Spätburgundertraube. Darüber vergißt man leicht, daß im Burgund auch die teuersten und besten Weißweine der Welt bereitet werden.

Weinverkaufsstand in Burgund.

Das burgundische Benennungssystem ist relativ kompliziert, jedes Untergebiet hat seine eigenen Hierarchien, Spitzenqualitäten stammen oft von Rebflächen, deren Nachbarn gerade guten Durchschnitt hervorbringen. Im Burgund sind die Weinberge oft unter vielen Besitzern aufgeteilt, so daß sich auch aus diesem Grund sehr unterschiedliche Weine ergeben.

Einfacher dagegen ist der Überblick über die Rebsorten. Der Pinot Noir, bei uns als Blauer Spätburgunder bekannt, ist eine der edelsten Rebsorten der Welt. Sein Ursprungsland ist Burgund, und ihm haben wir jene Rotweine zum Träumen zu verdanken, die in diesem Gebiet erzeugt werden. Pinot Blanc oder Weißer Burgunder ist eine Mutation des roten, Spitzenweine ergibt er jedoch nicht. Chardonnay, heute weltweit verbreitet, gehört ebenfalls zur Familie. Aus ihm werden die feinen Weißweine des Chablis und die großen Weißen der Côte d'Or gekeltert.

Der Gamay schließlich ist nicht mit den Burgundersorten verwandt, stammt aber wahrscheinlich aus einem kleinen Ort bei Puligny-Montrachet. Es ist die einzige Sorte, die den so beliebten Beaujolais ergibt.

Von den alten Rebsorten, die eher lokale Bedeutung haben, ist der weiße Aligoté der bekannteste. Aligoté-Weine werden unter der allgemeinen Bezeichnung Bourgogne Aligoté als herzhafte Weine für den täglichen Genuß angeboten.

Ebenfalls erschwinglich sind all die Weine mit Bezeichnungen wie Bourgogne Passe-tout-grains, Bourgogne clairet, Bourgogne ordinaire oder Crémant de Bourgogne.

Das Weinbaugebiet Burgund beginnt im Norden bei der Stadt Chablis, nach der die Weine aus 16 Dörfern in ihrer Umgebung benannt sind. Früher wurde ein Drittel aller Burgunderweine hier erzeugt, doch die Reblaus vernichtete im vorigen Jahrhundert einen Großteil der Weinberge. Heute stehen nur noch in günstigen Lagen Rebstöcke, doch auch hier droht im Frühjahr Frost, so daß die Jahrgänge sehr unterschiedlich ausfallen. Alle Chablis-Weine sind weiß und werden aus der Chardonnayrebe gekeltert.

Südlich der Weinhandelsstadt Dijon beginnt das leicht gewellte Land, aus dem die Weine stammen, die die Herzen der Feinschmecker in aller Welt höher schlagen lassen – die Côte d'Or, deren nördlicher Teil Côte de Nuits und deren südlicher Côte de Beaune heißt. Die Dörfer und Städtchen haben hier zum Teil ihre Namen mit denen der großen Lagen vor ihren Toren verbunden. Das ist eine Besonderheit des Burgund und kann bei dem, der die Etiketten nicht richtig zu lesen versteht, einige Verwirrung stiften. So ist zum Beispiel ein Wein mit der Herkunftsbezeichnung Gevrey-Chambertin auf keinen Fall in der Spitzenlage Chambertin gewachsen. Wäre er es, dann stünde nur der Name der Lage auf dem Etikett. Wie ist das Geheimnis zu verstehen?

Über der allgemeinen Herkunftsbezeichnung Bourgogne stehen zunächst einmal die Bezeichnungen der jeweiligen Unterregion, zum Beispiel Côte de Nuits oder auch Vin fin de la Côte de Nuits. Hierauf folgen die Bezeichnungen einzelner Gemeinden, wenn der Wein ausschließlich im Gebiet dieser Gemeinde geerntet wurde.

Oben: Weinprobe in einer burgundischen Kellerei.

Ganz oben: Einfahrt zum Schloß Sully bei Autun, Geburtsstätte des späteren Marschalls und Präsidenten Mac-Mahon.

Mitte: Weinlese an der Côte d'Or, dem Herzstück des burgundischen Weinbaus.

Unten: In diesen Holzfässern reift edler Burgunderwein, sorgfältig überwacht vom Kellermeister.

Hier kann es dann, wie oben erwähnt, geschehen, daß der Name einer als Grand Cru eingestuften Lage auftaucht, einfach weil der Ortsname fest damit verbunden ist. Eine als Premier Cru (eine Stufe unter dem Grand Cru) eingestufte Lage wird dem Ortsnamen hinzugefügt oder nicht, je nachdem... Der Grand Cru steht dann königlich allein da. Also ist »Le Chambertin« ein ganz feiner Wein der allerobersten Kategorie.

Die Côte de Nuits ist die Heimat der roten Grands Crus. In einigen Orten wird zwar auch etwas Weißwein angebaut, doch der Rote überwiegt bei weitem. 23 Spitzenlagen sind auf diesem relativ kleinen Raum vereint, unter anderen so berühmte Namen wie Chambertin oder Romanée.

Anders sieht es in der südlich angrenzenden Côte de Beaune aus, die bei Beaune beginnt und bei Santenay endet. Hier stehen in fast jedem Ort Weißwein- neben Rotweinreben, und die großen Burgunder Weißweine wie Corton, Corton-Charlemagne und Montrachet stammen von hier. Corton ist die einzige Lage, die Rot- wie Weißwein in allerhöchster Qualität hervorbringt.

Südlich der Côte de Beaune beginnt ein kleines Gebiet, die Côte Chalonnaise. Wie an der Côte d'Or werden die hervorragenden Rot- und Weißweine aus Pinot Noir und Chardonnay erzeugt. Fast alle tragen den Namen ihrer Gemeinde. Rully, eine dieser Gemeinden, ist ein Zentrum der burgundischen Schaumweinproduktion.

Erst bei Tournus geht es weiter mit dem Weinbau. Im Mâconnais sind die höheren Qualitätsstufen mit Gemeindebezeichnungen ausschließlich Weißweine aus der Chardonnayrebe. Sie sind kräftig und trocken und sehr alterungsfähig. Die Rot- und Roséweine werden wie der Beaujolais aus Gamay gekeltert. Sie schmecken etwas herber als dieser und werden jung getrunken.

Ohne Unterbrechung folgt im äußersten Süden der Weinregion Burgund das Anbaugebiet für den vielgeliebten, aber auch vielgelästerten Beaujolais.

Zunächst einmal sollten einige verbreitete Irrtümer ausgeräumt werden: Beaujolais ist nicht immer rot. Es gibt auch einige wenige Weiß- und Roséweine unter der allgemeinen Regionalbezeichnung. Außerdem ist Beaujolais nicht nur jung genießbar. Im Gegenteil: Die höheren Qualitätsstufen aus 10 Gemeinden, die auch auf dem Etikett stehen, zum Beispiel Fleurie, Morgon oder Chénas, sind lagerfähig und gewinnen mit dem Alter.

Doch nun zu dem, was das Gebiet um die kleine Stadt Beaujeu bei den Weintrinkern so bekannt und beliebt gemacht hat: dem Beaujolais Primeur. Kaum zwei Monate jung und bezaubernd frisch, kommt er im tristen November auf den Markt. Obwohl heute in Südfrankreich und auch in Italien junge Rotweine hergestellt werden – Beaujolais bleibt Beaujolais, er war der erste.

Im Gegensatz zu den vornehmen Weinen des nördlichen Burgund ist der Beaujolais ein »demokratisches« Getränk, das sich jedermann leisten kann. Die Mode hat ihm allerdings auch geschadet. Das schnelle Geld hat wohl einige Produzenten dazu verleitet, Weine herzustellen, die ihr Geld nicht mehr wert sind. Da hilft nur Probieren oder einem guten Namen, ob Händler oder Produzent, vertrauen.

Wie kommt es, daß ein so junger Rotwein überhaupt trinkbar ist und nicht Gaumen und Zunge zusammenzieht? Jeder Weintrinker weiß doch, daß Rotwein eine bestimmte Lagerzeit braucht, damit die Gerbstoffe aus den Schalen und

Kernen so weit abgebaut werden, daß runde, samtige Fülle entsteht. Das Beaujolais-Phänomen hat zwei Gründe: die Rebsorte und das spezielle Gärverfahren.

Wie oben erwähnt, gedeiht im Beaujolais-Gebiet die Gamayrebe, die in anderen Gegenden allenfalls mittelmäßige Weine ergibt. Die granithaltigen, mageren Böden vor allem des nördlichen Beaujolais spornen den Gamay jedoch zu Höchstleistungen an. Dazu kommt das Gärverfahren: Die Trauben werden nicht, wie sonst bei der Rotweinbereitung üblich, gemahlen, sondern im Ganzen in einen luftdicht verschlossenen Behälter gebracht. Auf natürliche Weise kommt eine Gärung ohne Zusatz von Hefe in Gang. Die unten liegenden Beeren werden durch das Gewicht der oberen zerquetscht, so daß zusätzlich eine normale Mostgärung einsetzt. Dadurch lösen sich die Farbstoffe aus den Schalen heraus. Nach ein paar Tagen wird gekeltert und der Most zu Ende vergoren. Schon nach kurzer Zeit kann der Wein auf Flaschen abgefüllt werden, so daß er seine frische Fruchtigkeit behält.

Beaujolais Primeur kannte man ursprünglich nur in der Gourmetstadt Lyon. Im 18. Jahrhundert erreichte er dann über die burgundischen Wasserwege Paris, wo er schnell begeisterte Aufnahme fand. Es dauerte jedoch bis zu den sechziger Jahren dieses Jahrhunderts, bis er zur großen Mode wurde.

Südlich von Vienne geht es nach kurzer Unterbrechung weiter mit dem Weinbau. Die Region heißt hier nach dem großen Fluß Côtes du Rhône. Sie hat mit dem Burgund nichts gemeinsam, es werden andere Rebsorten angebaut, die Böden sind anders und folglich auch der Charakter der Weine. Die Côtes du Rhône sind in sich kein geschlossenes Gebiet. Der nördliche Teil reicht von südlich Lyon bis Valence, der südliche, größere, gehört zur Provence.

Steile, schmale Terrassen am Rhôneufer kennzeichnen das Gebiet der nördlichen Rhône. Die Flächen sind wesentlich kleiner als im Süden, dafür gibt es manche Spezialität mit uralter Tradition zu entdecken.

Ein idealer Begleiter zu Wild und dunklem Fleisch kommt von der Côte Rôtie, gleich südlich von Vienne. Die Syrah ergibt hier purpurfarbene Weine mit Himbeerbukett. Die Griechen sollen hier bereits vor Christi Geburt Reben angepflanzt haben.

Bei Saint-Joseph wird die Rebfläche wieder größer. Helle Rotweine aus Syrah sowie leichte, trockene Weißweine aus Marsanne und Roussanne stammen aus diesem Gebiet.

Auf der linken Rhôneseite, schräg gegenüber von Saint-Joseph, liegt der Weinberg von Hermitage. Auch er genießt schon seit langer Zeit einen besonderen Ruf. Der Rotwein aus der Syrahrebe entfaltet nach einigen Jahren Lagerzeit ein wundervolles Bukett, die Weißweine aus Marsanne und Roussanne werden jung getrunken, sind trocken und dabei weich. Der Name dieses Weinberges soll auf einen Kreuzfahrer zurückgehen, der hier die ersten Reben pflanzte. Etwas im Schatten des berühmten Nachbarn stehen die Rot- und Weißweine von Crozes-Hermitages aus einigen Gemeinden etwas weiter nördlich.

Cornas am rechten Rhôneufer bietet einen kräftigen Rotwein, den schon Karl der Große zu schätzen wußte. Das benachbarte Saint-Péray ist für seinen Schaumwein bekannt, der nach der Champagnermethode bereitet wird. Er ist kräftiger und dunkler als Champagner.

Südwestlich von Valence, abseits von den Weinbergen der Côtes du Rhône, liegt die kleine Stadt Die, wo aus je 50% Clairette und Muscat ein Schaumwein nach der Méthode dioise hergestellt wird. Diese Methode unterscheidet sich grundsätzlich vom Champagnerverfahren. Für die Flaschengärung wird kein Zucker zugesetzt, der nach der Gärung verbleibende Zucker reicht völlig aus. Eine Dosage am Ende ist auch nicht erlaubt, und so wird der Wein unter Druck von Flasche zu Flasche gefiltert, oder mittels Degorgieren entheft. Das Ergebnis ist ein leichter Schaumwein mit deutlichem Muskataroma. Auf dem Etikett dieses nach alter Methode bereiteten Schaumweines steht »traditionnel«. Clairette-de-Die, der 75% Clairette und nur 25% Muscat enthält, wird nach der Champagnermethode bereitet.

Reiches Angebot in einer Weinhandlung in Dijon, seit Jahrhunderten ein bedeutendes Zentrum für den Handel mit burgundischen Weinen.

Rezepte der Regionen

Vorspeisen und kleine Gerichte

Fisch

Fleisch und Geflügel

Kaninchen und Wild

Beilagen

Desserts

Jambon persillé

Schinken in Petersilienaspik (Burgund)

Zutaten für 8 Portionen:

1 ½ kg rohes gepökeltes Schweinefleisch (Nuß, Schulter oder Keule)
2 Möhren
2 Zwiebeln
2 Stangen Lauch
10 schwarze Pfefferkörner
1 Bund Estragon
1 dicke Scheibe Kalbshaxe (etwa 350 g)
2 Kalbsfüße
Bouquet garni (Petersilie, Thymian, Salbeiblatt)
¾ l Burgunder Weißwein (Chablis oder Aligoté)
2 Knoblauchzehen
4 Schalotten
1–2 Bund Petersilie
einige Stengel Kerbel
1 EL Butter
4 EL Weinessig

Zubereitungszeit: etwa 4 Std. (+ 12 Std. Wässern + 12 Std. Ruhezeit)

Pro Portion: 2800 kJ/670 kcal

Diese Vorspeise findet man in Burgund auf jeder Speisekarte – ob im Bistro an der Ecke oder im Nobelhotel. Ursprünglich ein Ostergericht, wird Schinken in Aspik heute das ganze Jahr hindurch angeboten.

Wenn Ihnen die Zubereitungszeit lang erscheint, dann bedenken Sie, daß Sie nur den geringsten Teil der Zeit wirklich in der Küche verbringen müssen. Gut Ding will Weile haben, es lohnt sich wirklich, und noch mehr lohnt sich der Aufwand, wenn Sie gleich die doppelte Menge herstellen und den Schinken in Aspik zum Bestandteil eines sommerlichen Salat-Buffets machen.

• Tip: Lassen Sie die Kalbsfüße beim Metzger der Länge nach durchhacken.

• Sparen Sie nicht am Wein und verwenden Sie einen sehr guten Weißweinessig. Davon hängt der Wohlgeschmack entscheidend ab.

• Wenn noch gelierter Kochsud übrigbleibt, schneiden Sie ihn in Würfel und garnieren Sie die Platte damit.

1 Das Schweinefleisch über Nacht, mindestens jedoch 3–4 Std., in reichlich Wasser entsalzen. Am folgenden Tag das Fleisch in einem Schmortopf mit frischem kaltem Wasser bedeckt kurz aufkochen lassen, das Wasser abgießen.

2 Die Möhren waschen, wenn notwendig schaben. Die Zwiebeln schälen und vierteln. Den Lauch vom Grün befreien, längs halbieren und gründlich waschen. Die Pfefferkörner im Mörser zerstoßen. Alles zusammen mit 2 Stengeln Estragon in einen Schmortopf geben.

3 Das Fleisch, die Kalbshaxe, die Kalbsfüße und das Bouquet zum Gemüse in den Topf geben. Den Wein und so viel Wasser dazugießen, daß die Mischung davon bedeckt ist. Zugedeckt bei sehr milder Hitze etwa 2 ½ Std. sieden lassen. Abkühlen lassen.

4 Knoblauch und Schalotten schälen und sehr fein hacken. Den restlichen Estragon, die Petersilie und den Kerbel waschen und sehr fein hacken. Die Petersilie getrennt aufbewahren. Knoblauch, Schalotten, Kerbel und Estragon miteinander vermengen.

5 Die Kräutermischung in der Butter andünsten. Vom Herd nehmen und die Petersilie dazugeben. Gut durchmischen. Den Schinken aus dem Sud heben und kleinschneiden. Das Kalbfleisch auslösen, von sehr fetten Stücken befreien und fein würfeln, fettes und mageres Fleisch gut vermischen.

6 Den Kochsud mit einem Löffel entfetten und durch ein feines Sieb gießen. Abschmecken, eventuell noch salzen und pfeffern. Den Sud noch einmal erhitzen. Sowie er anfängt zu gelieren, den Essig dazugeben.

7 Etwas von dem Sud in eine Salatschüssel gießen, die Wände durch Schwenken mit dem gelierenden Sud benetzen. Dünn mit einem Teil der Kräuter bestreuen. Abwechselnd das Fleisch, die Kräuter und den Sud in Schichten in die Schüssel füllen. Die Masse mit dem Handballen zusammendrücken.

8 Den übrigen Sud in die Schüssel gießen, so daß die Mischung gerade eben bedeckt ist. Mit einem Teller zudecken. Den Teller mit einem Gewicht beschweren. Den Schinkenaspik etwa 12 Std. in den Kühlschrank stellen. Dann stürzen und in Scheiben geschnitten mit frischem Brot servieren.

Rigodon

Schinkenfladen (Burgund)

Zutaten für 4 Portionen:

½ l Milch
6 Eier
50 g Mehl
Butter für die Form + Butterflöckchen zum Belegen
200 g gekochter Schinken oder gegarter durchwachsener Räucherspeck
1 Bund Schnittlauch
Salz

Zubereitungszeit: etwa 1 Std.

Pro Portion: 1600 kJ/380 kcal

1 Die Milch leicht salzen, aufkochen und wieder etwas abkühlen lassen.

2 Die Eier in eine Schüssel aufschlagen. Das Mehl dazusieben. Mit dem Schneebesen zu einer homogenen Masse schlagen. Die lauwarme Milch hinzufügen. Alles gut verrühren. Den Backofen auf 200° vorheizen.

3 Eine runde feuerfeste Form ausbuttern. Den Schinken oder den Speck in Würfel schneiden. Auf dem Boden der Kuchenform verteilen. Den Teig darüber gießen. Ein paar Butterflöckchen obenauf verteilen.

4 Den Schinkenfladen etwa 30 Min. auf der mittleren Schiene im heißen Backofen (Gas Stufe 3) backen. Den Schnittlauch waschen und in Röllchen schneiden.

5 Wenn der Fladen oben leicht goldgelb ist, die Form aus dem Ofen nehmen und den Fladen etwas abkühlen lassen. Lauwarm oder kalt mit Schnittlauch bestreut servieren.

• Weinempfehlung: ein leichter Rotwein, zum Beispiel von der Côte Chalonnaise.

Flan à la bourguignonne

Lauchfladen (Burgund)

Zutaten für 6-8 Portionen:

Für den Teig:
250 g Mehl + Mehl für die Arbeitsplatte
125 g weiche Butter
1 Ei
Salz

Für den Belag:
1 kg Lauch
60 g Gruyère
50 g Butter
1 TL Mehl
150 g Sahne
Salz, Pfeffer aus der Mühle

Zubereitungszeit: etwa 1 ¼ Std. (+ 1 Std. Ruhezeit)

Bei 8 Portionen pro Portion: 1700 kJ/400 kcal

1 Das Mehl in eine Schüssel sieben. Mit den Fingerspitzen mit der weichen Butter verkneten, salzen. Das Ei und etwa 1 ½ EL Wasser dazugeben. Alles vorsichtig durchkneten. Den Teig zu einer Kugel formen und mindestens 1 Std. kühl stellen. Den Backofen auf 200° vorheizen.

2 Den Teig dünn ausrollen oder ausziehen. In eine Springform von etwa 28 cm ø legen. Einen Rand hochziehen. Den Teig mit einer Gabel einstechen. Im vorgeheizten Backofen (Mitte; Gas Stufe 3) etwa 20 Min. vorbacken.

3 Inzwischen den Lauch putzen und waschen. Das Weiße in sehr feine Ringe schneiden. Den Käse reiben.

4 2 EL Butter in einem Topf zerlassen. Den Lauch dazugeben und glasig schmoren. Das Mehl anstäuben, unterrühren. Mit der Sahne ablöschen. Kurz einkochen lassen. Zwei Drittel der Käsemenge dazugeben. Die Masse noch einmal gut umrühren. Vom Herd nehmen.

Caillettes de Valence

Leberbällchen mit Spinat (Dauphiné)

5 Den Belag auf dem Teig verteilen. Den restlichen Käse darüber streuen, die restliche Butter in Flöckchen obenauf verteilen.

6 Die Hitze im Backofen auf 250° (Gas Stufe 5) erhöhen. Den Fladen etwa 15 Min. überbacken, bis der Belag sich hellgoldgelb zu färben beginnt.

• Die Menge reicht für eine Vorspeise. Wenn Sie das Gericht zum Beispiel als abendlichen Imbiß zum Wein servieren wollen, müssen Sie die Menge verdoppeln.

• Weinempfehlung: ein weißer Rully oder ein anderer leichter Burgunder Weißwein.

Zutaten für 6 Portionen:

1 Schweinenetz (vorbestellen!)
300 g Spinat
500 g Schweineleber
125 g frischer fetter Speck
4 cl Obstbranntwein
Butter für die Form
Salz, Pfeffer aus der Mühle

Zubereitungszeit: etwa 1 ½ Std.

Pro Portion: 1200 kJ/290 kcal

1 Das Schweinenetz in kaltem oder lauwarmem Wasser einweichen.

2 Den Spinat verlesen, putzen und gründlich waschen. Die Blätter eventuell etwas kleiner schneiden, nicht hacken. Den Spinat blanchieren, abschrekken und abtropfen lassen. Die Leber von Adern und Häutchen befreien, gründlich kalt waschen und in Würfel schneiden. Den Speck ebenfalls fein würfeln. Ein paar Speckwürfel beiseite legen. Den Rest mit dem Spinat und der Leber in einer Schüssel mischen und mit dem Schnaps begießen. Salzen, pfeffern. Den Backofen auf 220° vorheizen.

3 Das Schweinenetz in Quadrate von etwa 10 cm Kantenlänge schneiden. Die Füllung in etwa hühnereigroßen Portionen auf den Quadraten verteilen. Das Schweinenetz über der Füllung schließen, zu Kugeln formen.

4 Eine feuerfeste Form ausbuttern. Die Bällchen hineingeben. Die restlichen Speckwürfel obenauf legen. Im Backofen (Mitte; Gas Stufe 4) etwa 30 Min. garen.

5 Die Form aus dem Ofen nehmen und die Leberbällchen abkühlen lassen. Als Vorspeise servieren.

• Weinempfehlung: ein weißer Crozes-Hermitage, zum Beispiel mit dem romantischen Namen Chantealouette (Lerchengesang).

• Tip: Besonders attraktiv sehen die Leberbällchen aus, wenn Sie sie auf blanchiertem Spinat anrichten.

• Caillettes nennt man in Frankreich in Schweinenetz eingeschlagene Fleischfarce. Unter dem Namen Gayettes sind sie besonders beliebt in der Provence. Die Caillettes aus der Dauphiné sind dank der Zugabe von Spinat leichter und würziger als ihre provenzalischen Pendants.

Œufs en meurette

Eier in Rotweinsauce (Lyonnais)

Zutaten für 4 Portionen:

1 Zwiebel
1 Knoblauchzehe
100 g durchwachsener Räucherspeck
50 g Butter
1 EL Mehl
300 ml Beaujolais
50 ml Fleischbrühe oder -fond
Bouquet garni (Lorbeerblatt, Petersilie)
4 Scheiben Toastbrot
4 Eier
Salz, Pfeffer aus der Mühle

Zubereitungszeit: etwa 45 Min.

Pro Portion: 1900 kJ/450 kcal

1 Die Zwiebel schälen und fein hacken. Die Knoblauchzehe schälen. Den Speck fein würfeln.

2 1 EL Butter in einer Kasserolle zerlassen. Den Speck darin glasig dünsten, dann herausnehmen und beiseite stellen. Die Zwiebelwürfel im Speckfett glasig dünsten. Ein kleines Stück von der Knoblauchzehe dazugeben. Das Mehl anstäuben. Mit Wein und Fleischbrühe ablöschen. Pfeffern und das Bouquet garni einlegen.

3 Die Sauce etwa 25 Min. bei milder Hitze offen köcheln lassen. Ab und zu umrühren. Am Ende der Garzeit durch ein Sieb in einen weiten flachen Topf gießen.

4 Die Brotscheiben in der restlichen Butter knusprig braten. Auf vier vorgewärmten Tellern anrichten.

5 Die Sauce aufkochen lassen. Die Eier nacheinander in eine Schöpfkelle aufschlagen, in die leicht siedende Sauce gleiten lassen und etwa 4 Min. pochieren. Mit einem Schaumlöffel herausheben und auf den Weißbrotscheiben anrichten. Die Speckwürfel noch einmal in der Sauce erhitzen. Die Sauce vorsichtig salzen und über die Eier gießen. Sofort servieren.

• Im Lyonnais wird die Sauce auch gern zu gekochtem Fisch serviert.

• Wenn Ihnen das Pochieren von Eiern zu schwierig erscheint, kochen Sie die Eier wachsweich oder hart, legen sie halbiert mit der Schnittseite nach unten auf die Brotscheiben und gießen die Sauce darüber.

• Eine andere Version der Burgunder Weinsauce: $^3/_4$ l roten Burgunder mit Salz, 8 Pfefferkörnern, 3 Knoblauchzehen und Bouquet garni zum Kochen bringen, zur Hälfte einkochen lassen. 1 EL Mehl mit der gleichen Menge Butter verkneten, ein Klößchen formen. Die Eier in der Sauce pochieren, warm stellen. Die Sauce durchseihen, noch einmal aufsetzen. Das Mehlklößchen einlegen. Den Topf leicht bewegen, nicht umrühren, damit sich das Klößchen langsam auflöst. Eier auf Brotscheiben anrichten, Sauce darüber gießen.

• Würzen Sie die Sauce zur Abwechslung mit 2 Schalotten, 1 kleinen Zwiebel, Muskatnuß und würzigen Pilzen. Verfahren Sie weiter wie bei der oben genannten Variante.

• Weinempfehlung: In allen Fällen reichen Sie den Wein dazu, der für die Sauce verwendet wurde.

Fromage fort et poireaux à la vinaigrette

Würzige Käsepaste und kalter Lauch mit Vinaigrette (Burgund)

Zutaten für 6 Portionen:

3 Stangen Lauch
50 g reifer fester Ziegenkäse, möglichst aus dem Burgund
50 g Gruyère
100 g Bleu d'Auvergne
200 ml trockener Burgunder Weißwein
1 EL Marc de Bourgogne
25 g weiche Butter
Salz, Pfeffer aus der Mühle

Für die Vinaigrette:
2 hartgekochte Eier
1 sehr frisches, rohes Eigelb
7 EL Olivenöl
3 EL Weinessig
1 TL Dijon-Senf
1 TL Kapern
2 EL Rotwein
5–6 Stengel Petersilie
5–6 Stengel Kerbel
weißer Pfeffer aus der Mühle

Zubereitungszeit: etwa 45 Min. (+ 10–12 Tage Ruhezeit für die Käsecreme)

Pro Portion: 1560 kJ/370 kcal

1 ½ l Wasser mit etwas Salz zum Kochen bringen. Den Lauch putzen, längs halbieren und gründlich kalt abbrausen. In dem Salzwasser in etwa 15 Min. garen. Er soll noch Biß haben. Den Lauch aus dem Kochsud heben, abtropfen und abkühlen lassen. Den Kochsud um die Hälfte einkochen lassen.

2 Die 3 Käsesorten reiben oder mit einer Gabel zermusen und gut miteinander vermengen. Den Kochsud vom Lauch, den Wein und den Schnaps mischen und unterrühren. Die Käsecreme salzen und pfeffern. In ein gut verschließbares Gefäß, am besten aus Keramik oder Glas, geben.

3 Das Gefäß dicht verschließen und den Käse 10–12 Tage durchziehen lassen.

4 Den abgekühlten Lauch können Sie gleich mit einer Vinaigrette servieren: Die hartgekochten Eier schälen und halbieren. Die Eigelb herauslösen und mit einer Gabel zermusen. Mit dem rohen Eigelb mischen. Das Öl, den Essig, den Senf, die Kapern und den Rotwein unterrühren. Pfeffern. Die Kräuter kalt abbrausen, abtupfen und fein hacken. Die Eiweiß fein hacken. Beides in die Sauce rühren.

5 Die gereifte Käsecreme nach 10–12 Tagen mit der Butter verrühren. Auf frische Weißbrotscheiben streichen.

- »Fromage fort« hat Tradition. Er ist als Vorspeise oder Zwischengericht vor allem im Burgund, aber auch – mit Käse, Schnaps und Wein der Region abgewandelt – auf Korsika sehr beliebt.

- Wenn Sie keinen Marc de Bourgogne im Hause haben, versuchen Sie es mit einem anderen Tresterschnaps aus Frankreich, zur Not auch mit Cognac.

- Variante: Statt der weichen Butter die gleiche Menge Crème double unter den Käse mischen.

- Weinempfehlung: Ein frischer, junger Beaujolais schmeckt gut zu dem stark würzigen Käse.

Quenelles de brochet

Hechtklößchen (Burgund)

Zutaten für 4–6 Portionen:

1 Zwiebel
1,5 kg Flußhecht (vom Händler filetiert und gehäutet, Abfälle mitnehmen)
¼ l trockener Weißwein
1 Lorbeerblatt
2 Eiswürfel
4 Eier
frisch geriebene Muskatnuß
150 g Butter
⅛ l Milch
100 g Mehl
Salz, weißer Pfeffer aus der Mühle

Zubereitungszeit: etwa 2 ½ Std. (+ 1 Std. Ruhezeit)

Bei 6 Portionen pro Portion: 1865 kJ/445 kcal

• Mit »Quenelles« bezeichnen die Franzosen Fleisch- oder Fischklößchen, die mit Ei gebunden werden. Das Wort soll, einigen Autoren zufolge, vom angelsächsischen Wort knyll abgeleitet sein, das soviel wie zermahlen, zerstoßen bedeutet. Tatsächlich werden die Zutaten nach der traditionellen Zubereitungsart im Mörser zerstoßen. Allerdings ist die Verwandtschaft mit dem süddeutschen Wort Knödel auch nicht von der Hand zu weisen.

• Lassen Sie den Fisch von Ihrem Fischhändler filetieren. Nehmen Sie Gräten, Haut und Kopf mit, Sie brauchen diese Teile für den Sud.

• Sehr hübsch sieht es aus, wenn Sie die Klößchen auf einem Bett von kurz gedünsteten Spinatblättern anrichten und mit Dillblüten garnieren.

• Die Hechtklößchen brauchen nicht unbedingt eine Beilage. Wenn Sie Ihren Gästen jedoch eine besondere Freude machen wollen, reichen Sie eine Krebssauce dazu: 5–6 gegarte Krebsschwänze pellen, die Schalen im Mixer pürieren. Mit 4 EL Butter mischen, kühl stellen. ¼ l Milch aufkochen. 2 EL Butter schmelzen, 1 EL Mehl dazugeben, mit heißer Milch ablöschen. 6 Champignons und 1 schwarzen Trüffel putzen und kleinschneiden. Krebsbutter, Pilze und Krebsschwänze etwa 15 Min. in der Sauce ziehen lassen.

1 Die Zwiebel schälen. Die Fischabfälle mit der Zwiebel, dem Wein und dem Lorbeerblatt in einen Topf geben und etwa 40 Min. köcheln. Die Flüssigkeit sollte in dieser Zeit um die Hälfte einkochen. Den Sud durch ein Haarsieb gießen.

2 Die Fischfilets im Mörser oder mit dem Blitzhacker roh pürieren. Das Fischfleisch darf beim Zerkleinern nicht warm werden, darum 2 Eiswürfel in die Masse geben.

3 Die Eier trennen. Die Eigelb beiseite stellen. Die Eiweiß steif schlagen. Den Eischnee unter die Fischmasse ziehen. Die Mischung weiter schaumig schlagen. Salzen, pfeffern und mit Muskat würzen. Die Schaummasse etwa 30 Min. kühl stellen.

4 Die Hälfte der Butter in einer Kasserolle zerlassen. Die Milch angießen, aufkochen. Das Mehl durch ein Sieb dazurieseln lassen. Die Masse bei niedrigster Hitze auf dem Herd mit einem Kochlöffel zu einem dicken Kloß verarbeiten.

5 Den Teig aus dem Topf nehmen und abkühlen lassen. Mit dem Fisch und den Eigelben mischen, am besten einen elektrischen Rührstab zu Hilfe nehmen. Die restliche Butter zerlassen, dazugeben und mit dem Teig verarbeiten.

6 Den Sud mit 3–4 Tassen Wasser verlängern und in einem weiten Topf erneut erhitzen, aber nicht zum Kochen bringen. Ein Gefäß mit kaltem Wasser bereitstellen. Einen Eßlöffel immer wieder in das Wasser tauchen und vom Teig Klößchen abstechen.

7 Die Klößchen etwa 15 Min. im Sud pochieren. Darauf achten, daß der Sud niemals zum Kochen kommt. Notfalls etwas kaltes Wasser nachgießen. Die Klößchen mit einem Schaumlöffel herausnehmen und auf einer vorgewärmten Platte anrichten.

Filets de porc à la moutarde

Schweinefilets mit Senfsauce (Burgund)

Zutaten für 4 Portionen:

4 Schweinefilets (je etwa 150 g)
40 g Butter
2 EL Öl
2 Schalotten
4 Cornichons
250 g Sahne
2 EL Dijonsenf
1 EL Weinessig
Salz, Pfeffer aus der Mühle

Zubereitungszeit: etwa 25 Min.

Pro Portion: 2500 kJ/600 kcal

1 Die Schweinefilets kalt abbrausen, trockentupfen und quer zur Fleischfaser in etwa 3 cm dicke Scheiben schneiden. In einer Pfanne die Butter und das Öl erhitzen und die Filets pro Seite etwa 4 Min. braten. Aus der Pfanne nehmen und warm stellen.

2 Inzwischen die Schalotten schälen und sehr fein hakken. Die Cornichons würfeln. In einer Schüssel Sahne, Senf und Essig verrühren. Die Cornichons dazugeben.

3 Die Schalotten im Bratfett leicht andünsten. Die Sahnemischung dazugießen und etwa 4 Min. unter ständigem Rühren köcheln lassen.

4 Die Filets auf einer Platte anrichten, mit der Sauce übergossen servieren. Dazu überbackenes Kartoffelpüree reichen.

• Variante: Statt der Cornichons 1 Bund gemischte frische Kräuter fein hacken und zum Schluß an die Sauce geben.

• Tip: Wenn Sie Kräuterblüten bekommen, verwenden Sie sie als Dekoration.

Bœuf bourguignon

Rindfleischtopf (Burgund)

Zutaten für 4 Portionen:

100 g durchwachsener Räucherspeck
400 g Möhren
250 g Zwiebeln
250 g Champignons
750 g Rindfleisch (aus der Rose)
2 Knoblauchzehen
2 cl burgundischer Weinbrand oder Cognac
½ l Burgunder Rotwein
Salz, Pfeffer aus der Mühle

Zubereitungszeit: etwa 5 Std. (davon 4 Std. Garzeit)

Pro Portion: 2400 kJ/570 kcal

1 Den Speck in dünne Scheiben schneiden. Die Möhren putzen und fein hobeln, die Zwiebeln schälen und hacken. Die Champignons putzen und blättrig schneiden. Das Rindfleisch mit der Faser in fingerdicke Scheiben schneiden.

2 Einen dickwandigen Schmortopf mit der Hälfte der Speckscheiben auslegen. Die Hälfte der Möhrenscheiben und der Zwiebelwürfel darauf verteilen. Die Hälfte der Rindfleischscheiben darauf legen. Salzen, pfeffern. 1 Knoblauchzehe durch die Presse dazugeben. Die restlichen Möhrenscheiben und Zwiebelwürfel dazugeben, das restliche Fleisch obenauf legen, pfeffern, salzen und mit der zweiten Knoblauchzehe würzen. Mit den Champignons bedecken. Die restlichen Speckscheiben obenauf legen. Cognac und Rotwein angießen.

3 Den Topf fest zudecken. Am besten einen Topf mit vertieftem Deckel verwenden und Eisstückchen in die Vertiefung legen. Den Eintopf bei geringster Hitze in 4–5 Std. garen. Das Gericht im Topf servieren, den Deckel erst bei Tisch öffnen.

Queues de bœuf à la vigneronne

Ochsenschwanz mit Weintrauben (Bresse)

• Weinempfehlung: ein Burgunder, wenn möglich aus Givry oder Rully, oder ein anderer möglichst weicher Rotwein.

Zutaten für 6 Portionen:

2 kg Ochsenschwanz in etwa 5 cm dicken Scheiben
2 Zwiebeln
3 Möhren
1 Stange Sellerie
75 g Butter
5 EL Öl
Bouquet garni (Lorbeerblatt, Petersilie, Thymian)
2 EL Mehl
2 EL Cognac
¾ l weißer Mâcon oder Bourgogne Aligoté
¾ l Fleischbrühe oder -fond
600 g weiße Weintrauben
1 Bund Schnittlauch
Salz, Pfeffer aus der Mühle

Zubereitungszeit: etwa 3 ½ Std.

Pro Portion: 2900 kJ/690 kcal

1 In einem großen Topf reichlich Salzwasser zum Kochen bringen. Den Ochsenschwanz abspülen, im kochenden Wasser etwa 5 Min. blanchieren, abtropfen lassen.

2 Die Zwiebeln schälen und hacken. Die Möhren putzen, waschen und längs halbieren. Den Sellerie waschen und in fingerlange Stücke schneiden.

3 In einem Schmortopf die Hälfte der Butter und das Öl erhitzen. Die Ochsenschwanzstücke darin anbraten und etwa 10 Min. garen. Dabei den Topf etwas schütteln, damit sie nicht anlegen. Die Zwiebeln, die Möhren, den Sellerie und das Bouquet dazugeben. Alles gut durchmischen und unter Umrühren etwa 5 Min. mitbraten. Salzen, pfeffern. Das Mehl anstäuben, den Cognac, den Wein und die Fleischbrühe dazugießen, so daß das Fleisch eben bedeckt ist.

4 Den Topf zudecken und alles bei milder Hitze etwa 3 Std. garen.

5 Die Weinbeeren von den Trauben zupfen, waschen, halbieren, entkernen. In einer Pfanne die restliche Butter zerlassen. Die Weinbeeren darin 4–5 Min. andünsten.

6 Die Weinbeeren an das Fleisch geben. Alles noch einmal etwa 15 Min. ziehen lassen.

7 Das Fleisch mit der Sauce auf einer Platte anrichten. Den Schnittlauch waschen und in Röllchen schneiden. Über das Gericht streuen. Mit Brot servieren.

Tripes frites

Fritierte Kutteln (Burgund)

Zutaten für 6–8 Portionen:

1 kg vorgegarte Kutteln (Netzmagen oder Pansen)
150 g Butter
150 g Semmelbrösel
etwa 1 l Öl zum Fritieren

Für die Sauce:
3 Schalotten
200 g Butter
4 Knoblauchzehen
1 EL Marc de Bourgogne
1 Bund Petersilie
Salz, Pfeffer aus der Mühle

Zubereitungszeit: etwa 1 Std.

Bei 8 Portionen pro Portion: 3050 kJ/750 kcal

1 Die Kutteln waschen, abtrocknen und in Streifen von etwa 1 ½ cm Breite schneiden. Die Butter in einer Kasserolle zerlassen. Die Semmelbrösel in einen tiefen Teller geben. Das Öl in der Friteuse oder in einem Topf erhitzen.

2 Die Kutteln zuerst in die geschmolzene Butter tauchen, dann in den Semmelbröseln wälzen. In der Friteuse oder im Topf in etwa 3 Min. knusprig fritieren. Auf Küchenpapier legen, damit überschüssiges Fett aufgesaugt wird. Die Kutteln in einer Schüssel warm stellen.

3 Für die Sauce die Schalotten schälen und fein hakken. Die Butter in einer Kasserolle zerlassen. Die Schalotten dazugeben und bei schwacher Hitze 2–3 Min. glasig dünsten. Den Knoblauch durch die Presse dazugeben. Salzen, pfeffern. Zum Schluß den Marc unterrühren. Die Petersilie waschen, trockentupfen und über die Sauce streuen. Sehr heiß zu den fritierten Kutteln servieren.

• Variante: Statt Marc de Bourgogne einen anderen Tresterschnaps oder Cognac verwenden.

Coq au vin

Hähnchen in Burgunder (Burgund)

Zutaten für 4 Portionen:

1 Brathähnchen (etwa 1,2 kg)
8 Frühlingszwiebeln
100 g durchwachsener Räucherspeck
2 Schalotten
50 g Butter
1 EL Mehl
½ l Burgunder Rotwein
4 cl Cognac
Bouquet garni (Lorbeerblatt, Thymian, Petersilie)
frisch geriebene Muskatnuß
150 g Champignons
Salz, Pfeffer aus der Mühle

Zubereitungszeit: etwa 1 ½ Std.

Pro Portion: 2500 kJ/600 kcal

1 Das Hähnchen kalt abbrausen, vierteln. Die Zwiebeln putzen, waschen und ebenfalls vierteln. Den Speck fein würfeln. Die Schalotten schälen und fein hacken.

2 In einem dickwandigen Schmortopf die Hälfte der Butter zerlassen. Den Speck und die Zwiebeln darin anbraten, herausnehmen und beiseite stellen. Die Hähnchenteile im Fett anbraten. Mehl darüber stäuben. Die Schalotten dazugeben und alles etwa 5 Min. dünsten. Wein und Cognac angießen. Das Bouquet einlegen. Mit Muskat, Salz und Pfeffer würzen. Zugedeckt bei milder Hitze etwa 40 Min. garen.

3 Die Champignons putzen, trocken abreiben, je nach Größe vierteln oder ganz lassen. Die restliche Butter in einer Kasserolle zerlassen und die Champignons darin bei schwacher Hitze etwa 10 Min. garen.

4 Die Hähnchenteile warm stellen. Die Sauce durch ein Sieb zu den Champignons gießen. Zwiebeln und Speck dazugeben und erhitzen. Das Hähnchen auf einer Platte anrichten und mit der Sauce übergießen.

Poularde demi-deuil

Poularde mit Trüffeln (Lyonnais)

• Weinempfehlung: derselbe Burgunder Rotwein, der für die Sauce verwendet wurde. Nehmen Sie für dieses Gericht keinen zu einfachen Burgunder, aber auch keinen Spitzenwein.

• Variante: Poulet Célestine
Hähnchen in Wein mit Pilzen gibt es in allen Regionen Frankreichs. Diese Variante aus der Feinschmeckerstadt Lyon wurde – so die Fama – von einem verliebten Meisterkoch für seine Angebetete, Célestine, kreiert. Ein Brathähnchen vierteln und in einem Schmortopf leicht anbraten. Etwa 200 g Champignonscheiben und 1 große geschälte, geviertelte Tomate dazugeben. Mit je 100 ml trokkenem Weißwein und Hühnerbrühe ablöschen. 2 cl Cognac dazugeben. Salzen, pfeffern und mit Cayennepfeffer schärfen. Zugedeckt in etwa 40 Min. garen. Gehackte Petersilie und 1 zerdrückte Knoblauchzehe in die Sauce geben.

Zutaten für 4 Portionen:

3 Möhren
3 weiße Rübchen
2 Stangen Sellerie
4 Stangen Lauch
1 Zwiebel
4 Gewürznelken
150 g durchwachsener Räucherspeck
frisch geriebene Muskatnuß
Bouquet garni (Lorbeerblatt, Thymian, Petersilie)
2 Kalbsknochen
1 Poularde mit Innereien, küchenfertig vorbereitet (etwa 1 ½ kg)
1 schwarze Trüffel
Saft von 1 Zitrone
Salz, Pfeffer aus der Mühle

Zubereitungszeit: etwa 1 ½ Std.

Pro Portion: 2200 kJ/520 kcal

1 Die Möhren putzen, die Rübchen schälen, beides sehr fein hobeln. Vom Sellerie den oberen Teil abschneiden, den Lauch vom Grün befreien. Beides kalt abbrausen und in feine Scheibchen schneiden. Die Zwiebel schälen und mit den Nelken spicken. Den Speck würfeln.

2 Einen großen Topf zur Hälfte mit Wasser füllen. Das Gemüse hineingeben, salzen und pfeffern. Mit Muskat würzen. Das Bouquet einlegen. Die Kalbsknochen gründlich kalt waschen und mit dem Speck in den Topf geben. Die Innereien der Poularde abbrausen, in den Sud geben. Den Topf schließen und den Sud etwa 30 Min. bei mittlerer Hitze sieden lassen.

3 Die Poularde kalt abbrausen und abtrocknen. Die Trüffel in feinste Scheibchen hobeln. Die Haut der Poularde an mehreren Stellen an Schenkeln und Brust einritzen und die Trüffelscheiben unter die Haut schieben. Schenkel und Flügel der Poularde am Körper festbinden. Die Haut mit Zitronensaft bestreichen, damit sie weiß bleibt.

4 Die Poularde in den Sud legen und im zugedeckten Topf bei mittlerer Hitze in etwa 45 Min. garen.

5 Die Poularde auf einer vorgewärmten Platte anrichten. Das Bouquet aus dem Sud nehmen. Das Gemüse mit dem Schaumlöffel herausheben und um das Fleisch legen.

• Weinempfehlung: ein guter Beaujolais, zum Beispiel ein Fleurie oder Morgon. Wer Weißwein bevorzugt, sollte einen Hermitage oder einen weißen Châteauneuf-du-Pape wählen.

Lapin à la bressane

Kaninchen in Sahnesauce (Burgund)

Zutaten für 4 Portionen:

1 Kaninchen (etwa 1,3 kg), küchenfertig vorbereitet
200 g durchwachsener Räucherspeck
1 Zwiebel
1 Knoblauchzehe
50 g Butter
1 EL Mehl
200 ml sehr trockener Burgunder Weißwein
3 EL guter Weinessig
frisch geriebene Muskatnuß
2 Eigelb
100 g Sahne
Salz, Pfeffer aus der Mühle

Zubereitungszeit: etwa 1 ½ Std.

Pro Portion: 3500 kJ/830 kcal

1 Das Kaninchen kalt abbrausen und in 8 Portionsstücke teilen. Den Speck grob würfeln. Die Zwiebel und die Knoblauchzehe schälen. Die Zwiebel fein hacken.

2 Die Butter in einem großen Schmortopf zerlassen, die Kaninchenstücke darin rundherum anbraten. Den Speck dazugeben und einige Minuten bräunen lassen. Das Mehl anstäuben. Mit dem Wein und dem Essig ablöschen. Die Zwiebel und Muskat dazugeben. Den Knoblauch hineinpressen, pfeffern und salzen. Den Topf zudecken und das Gericht in etwa 1 Std. garen. Das Fleisch auf einer vorgewärmten Platte anrichten und warm stellen.

3 Die Eigelb mit der Sahne verquirlen, die Sauce damit binden. Über das Fleisch gießen. Mit Brot servieren.

• Noch würziger schmeckt die Sauce, wenn Sie weitere 4–5 Knoblauchzehen im ganzen mitschmoren.

• Weinempfehlung: ein Pouilly-Fuissé oder ein anderer trockener Burgunder Weißwein.

Perdrix aux champignons

Rebhühner mit Champignons (Burgund)

Zutaten für 4 Portionen:

4 junge Rebhühner (je etwa 350 g), küchenfertig vorbereitet
4 große dünne Scheiben durchwachsener Räucherspeck
100 g Butter
24 Frühlingszwiebeln
250 g kleine Champignons
1 TL Mehl
200 ml Marc de Bourgogne (oder Cognac)
120 ml Burgunder Rotwein
etwa 10 Stengel Kerbel
Salz, Pfeffer aus der Mühle

Zubereitungszeit: etwa 1 Std.

Pro Portion: 3600 kJ/860 kcal

1 Die Rebhühner außen kalt abbrausen, innen mit Küchenpapier auswischen. Salzen, pfeffern. Jedes Rebhuhn mit 1 Speckscheibe umwickeln, diese mit Küchengarn befestigen.

2 50 g Butter in einem Schmortopf zerlassen. Die Rebhühner ringsherum darin anbraten. Den Topf schließen und die Rebhühner 15-20 Min. bei schwacher Hitze garen.

3 Inzwischen in einem anderen Topf 1 l Wasser zum Kochen bringen. Die Frühlingszwiebeln und die Champignons putzen. Erst die Zwiebeln, dann die Champignons 2–3 Min. im kochenden Wasser blanchieren, herausnehmen.

4 30 g Butter in einer Pfanne zerlassen. Zwiebeln und Champignons etwa 5 Min. darin andünsten. Salzen, pfeffern und warm stellen.

5 Die restliche Butter mit dem Mehl zu einem Kloß verkneten. Beiseite stellen.

6 Die Rebhühner auf einer Platte anrichten und warm stellen. Den Bratfond mit dem

Râble de lièvre

Hasenrücken Winzer Art (Burgund)

Marc loskochen. Den Rotwein angießen und 5–6 Min. kochen lassen. Vom Herd nehmen.

7 Den Butter-Mehl-Kloß in die Sauce geben. Rühren, bis er sich vollkommen aufgelöst hat. Die Sauce abschmecken und unter ständigem Umrühren 3–4 Min. kochen lassen. Die Zwiebeln und die Champignons hinzufügen und noch etwa 2 Min. erhitzen.

8 Das Küchengarn von den Rebhühnern lösen. Die Rebhühner längs halbieren, mit Sauce begießen und mit gehacktem Kerbel bestreuen.

• Für dieses Rezept eignen sich nur junge Rebhühner, ältere Tiere müssen vor dem Braten mariniert werden. Junge Vögel erkennen Sie an ihren gelben bis hellbraunen Beinen und den spitz zulaufenden Handschwingen. Das Brustbein muß noch biegsam sein.

Zutaten für 2 Portionen:

Für die Marinade:
375 ml Burgunder Rotwein
1 EL Olivenöl
1 EL guter Weinessig
1 TL Pfefferkörner
2 Zweige Thymian
2 Lorbeerblätter
2 Zweige Rosmarin
2 Schalotten
4 cl Marc de Bourgogne
Salz

Für den Hasenrücken:
1 gespickter Hasenrücken (etwa 400 g; beim Metzger vorbestellen)
1 Schweinenetz (ebenfalls bestellen)
2-3 EL Dijonsenf
150 g blaue und weiße Weinbeeren
2 EL Crème double
Salz, Pfeffer aus der Mühle

Zubereitungszeit: etwa 1 ¼ Std. (+ 24–48 Std. Marinierzeit)

Pro Portion: 2000 kJ/480 kcal

1 Für die Marinade den Wein in eine Schüssel gießen. Das Öl und den Weinessig unterrühren. Die Pfefferkörner, den Thymian, die Lorbeerblätter und den Rosmarin dazugeben. Die Schalotten schälen und halbieren. In die Marinade geben. Den Marc angießen. Salzen. Alle Zutaten gut miteinander verrühren. Den Hasenrücken waschen, einlegen und mindestens 24, besser 48 Std. marinieren. Immer wieder umwenden.

2 Das Schweinenetz in warmem Wasser einweichen. Herausnehmen und ausdrükken. Den Hasenrücken aus der Marinade nehmen und abtupfen. Mit dem Dijonsenf bestreichen und mit dem Schweinenetz umwickeln. Den Backofen auf 220° vorheizen.

3 Die Marinade durch ein feines Sieb in einen Topf gießen. Bei starker Hitze um die Hälfte einkochen lassen. Den Hasenrücken in einen flachen Topf legen, mit etwas Marinade beschöpfen. Das Fleisch im vorgeheizten Ofen (Gas Stufe 4) in 30–35 Min. garen. Immer wieder mit Marinade begießen. Inzwischen die Weinbeeren häuten, halbieren und entkernen.

4 Den Hasenrücken aus dem Schweinenetz nehmen und auf einer Platte anrichten. Mit den Weinbeeren garnieren. Den Bratfond mit der Crème double loskochen. Die Sauce salzen und mit reichlich Pfeffer würzen. Über den Hasenrücken gießen. Sofort mit Brot servieren.

• Weinempfehlung: ein guter Burgunder Rotwein, zum Beispiel aus Volnay oder Richebourg.

Gratin dauphinois

Kartoffelgratin (Dauphiné)

Zutaten für 4 Portionen:

1 Knoblauchzehe
50 g Butter
1 kg Kartoffeln (festkochende Sorte)
2 Eier
etwa ½ l Milch
1 EL Crème double
Salz, Pfeffer aus der Mühle

Zubereitungszeit: etwa 1 Std.

Pro Portion: 1800 kJ/430 kcal

1 Den Knoblauch schälen und quer halbieren. Eine flache Auflaufform damit ausstreichen. Die Form dünn ausbuttern.

2 Die Kartoffeln schälen, nur sauber abreiben, nicht waschen. In sehr feine Scheibchen schneiden oder hobeln. In der Form dachziegelartig anordnen. Salzen, pfeffern. Den Backofen auf 180° vorheizen.

3 Die Eier in eine Schüssel aufschlagen und mit der Milch und der Crème double mischen. Mit einer Gabel leicht schlagen. Die Flüssigkeit über den Kartoffeln verteilen. Die restliche Butter in Flöckchen obenauf setzen.

4 Den Gratin im Backofen (Mitte; Gas Stufe 2) in etwa 45 Min. garen. Sehr heiß zu Fleisch oder als Zwischengericht servieren.

• Variante: mit geriebenem Käse (zum Beispiel Gruyère) bestreuen und mit Salat als Hauptgericht servieren.

Galette lyonnaise

Kartoffel-Zwiebel-Gratin (Lyonnais)

Zutaten für 4 Portionen:

1 kg Kartoffeln (mehligkochende Sorte)
500 g Zwiebeln
100 g Butter
frisch geriebene Muskatnuß
2 EL Semmelbrösel
Salz, Pfeffer aus der Mühle

Zubereitungszeit: etwa 1 Std.

Pro Portion: 1800 kJ/430 kcal

1 Die Kartoffeln waschen und ungeschält in Wasser in etwa 20 Min. weich kochen.

2 Die Zwiebeln schälen und fein hacken. In 1–2 EL Butter in einer Pfanne bei schwacher Hitze in etwa 20 Min. weich dünsten, nicht bräunen lassen.

3 Die Kartoffeln abgießen, kalt abschrecken, pellen. Durch die Kartoffelpresse drükken. Die Zwiebeln pürieren. Beides mischen. 1 EL Butter, Muskat, Salz und Pfeffer dazugeben.

4 Den Backofen auf 200° vorheizen. Eine flache Auflaufform ausbuttern. Das Püree hineingeben, etwas zusammendrücken. Die Semmelbrösel darüber streuen. Die restliche Butter in Flöckchen darauf verteilen.

5 Das Püree im vorgeheizten Backofen (Mitte; Gas Stufe 3) in etwa 15 Min. goldgelb überbacken. Zu gebratenem oder gekochtem Fleisch servieren.

Truffade

Kartoffel-Tomaten-Pfanne (Dauphiné)

Zutaten für 4 Portionen:

1 kg Kartoffeln (mehligkochende Sorte)
100 g durchwachsener Räucherspeck
2 EL Öl
4 kleine feste Tomaten
Salz, Pfeffer aus der Mühle

Zubereitungszeit: etwa 1 Std.

Pro Portion: 1600 kJ/380 kcal

1 Die Kartoffeln schälen und in sehr feine Scheibchen schneiden oder hobeln. Den Speck fein würfeln.

2 Den Speck in einer gußeisernen Pfanne auslassen. Die Würfel herausnehmen, bevor sie anfangen zu bräunen. Das Öl in das heiße Speckfett gießen. Die Kartoffelscheiben hineingeben. Salzen, pfeffern. Die Pfanne zudecken und die Kartoffeln bei mittlerer Hitze in etwa 25 Min. garen. Die Zeit richtet sich nach der Kartoffelsorte und der Dicke der Scheiben. Während der Garzeit die Kartoffelscheiben gelegentlich mit einer Gabel umwenden und dabei eventuell etwas zerkleinern.

3 Inzwischen die Tomaten kochendheiß überbrühen und häuten. Halbieren und die Kerne herausdrücken. Das Fruchtfleisch in feine Scheiben schneiden. Die Tomatenscheiben unter die Kartoffeln mischen.

4 Das Gericht in der offenen Pfanne noch 3–4 Min. braten, nicht mehr umrühren. Auf eine Servierplatte stürzen, so daß die goldgelb gebratene Seite oben liegt.

• Truffade eignet sich gut als Beilage zu Kalb- oder Lammfleisch, aber auch zu Grillhähnchen.

Gratin de potiron

Kürbisgratin (Burgund)

Zutaten für 4 Portionen:

1 Stück Kürbis (etwa 1,2 kg)
4 mittelgroße Kartoffeln (mehligkochende Sorte)
2 Zwiebeln
50 g durchwachsener Räucherspeck
75 g Butter
3 Eier
150 g Gruyère
2 EL Semmelbrösel
Salz, Pfeffer aus der Mühle

Zubereitungszeit: etwa 1 ¼ Std.

Pro Portion: 2400 kJ/570 kcal

1 Den Kürbis schälen, entkernen und würfeln. Die Kartoffeln schälen und ebenfalls in Würfel schneiden. Die Zwiebeln schälen und vierteln. Alles in Salzwasser bei mittlerer Hitze in etwa 25 Min. garen.

2 Inzwischen den Speck würfeln und in einer feuerfesten Form in 1 EL Butter ausbraten.

3 Kürbis, Kartoffeln und Zwiebeln mit dem Pürierstab zerkleinern. Den Backofen auf 220° vorheizen.

4 Die Eier in eine große Schüssel aufschlagen. Den Käse reiben und dazugeben. Die restliche Butter schmelzen und dazugeben. Das Gemüsepüree hineinrühren. Salzen, pfeffern.

5 Die Mischung auf die Speckwürfel in der Auflaufform geben und im vorgeheizten Backofen (Mitte; Gas Stufe 4) etwa 10 Min. überbacken. Die Semmelbrösel darauf streuen. Weitere 3–4 Min. überbacken. Sehr heiß servieren.

Poires au vin rouge

Birnen in Rotwein pochiert (Burgund)

Zutaten für 4 Portionen:

3/4 l Burgunder Rotwein
30 Stück Würfelzucker
1 EL Vanillezucker
8 kleine feste Birnen (etwa 1 kg)
1 EL Speisestärke
1 EL Crème fraîche

Zubereitungszeit: etwa 30 Min. (+ 2–3 Std. Kühlzeit)

Pro Portion: 1600 kJ/380 kcal

1 Den Wein, den Zucker und den Vanillezucker in einen Edelstahl- oder Emailtopf geben und etwa 10 Min. bei milder Hitze köcheln lassen.

2 Inzwischen die Birnen dünn abschälen. Ganz lassen, die Stiele nicht entfernen. In den Wein geben und in etwa 15 Min. im offenen Topf bei sehr milder Hitze garen. Mit einem spitzen Messer prüfen, ob die Birnen weich sind.

3 Die Birnen mit einem Schaumlöffel aus der Kochflüssigkeit heben und mit den Stielen nach oben in einer flachen Kompottschüssel anrichten.

4 Die Speisestärke mit 1 EL Kochflüssigkeit in einer Schüssel verquirlen. Wieder in den Topf geben. Die Crème fraîche dazugeben. Umrühren und etwa 2 Min. aufkochen lassen. Die Sauce über die Birnen gießen.

5 Das Dessert im Kühlschrank mindestens 2–3 Std. gut durchkühlen lassen.

Flamusse

Apfelauflauf (Burgund)

Zutaten für 4 Portionen:

4 feste würzige Äpfel (zum Beispiel Renetten)
90 g Butter
4 EL Mehl
4 Eier
6 EL Puderzucker
1/4 l Milch

Zubereitungszeit: etwa 1 Std.

Pro Portion: 1900 kJ/450 kcal

1 Die Äpfel schälen, vierteln, vom Kerngehäuse befreien und in Würfel schneiden.

2 In einer Kasserolle 75 g Butter zerlassen. Die Apfelstücke darin etwa 10 Min. bei milder Hitze hell goldgelb braten. Immer wieder umrühren.

3 Das Mehl in eine Schüssel sieben. Die Eier nacheinander aufschlagen und dazugeben. Mit dem Mehl vermengen. 4 EL Puderzucker dazusieben. Die Milch in Portionen angießen. Alles zu einer homogenen Masse verarbeiten. Zum Schluß die Äpfel dazugeben.

4 Den Backofen auf 180° vorheizen. Eine feuerfeste Form mit der restlichen Butter ausstreichen. Die Mischung hineingeben. Den Auflauf im Backofen (Mitte; Gas Stufe 2) in etwa 30 Min. goldgelb backen.

5 Die Form aus dem Ofen nehmen. Den restlichen Puderzucker darüber sieben. Das Dessert heiß oder lauwarm servieren.

Pain d'épices

Honigkuchen (Burgund)

Zutaten für 6–8 Portionen:

100 ml Milch
1 TL Vanillezucker
300 g Honig
375 g Weizen-Vollkornmehl + Mehl für die Arbeitsfläche
2 TL Trockenhefe
1 TL Anispulver
2 TL Zimtpulver
Öl zum Bestreichen
Salz

Zubereitungszeit: etwa 1 ½ Std. (+ 1–2 Std. Ruhezeit)

Bei 8 Portionen pro Portion: 1300 kJ/310 kcal

1 Die Milch in einen Topf gießen und lauwarm werden lassen. Den Vanillezucker darin auflösen. Den Honig in einem anderen Topf leicht erwärmen, bis er flüssig ist.

2 Das Mehl in eine Schüssel sieben. Leicht salzen und mit Trockenhefe und den Gewürzen mischen. In die Mitte eine Vertiefung drücken. Den Honig und die Milch nacheinander mit dem Mehl verschlagen. Zugedeckt im Kühlschrank 1–2 Std. ruhen lassen. Den Backofen auf 180° vorheizen.

3 Eine quadratische Backform mit 20 cm Seitenlänge oder eine längliche Kuchenform mit geöltem Backpapier auskleiden. Den Teig hineinfüllen. Die Oberfläche mit einem Stück Backpapier abdecken. Den Kuchen im vorgeheizten Backofen (Mitte; Gas Stufe 2) etwa 40 Min. backen.

4 Den Kuchen aus dem Ofen nehmen, abkühlen lassen. Das Backpapier vorsichtig abziehen. Lauwarm oder kalt servieren.

Poires Belle Dijonnaise

Birnen mit Johannisbeersorbet (Burgund)

Zutaten für 6 Portionen:

6 kleine Birnen
1 l Johannisbeersorbet (fertig gekauft)
250 g Zucker
1 Vanilleschote
250 g Sahne
2 Päckchen Vanillezucker
250 g rote Johannisbeeren
3 EL Mandelsplitter
2 TL Johannisbeerlikör (Cassis)

Zubereitungszeit: etwa 40 Min. (+ etwa 1 Std. Kühlzeit)

Pro Portion: 2400 kJ/570 kcal

1 Die Birnen schälen, ganz lassen, die Stiele nicht entfernen. Das Johannisbeersorbet aus dem Gefrierschrank nehmen.

2 Den Zucker in ½ l Wasser erhitzen und auflösen. Die Vanilleschote längs spalten, einlegen. Die Birnen in das Zuckerwasser geben und etwa 15 Min. bei schwacher Hitze ziehen lassen. Mit einem spitzen Messer die Garprobe machen. Den Topf vom Herd nehmen. Die Birnen in der Flüssigkeit etwa 1 Std. abkühlen lassen.

3 Inzwischen die Sahne mit dem Vanillezucker steif schlagen. Mit dem Johannisbeersorbet mischen.

4 Die Birnen mit einem Schaumlöffel aus dem Zuckerwasser heben. Etwas abtropfen lassen. Die Birnen der Länge nach in Spalten einschneiden, aber nicht durchschneiden. Jeweils mit dem Sorbet und den Johannisbeeren auf Tellern anrichten. Mit den Mandelsplittern bestreuen. Zum Schluß mit etwas Johannisbeerlikör beträufeln. Sofort servieren.

Geflügel – unendlich wandelbar

Warum ausgerechnet immer wieder Hähnchen? Warum gibt es in jeder Region Frankreichs so viele verschiedene Rezepte mit Hähnchen? Die Antwort wird einem klar, wenn man einmal beobachtet hat, welche Verkaufsgespräche sich zwischen Käufer und Verkäufer entwickeln, wenn es um den Einkauf dieses Geflügels geht. Die Fütterung ist wichtig. Ein Maishähnchen schmeckt anders als eines, das mit Getreide gefüttert wurde – und erst ein Geflügel aus der Bresse... eine Delikatesse. Französische Hähnchen haben nichts mit den berüchtigten »Gummiadlern« gemeinsam, die es überall in Europa an Imbißständen und in Schnellrestaurants als Fast food gibt. Die Franzosen kaufen sie frisch ein, selten tiefgefroren, und achten auf das aufgedruckte Datum der Schlachtung.

Französische Hähnchen (poulet oder coq) werden zum überwiegenden Teil im Land verzehrt, so daß sich die Züchter auf ein kritisches Publikum einstellen müssen. Die unterste Qualitätsstufe, das Standardsortiment, umfaßt 7–8 Wochen alte Tiere, die immerhin noch 1–2 Wochen älter sind als die entsprechenden bei uns, und je größer und dicker sie sind, desto schmackhafter und fester das Fleisch. Französische Hähnchen wiegen im Durchschnitt 1,1–2,2 kg.

Die Markenhähnchen als zweite Qualitätsstufe sind 8–10 Wochen alt, ihr Fleisch ist gut ausgereift. Auf höchster Stufe stehen die Hähnchen mit dem roten Label. Sie müssen mindestens zu 70 % mit Getreide gefüttert und dürfen nicht jünger als 81 Tage sein.

Eine besondere Stellung nehmen die Freilandhähnchen ein (Poulet fermier). Ihnen müssen mindestens 2 qm Freiraum gewährt werden, dem Spitzengeflügel aus der Bresse gar 10 qm. Die Rasse Bresse ergibt absolute Spitzenprodukte. Die Tiere dürfen erst mit 16 Wochen geschlachtet werden und erhalten besonderes Futter. Ihr Kilopreis liegt nur knapp unter dem von Rinderfilet.

Mit Poularde bezeichnet man Masthühner. Auch hier kommen die besten aus der Bresse. Unter Poule versteht man ein Suppenhuhn.

Aus diesem erlesenen Grundprodukt zaubern die französischen Hausfrauen so viele unterschiedliche Gerichte, daß man jeden Tag im Jahr mühelos eines davon zubereiten kann, ohne sich einmal zu wiederholen. Woher die Vielfalt? Zunächst einmal werden Hähnchen gern in Wein geschmort, und wenn man die Zahl der unterschiedlichen Weintypen Frankreichs kennt, wird einem schon manches klar. Außerdem werden Hähnchen zusammen mit der Gemüsebeilage zubereitet. Das ergibt wieder eine stattliche Anzahl, und last not least kann man Hähnchen auch gratinieren oder in Teilen zubereiten. Voilà!

Ganz besondere Hühner sind Perlhühner (pintades). Sie haben ihren halbwilden Charakter bewahrt, ihr Fleisch ist dunkler, und sie schmecken ausdrucksvoller. Auch bei uns sind sie neuerdings zu bekommen.

Flugenten, in Frankreich Barbarie-Enten genannt, machen heute 80% der französischen Entenproduktion aus. Sie werden vor allem wegen ihres mageren, würzigen Fleischs geschätzt, das den heutigen Eßgewohnheiten eher entspricht als das der fetteren Hausenten. Flugenten eignen sich besonders gut zum Braten. Hausenten werden vor allem wegen ihrer Leber geschätzt oder als Confit konserviert.

Wie bei uns werden Puten auch in Frankreich immer beliebter. Gab es früher eine ganze Pute für die große Familie einmal im Jahr zu Weihnachten, so hat sich hier auch der ganzjährige Verkauf von Puten-

Ganz oben: Hausenten in einem französischen Bauernhof. In neuester Zeit werden allerdings immer mehr Flug- oder Barbarie-Enten für den Konsum gezüchtet.

Oben: Ideale Lebensbedingungen für Geflügel. In Frankreich sind die Bestimmungen bezüglich Freilandhühnern besonders streng.

teilen, den zarten weißen Schnitzeln und den dunkleren Schenkeln durchgesetzt.

Tauben werden als Jungtauben geschmort und sind in Frankreich sehr beliebt. Die Tiere sind 350–450 g schwer.

Wachteln wurden früher nur in Japan gezüchtet. Heute gibt es in Frankreich große Zuchten.

Etwa 15000 werden heute im Lande verzehrt. Wachteln sind übrigens keine Singvögel, sondern sie stammen von den Feldhühnern ab.

Gansrezepte sind in französischen Kochbüchern seltener zu finden. Ausnahmen sind das Elsaß und die nördlichen Regionen. Die Gänseleber dagegen ist im ganzen Land beliebt. Gänseleberpastete in den feinsten Zubereitungen wird vor allem aus dem Elsaß in alle Länder exportiert, wo man derartige Delikatessen zu schätzen weiß, also auch zu uns.

Zum Geflügel rechnen die Franzosen auch die Hauskaninchen, die sie wegen ihres weißen Fleischs und ihrer Konsistenz häufig nach den gleichen Rezepten zubereiten wie Hähnchen. Kaninchen werden daher auch in Fachgeschäften für Geflügel verkauft. Sie wiegen 1,3 – 1,7 kg, haben eine ganz leichte Fettschicht und ein zartrosa Fleisch.

Ganz oben: Gänse in der Dordogne. In der französischen Küche kennt man weniger den Gänsebraten in unserem Sinne, dafür viele Zubereitungen mit Gänseleber und die im eigenen Fett konservierten Gänseteile, das Confit.

Links: Wie in anderen Ländern auch werden Puten – früher nur als Festtagsbraten bekannt – in Frankreich mehr und mehr für den alltäglichen Verbrauch gezüchtet. Das fettarme, helle Fleisch findet auch hier immer mehr Freunde.

In aller Welt geschätzt und hoch bezahlt wird das Geflügel aus der Bresse. Die Qualität rechtfertigt den hohen Preis für die Delikatesse aus Ostfrankreich.

Provence, Languedoc-Roussillon, Korsika

Ein Hauch von Süden:
Lavendelfeld in der Provence

Das Land und seine Produkte

Die Provence, hervorgegangen aus der römischen Provincia Gallia Narbonensis, umfaßt heute das Küstengebiet zwischen der unteren Rhône und dem Var mit den dahinter liegenden Alpen. Zur Region Provence-Alpes-Côte d'Azur gehört außerdem noch das Gebiet um Nizza. Geschützt von den hohen Bergen im Norden, ist das Klima an der schmalen Küste angenehm und auch im Winter ausgeglichen. Die Engländer entdeckten im vorigen Jahrhundert die französische Riviera oder Côte d'Azur zunächst für sich, ihnen folgten Künstler und Lebenskünstler aus ganz Europa, und heute herrscht buntes, quirliges Leben überall dort, wo die Berge etwas zurücktreten und oft winzige Strände freigeben. Der Großteil der Provence besteht – abgesehen vom Tal der Rhône und ihrem breiten Mündungsgebiet – aus trockenen, kargen Hochflächen und Bergen, die im Gegensatz zur Küste extrem dünn besiedelt sind. Die Haute-Provence ist ein Land der Düfte: Lavendel, Salbei, Minze, Thymian und Rosmarin wachsen hier auf sonnendurchglühten, trockenen Böden und geben den Gerichten des Landes ihre charakteristische Würze. In den unfruchtbaren Gebirgsregionen herrscht Schaf- und Ziegenzucht vor – Lammfleisch und Ziegenkäse gehören zu den Grundelementen der traditionellen Küche.

In den niederen Lagen wachsen Ölbäume und Gemüse, auch Weinreben, an der Küste schließlich herrscht subtropische Vegetation – hier gedeihen Orangen und Zitronen, Eßkastanien und Mandeln, dazu Blumen und Palmen.

So wie die Bevölkerung der Provence mit ihren Traditionen ihre Eigenständigkeit bewahrt hat, so genießt auch die Küche eine Sonderstellung unter den regionalen Küchen Frankreichs. Die Gerichte duften nach Kräutern und nach Knoblauch, der »Trüffel der Provence«. Sie werden mit Öl zubereitet. Tomaten spielen eine wichtige Rolle, aber auch Auberginen, Zucchini und Zwiebeln werden häufig verwendet. Dazu gibt es Fisch aus dem Mittelmeer und Lammfleisch aus den Bergen. Mandeln und Honig sind die Basis traditionsreicher Gebäckspezialitäten an Festtagen.

In der Umgebung von Nizza ist die Küche nicht mehr provenzalisch, aber auch nicht italienisch. Sie ist »niçoise«. Die auch bei uns bekanntesten Spezialitäten sind Ratatouille und Salade niçoise.

Jenseits der Rhône bis hin zu den Pyrenäen erstreckt sich die Region Languedoc-Roussillon, bestehend aus zwei sehr unterschiedlichen ehemaligen Provinzen. Auch hier leben die meisten Menschen an der fast 200 km langen Mittelmeerküste, das Hinterland ist im Roussillon gebirgig, im Languedoc bretteben. Hier befindet sich die größte Weinbaufläche Frankreichs. Im Roussillon

Rechts oben: Vom exotischen Garten bei Èze-Village an der Côte d'Azur genießt man einen überwältigenden Ausblick auf das Mittelmeer.

Rechts Mitte: Schäfer in den Cevennen, dem Tor zum Süden.

Rechts: Fischerboot im Hafen von Sète im Languedoc. Heute ist die Stadt nicht nur ein wichtiger Fischereihafen, sondern der zweitwichtigste Handelshafen Frankreichs nach Marseille. Der alte Hafen stammt noch aus der Zeit von Louis XIV.

steht der älteste Weinberg des Landes, doch kommen aus diesem Gebiet vor allem die in ganz Frankreich begehrten »Primeurs«, die Frühgemüse. Das bekannteste Gericht des Languedoc ist Cassoulet, ein Bohneneintopf in vielen Varianten, der berühmteste Käse, der Roquefort, aus dem gleichnamigen Ort in den Cevennen. Die Küche des Roussillon ist vom benachbarten Spanien beeinflußt. Meeresfrüchte und Fisch, Wild und Wildgeflügel sind ihre Grundelemente.

Links oben: Die bizarre Felsenlandschaft der Gorges de l'Ardèche bietet ein besonders eindrucksvolles Naturschauspiel.

Links Mitte: Sachkundiger Griff nach dem besten Gemüse auf dem farbenfrohen Markt von Nizza.

Links: In dem weiten, brettebenen Schwemmland des Rhônedeltas, der Camargue, leben heute noch halbwilde Herden von kleinen hellgrauen Pferden, Schafen und schwarzen Rindern. Dazu haben sich in dem stillen Land Kolonien von Wasservögeln, Flamingos und Reihern erhalten.

Menschen, Feste, Sehenswertes

Die Mittelmeerprovinzen Frankreichs sind alte Kulturgebiete. Überall gibt es interessante Zeugnisse längst vergangener Zeiten zu bewundern. Doch bleiben wir zunächst bei den Naturschönheiten: im Osten die Calanques, schroffe Kalksteinfelsen im Meer, die die Brandung abfangen und natürliche Häfen bilden, weiter westlich die unermeßlich weite Camargue, wo weiße Pferde und schwarze Stiere wild leben, nordöstlich von Montpellier die Causses, Kalksteinberge mit wilden Schluchten. Die Gorges du Tarn gehören zu den schönsten Naturdenkmälern Frankreichs.

Marseille wurde von den Griechen gegründet, ist die älteste und drittgrößte Stadt Frankreichs, dabei der bedeutendste Hafen. Ein weiterer wichtiger Hafen ist Toulon mit sehenswerter Altstadt. Das ebenfalls von Griechen, den Phokäern, gegründete Nizza ist der ideale Winterkurort. Am Schloßberg schlängeln sich enge alte Gäßchen, doch auch die Moderne ist hier zu Hause – Matisse und Chagall wurden hier eigene Museen eingerichtet. Auch Cannes und Saint-Tropez sind antike Gründungen, und neben dem mondänen Leben in den Einkaufsstraßen gibt es Altes zu bewundern. Weiter westlich ist Montpellier kultureller Mittelpunkt der Region. Narbonne war ehemals eine Hafenstadt, liegt heute landeinwärts, da der Hafen versandet ist. Perpignan schließlich war früher die Hauptstadt des Königreichs Roussillon, zu dem die Balearen gehörten. Der frühere Palast der Könige von Mallorca ist ein schönes Beispiel mittelalterlicher Baukunst. Landeinwärts sind vor allem Nîmes, Arles und Avignon besuchenswert. Überall gibt es Reste römischer Baukunst, Arenen und Tempel wie das Maison carrée, ein gut erhaltener Bau aus der Zeit des Augustus. Nicht weit davon befindet sich der 275 m lange römische Aquädukt Pont du Gard. Romanische Kirchen und Klöster in Arles und vielen anderen Städten, der gotische Palast der Gegenpäpste in Avignon, alte Festungen, zum Beispiel in Carcassonne, und Burgruinen der Katharer im Roussillon sind die steinernen Zeugen einer alten Kultur. Ein typisches Beispiel für die Verbindung zwischen Altem und Ultramodernem ist die Stadt Agde, eine Gründung der Phokäer, mit ihren mittelalterlichen Mauern und alten Kirchen. In Cap d'Agde, nur wenige Kilometer entfernt, befindet sich eines jener künstlichen Ferienzentren, die alle erdenklichen Sport- und Vergnügungsmöglichkeiten bieten.

Doch nicht nur steinern sind die Zeugen der Vergangenheit. Nirgendwo sonst in Frankreich wird die lebendige Tradition so hoch gehalten wie in der Provence. Sind die Menschen der Provence an der Küste fröhliche, aufgeschlossene Südländer, so findet man in den Bergen einen konservativen, eher verschlossenen Menschenschlag vor.

Provenzalische Sprache und Dichtung werden gepflegt. »Ehre das Meer und halte dich an die Erde«, lautet ein altes Sprichwort. Stammen die Bewohner des Languedoc von aus Spanien eingewanderten Sarazenen ab, die griechische Kultureinflüsse mitbrachten, so ist die Bevölkerung des Roussillon katalanisch und pflegt diese Sprache weiterhin. Roussillon gehört erst seit dem 17. Jahrhundert endgültig zu Frankreich.

Die Tradition in den Familien wird mit der Pflege der alten Gebräuche zu den hohen Festtagen hoch gehalten. Doch es wird auch gern in der Öffentlichkeit gefeiert. Neben bunten Wochenmärkten und Dorffesten gibt es zahlreiche Fischerfeste an der Küste.
Die Zigeunerwallfahrt im Mai in Saintes-Maries-de-la-Mer ist das spektakulärste Ereignis, gefolgt vom Karneval in Nizza. Den natürlichen Reichtümern des Landes gelten das Zitronenfest in Menton, der Blumenkorso in Toulon, das Rosenfest und das Jasminfest in Grasse, Lavendelmärkte und schließlich Weinfeste in allen Landesteilen. In Digne-les-Bains findet alljährlich ein Internationales Kolloquium der medizinischen Kräuterkunde statt. Das provenzalische Jahr endet mit den berühmten Krippenfigurenmärkten in Marseille, Toulon und Solliès-Ville, auch sie einmalig in Frankreich. Den ganzen Sommer über finden Theater- und Musikfeste von Klassik bis Jazz statt, außerdem Férias, unblutige Stierkämpfe, die bekanntesten in Béziers und Fréjus.

Rechts: Im Roussillon bei Apt gibt es die größten Vorkommen von Ocker in Frankreich. Ocker, der hier in bis zu 15 m starken Lagerstätten vorkommt, ist eine Mischung aus Schiefersand und Eisenoxid.

Unten: Stierkampf in Arles. Die südfranzösischen Stierkämpfe sind, anders als die spanischen, unblutig.

Rechts: Folklorefest für einen Ortsheiligen in Roquebrune an der Côte d'Azur, unweit der italienischen Grenze. Der alte Ort liegt wie ein Adlerhorst hoch über der Küste an einem Hügel.

Oben: Straßencafé am Quai des Belges nahe dem alten Hafen von Marseille.

Links: Alte provenzalische Trachten bei einem Fest in Arles.

Links: Zum Nationalspiel der Provenzalen, Pétanque, treffen sich die Männer täglich auf den Dorfplätzen.

Korsika

Der wilden Schönheit im Mittelmeer, nicht nur geographisch Insel, sondern ein Sonderling, der nicht zu Frankreich gehören will, sei hier ein eigenes Kapitel gewidmet.

Die Insel im Mittelmeer, nördlich von Sardinien vor der Küste Italiens gelegen, ist ein gewaltiges, von Wasser umringtes Bergmassiv. Seine höchste Erhebung, der Monte Cinto, erreicht über 2700 m, ein Paradies für Bergsteiger und Skifahrer. Die flache Ostküste und die schrundige Westküste ziehen alljährlich Tausende von Touristen an. Das Landesinnere ist bis auf ein paar größere Ansiedlungen, darunter die Hauptstadt Corte, im Verlauf der letzten Jahrzehnte fast verlassen worden.

Die Insel, schon von den Griechen »die Schöne« genannt, wurde nacheinander von Etruskern, Römern, Sarazenen und Genuesern besiedelt. Ständig war die Bevölkerung von Seeräubern bedroht, nicht umsonst liegt die Hauptstadt in den Bergen. 1960 gab es noch Dörfer, die außer mit Mauleseln nicht erreichbar waren. Zwar gehört Korsika seit der Eroberung durch den Korsen Napoléon Bonaparte seit 1796 endgültig zu Frankreich, doch haben sich separatistische Bewegungen bis in unsere Tage erhalten. Auch die Sprache, ein mittelitalienischer Dialekt, ist Ausdruck einer eigenen Kultur und wird gerade in den letzten Jahren wieder verstärkt gepflegt.

Die korsische Küche ist eigenständig, weniger französisch, eher der provenzalischen und italienischen verwandt. Sie ist einfach, würzig und den Gegebenheiten des Landes angepaßt. Noch vor 200 Jahren gab es kaum Ackerbau. Ziegen- und Schafkäse waren Grundlage der Ernährung, zu Weihnachten wurde ein Schwein geschlachtet, das teilweise als Frischfleisch zubereitet wurde, der Rest wurde geräuchert, gesalzen und gepfeffert. Eine

Rechts oben: Bootsbauer im Hafen von Ajaccio.

Rechts Mitte: Im günstigen Klima der Insel der Schönheit gedeihen auch Zitronen und Orangen.

Rechts: Dramatische Steilküste am Südzipfel Korsikas bei Bonifacio, nur 11 km von Sardinien entfernt.

weitere Basis der Ernährung und der korsischen Küche heute liefern die riesigen Kastanienwälder. In einigen Gebieten gab es zu Hochzeiten 22 verschiedene Gerichte mit Kastanienmehl! Noch heute werden die Kastanien auf traditionelle Art verarbeitet, nur trägt man bei der Ernte Handschuhe. Man breitet die Früchte auf Lattenrosten aus und setzt sie Rauch und Hitze des »fucone« aus. Der »fucone« ist das Zentrum des Hauses, um den sich die Familie versammelt und wo auch das Fleisch geräuchert wird. Neben Kastanien und Schweinefleisch gehören die Fische zu den natürlichen Ressourcen, außerdem Honig und Tomaten, die als Coulis (Rezept Seite 138) konserviert werden. Die Produkte von Schaf und Ziege gehören ebenfalls zu den Grundlagen korsischer Küche. Ein Großteil der Schafsmilch wird für einen Roquefort aus der Umgebung von Corte reserviert, der Rest zu harten und weichen, scharf gewürzten und milden Käsen verarbeitet. Brocciu, ein frischer, halbfester bis harter Ziegenkäse aus Buttermilch, wird für viele Gerichte, zum Beispiel die korsischen Krapfen, verwendet. Er ist durch Gervais oder durch Parmesan zu ersetzen – das zeigt, wie unterschiedlich er sein kann.

Korsika ist wie die Provence ein duftendes Kräuterparadies. Basilikum, Fenchel, Wacholder, Lorbeer, Minze, Myrthe, wilder Rosmarin, Salbei und Thymian hüllen die Insel den ganzen Sommer über in eine würzige Duftwolke. An den Küsten gedeihen Mandelbäume, es gibt Weinreben und Zitrusfrüchte, Oliven und Feigen.

Sehenswert in Korsika ist vor allem die wilde Hochgebirgslandschaft mit ihren über 50 Zweitausendern, den Pässen mit herrlichen Ausblicken, das bizarre Felsenlabyrinth der Calanche bei Porto, die Gorges de la Restonica, auch Filitosa, die über dreitausend Jahre alte prähistorische Stadt auf einem Felsvorsprung, malerische Häfen, Kastelle und immer wieder atemberaubende Ausblicke von steilen Bergstraßen.

Links oben: Korsische Männer beim Wetten mit den Fingern.

Links Mitte: Frauen verpacken Frischkäse von Ziege oder Schaf in große Blätter.

Links: Vom Col de Bavella bietet sich auf der einen Seite ein überwältigender Ausblick auf das steile, kahle Gebirge, auf der anderen Seite auf Wälder und fruchtbare Ebenen sowie das Meer.

Die Weine

Südfranzösischer Wein galt bis vor kurzem im Land der großen Weinkonsumenten als Getränk für den Vieltrinker, dem es nur um den geringen Preis, nicht aber um Qualität ging. Das hat sich geändert. Überall in Südfrankreich sind Bestrebungen im Gange, das Niveau zu heben, statt Massenträgern Rebsorten mit hohem Ertrag, Qualitätssorten anzubauen und die Mengen zu begrenzen. Diese Entwicklung spiegelt sich in der Schaffung neuer Gebiete mit kontrollierter Herkunftsbezeichnung (AC) wider, wo einst namenlose Tafelweine hergestellt wurden. Was hier über »südfranzösische« Weine gesagt wurde, bezieht sich auf die Gewächse des Languedoc, des größten Anbaugebiets von ganz Frankreich.

Der Weinbau in der Region Languedoc-Roussillon geht auf Griechen und Phönizier zurück, schon im 6. Jahrhundert vor unserer Zeitrechnung gab es zwischen der Mittelmeerküste und den Ausläufern des Zentralmassivs bis hin zum Montagne Noir und den östlichen Pyrenäen Weinberge. Die Ernte beträgt etwa das Dreifache der in Deutschland erzielten Erträge, das heißt etwa 30 Millionen Hektoliter. Rund ein Drittel der landwirtschaftlich genutzten Fläche ist mit Reben bestanden. Knapp 3 Millionen Hektoliter entfallen auf Qualitätsweine, der überwiegende Teil sind Landweine und Tafelweine, und diese sind wiederum in der Mehrzahl rot. Hauptrebsorte unter den roten ist die Carignan-Rebe, dazu kommen Grenache, Cinsault, Mourvèdre und der Syrah. Die Rotweine werden außer nach dem traditionellen Verfahren häufig unter Kohlensäuredruck vergoren – ein Verfahren, das auch für die Beaujolaisbereitung angewendet wird und besonders fruchtige Weine entstehen läßt. Die Weißweine werden ebenfalls aus typischen Mittelmeersorten gekeltert, nämlich aus Picpoul, Clairette, Ugni Blanc, Bourboulenc und einigen anderen. Während die jungen Rotweine leicht gekühlt zu gegrilltem Fleisch und Geflügel passen, trinkt man die älteren zu dunklem Fleisch, Wild und Käse. Die Roséweine können ein ganzes Menü begleiten, und die Weißweine genießt man gern zum Apertitif, zu Meeresfrüchten und Fisch, aber auch zum heimischen Ziegenkäse.

Alle Herkunftsbezeichnungen einzeln zu beschreiben, überschreitet den Rahmen dieses Buches. Es gibt jedoch einige Spezialitäten, die kurz erwähnt werden sollen.

Eine Spezialität des Südens sind die Vins des Sables, Sandweine, unkomplizierte Durstlöscher in Rot, Rosé und Weiß. Es sind die einzigen Reben, die nicht von der Reblaus heimgesucht werden und daher nicht gepfropft zu werden brauchen.

Einer der ältesten Schaumweine der Welt ist der Blanquette de Limoux. Er wurde schon zur Zeit Karls des Großen getrunken.

Eine Spezialität dieses Gebiets sind die natürlichen Süßweine, allen voran der Banyuls, der heute noch so hergestellt wird wie vor rund 2000 Jahren. Dem gärenden Most wird reiner Alkohol zugesetzt, so daß die natürliche Süße der Trauben erhalten bleibt. Dieser Wein und die gleichfalls süßen Muskatweine werden gern als Aperitif oder zum Dessert getrunken. Sie sind Grundlage von Cocktails und Longdrinks.

Zur Provence gehört außer dem gesetzlich festgelegten Weinbaugebiet gleichen Namens die Region am Ufer der südlichen Rhône, die unter der Bezeichnung Côtes du Rhône bekannt sind.

Die Rebsorten der Provence gleichen denen des benachbarten Languedoc. Die Weinberge liegen an der Küste zwischen Marseille, der Wiege des französischen Weinbaues, und Cannes sowie bei Nizza. Erfrischend, zart und fruchtig sind die Weiß- und Roséweine, die Roten gehaltvoll und kräftig. Auch hier hat sich die Qualität in den letzten Jahren noch verbessert. Massenproduktion gibt es sowieso nicht, dazu ist die Fläche zu klein.

Berühmte Weine mit alter Tradition stammen von den südlichen Côtes du Rhône. Der feurige rote Châteauneuf-du-Pape, aus nicht weniger als 13 Rebsorten gekeltert, in glühender Sonne gereift, wird von Weinkennern vor allem als Begleiter zu Wild und würzigem Käse geschätzt. Der Tavel, Liebling der Könige und Dichter, gilt als einer der feinsten Roséweine Frankreichs.

Rasteau ist ein bekannter süßer Weißwein, etwa dem weißen Portwein vergleichbar. Der rote Gigondas, von Plinius erwähnt und im Mittelalter von den Erzbischöfen von Orange gefördert, reift in einem ehemaligen Eisenbahntunnel, dessen Kühle dem aus der Hitze kommenden Rotwein zu optimaler Entwicklung verhilft.

Auf Korsika schließlich gibt es an den Küsten Weinbau. Die »Pieds noirs«, Algerienfranzosen, haben sich in den letzten Jahrzehnten besonders darum gekümmert und die Rebfläche wesentlich erweitert. Die Weine ähneln den südfranzösischen Gewächsen. Vor allem der Rosé paßt gut zur würzigen Küche des Landes. Auch hier wird höhere Qualität angestrebt und erreicht.

Weinernte bei Valréas in der Provence.

Die Weine der Côtes du Lubéron stammen aus den südlichen Côtes du Rhône. Es sind milde Rot- und Roséweine, die gut zur südländischen Küche passen.

Rezepte der Region

Suppen, Salate und Vorspeisen

Gemüsegerichte

Fisch und Meerestiere

Fleisch und Geflügel

Wild

Desserts und Gebäck

Aigo-boulido

»Gekochtes Wasser« (Provence)

Zutaten für 4 Portionen:

4 Knoblauchzehen
Bouquet garni (Lorbeerblatt, Petersilie, Thymian, Fenchelkraut)
1 EL Olivenöl
1 Eigelb
1 großes Bund Petersilie
4–8 dünne Scheiben Weißbrot vom Vortag
Salz

Zubereitungszeit: etwa 25 Min.

Pro Portion: 580 kJ/ 140 kcal

1 Einen Suppentopf mit 1 ½ l kaltem Wasser füllen. Die Knoblauchzehen schälen und in das Wasser pressen. Salzen, das Bouquet garni einlegen. Das Öl unterrühren.

2 Die Suppe bei mittlerer Hitze etwa 15 Min. kochen. Das Bouquet entfernen.

3 Das Eigelb in eine vorgewärmte Suppenterrine geben. Die heiße Suppe darüber gießen. Gut umrühren.

4 Die Petersilie waschen und fein hacken. Über die Suppe streuen. Die Brotscheiben auf die Suppenteller verteilen. Die heiße Suppe darauf schöpfen.

• Variante: Statt des Bouquet garni nur 2 Lorbeerblätter mitkochen.

• Aigo-boulido heißt tatsächlich »gekochtes Wasser«, doch handelt es sich hier um eine sehr schmackhafte Suppe, ganz im Stil einer Zeit, in der man bescheiden lebte, darüber aber den Wohlgeschmack heimischer Produkte nicht vergaß.

Soupe au pistou

Gemüsesuppe mit Basilikum (Provence)

Zutaten für 6 Portionen:

500 g grüne Bohnen
2 Tomaten
3–4 mittelgroße Kartoffeln (mehligkochende Sorte)
200 g Fadennudeln
3 Knoblauchzehen
3 Stengel frisches Basilikum
3 EL Öl
2 EL frisch geriebener Gruyère
Salz, Pfeffer aus der Mühle

Zubereitungszeit: etwa 1 Std.

Pro Portion: 1100 kJ/260 kcal

1 Die Bohnen putzen, eventuell von den Fäden befreien, waschen. In etwa 1 cm lange Stückchen schneiden. Die Tomaten kochendheiß überbrühen, häuten und von den Kernen befreien. Das Fruchtfleisch fein würfeln. Die Kartoffeln schälen, waschen und fein würfeln.

2 Das Gemüse mit 2 l Wasser in einen Suppentopf geben und zugedeckt bei mittlerer Hitze etwa 40 Min. kochen.

3 Die Fadennudeln dazugeben und bei milder Hitze in der Suppe garen. Die Suppe soll dickflüssig werden. Wenn die Nudeln gar, aber nicht zu weich sind, die Suppe mit Salz und Pfeffer abschmecken. Vom Herd nehmen.

4 Die Knoblauchzehen schälen und in ein Schüsselchen pressen. Das Basilikum waschen, fein hacken und mit dem Knoblauch vermengen. Das Öl in dünnem Strahl dazugeben. Aus den Zutaten eine Paste rühren. 2 Schöpflöffel heiße Suppe dazugeben. Die Mischung in die Suppe geben und verrühren. Den geriebenen Käse unter die Suppe rühren. Die Suppe noch einmal erhitzen. Sehr heiß servieren.

Soupe aux pois chiches

Kichererbsensuppe (Provence)

• Variante: statt Kartoffeln und Fadennudeln Zucchini, Möhren oder Auberginen verwenden.

• Diese Suppe gilt heute als typisch provenzalisch, stammt aber ursprünglich aus Genua. In der Provence wird sie in nahezu unendlich vielen Varianten zubereitet. Wichtigster Bestandteil ist immer die Basilikumpaste. Das Wort pistou stammt vom Altprovenzalischen pistar, was soviel bedeutet wie zerreiben, zermahlen.

Zutaten für 4 Portionen:

500 g Kichererbsen
3 EL grobes Meersalz
2 EL Mehl
1 Prise Natron
1 Zwiebel
2 Stangen Lauch
1 Fleischtomate
2 EL Olivenöl
4 Scheiben Weißbrot
Salz, Pfeffer aus der Mühle

Zubereitungszeit: etwa 2 ½ Std. (+ etwa 12 Std. Einweichzeit)

Pro Portion: 2200 kJ/520 kcal

1 Die Kichererbsen mit reichlich Wasser, dem groben Meersalz und dem Mehl in eine Schüssel geben und über Nacht einweichen.

2 Am nächsten Tag die Kichererbsen in einem Sieb abtropfen lassen. Mehrmals kalt abbrausen, noch einmal abtropfen lassen. Mit dem Natron und etwas Salz in etwa 3 l Wasser in einem Suppentopf erhitzen und bei mittlerer Hitze etwa 1 Std. zugedeckt kochen.

3 Die Kichererbsen nochmals in einem Sieb abtropfen lassen. Mit etwa 2 ½ l leicht gesalzenem Wasser in einen Schmortopf geben. Noch einmal etwa 1 Std. kochen lassen, bis die Kichererbsen weich sind und die Haut sich abzulösen beginnt.

4 Inzwischen die Zwiebel schälen und fein hacken. Den Lauch putzen, waschen und das Weiße in feine Ringe schneiden. Die Tomate überbrühen, häuten und vierteln.

5 1 EL Öl in einer Pfanne erhitzen. Die Zwiebel und den Lauch darin andünsten, bis sie Farbe annehmen. Dann mit der Tomate und 2 Schöpflöffeln vom Kichererbsensud ablöschen. Das Gemüse zu den Kichererbsen geben. Pfeffern.

6 Die Suppe durch ein Sieb passieren oder mit dem Pürierstab pürieren. Noch einmal erhitzen. Die Suppe soll sämig, aber nicht zu dickflüssig sein.

7 Inzwischen das Brot fein würfeln und im restlichen Öl kroß braten. Die Suppe in eine Terrine gießen. Die Brotwürfel und eventuell noch etwas Pfeffer obenauf streuen. Sehr heiß servieren.

• Nach alter Tradition wurde die Mittagsmahlzeit in der Provence mit einem Teller heißer Suppe eröffnet. Im Winter bereitete man diese Suppen häufig mit Mehl von Kichererbsen, Bohnenkernen, Mais oder auch Weizen zu. »La soupo tapo un trau«, sagte man, das heißt »die Suppe stopft ein Loch«.

Oignons marinés

Zwiebelsalat (Comté de Nice)

Zutaten für 6 Portionen:

Für die Sauce:
500 g Tomaten
2 Zwiebeln
50 ml Olivenöl
Bouquet garni (Lorbeerblatt, Thymian, Petersilie)
1 Stengel Basilikum
3 Knoblauchzehen
Salz, Pfeffer aus der Mühle

Für den Salat:
500 g Frühlingszwiebeln
100 g Rosinen
6 EL Olivenöl
200 ml Weißweinessig
80 g Puderzucker
Bouquet garni (Lorbeerblatt, Thymian, Petersilie)
Salz, Pfeffer aus der Mühle

Zubereitungszeit: etwa 2 Std. (+ etwa 2 Std. Kühlzeit)

Pro Portion: 1300 kJ/310 kcal

1 Für die Sauce die Tomaten kochendheiß überbrühen, häuten, entkernen und kleinschneiden. Zwiebeln schälen und fein hacken. Beides mit dem Öl, dem Bouquet und Basilikum in einen Schmortopf geben. Die Knoblauchzehen schälen und dazupressen. Salzen, pfeffern. Bei milder Hitze etwa 30 Min. köcheln. Durch ein Sieb streichen.

2 Die Frühlingszwiebeln putzen und gründlich waschen. Mit 1/2 l Wasser in einen Schmortopf geben. Die Rosinen, das Öl, den Essig, die Tomatensauce, den Puderzucker und das Bouquet garni dazugeben. Salzen, pfeffern.

3 Die Zwiebeln zum Kochen bringen, die Hitze reduzieren. Die Zwiebeln im offenen Topf, je nach Größe, in etwa 1 1/4 Std. garen.

4 Den Zwiebelsalat zuerst abkühlen lassen, dann in den Kühlschrank stellen. Gut gekühlt servieren.

• Tip: Nicht ganz so würzig, aber optisch attraktiv ist die Variante, die Sie auf dem Foto sehen: Die Frühlingszwiebeln blanchieren, mit den übrigen Salatzutaten auf Tellern anrichten. Die Tomatensauce getrennt kochen und die Zwiebeln damit überziehen.

Tapénade

Olivenpaste (Proven

Zutaten für 8 Portionen:

300 g schwarze Oliven
100 g eingelegte Anchovisfilets
100 g Thunfisch (aus der Dose; im eigenen Saft)
1 TL scharfer Senf
200 g Kapern
200 ml bestes Olivenöl
eventuell 4 cl Cognac
Pfeffer aus der Mühle

Zubereitungszeit: 45 Min. (+ einige Tage Ruhezeit)

Pro Portion: 1550 kJ/370 kcal

1 Die Oliven abtropfen lassen, entsteinen. Die Anchovisfilets und den Thunfisch ebenfalls abtropfen lassen. Diese Zutaten im Mörser fein zerstoßen oder mit dem Blitzhacker zerkleinern.

2 Die Masse mit dem Senf verrühren. Die Kapern abtropfen lassen, sehr fein hacken und daruntermischen. Das Öl in dünnem Strahl dazu-

Salade niçoise

Nizza-Salat (Comté de Nice)

geben. Alles mit dem elektrischen Handrührgerät rühren, bis eine homogene Masse entsteht.

3 Mit reichlich Pfeffer würzen. Nicht salzen, da die Anchovisfilets genügend Salz enthalten. Eventuell mit Cognac parfümieren. Die Paste in ein verschließbares Glas füllen. Einige Tage im Kühlschrank durchziehen lassen.

• Tapénade, der »provenzalische Kaviar«, ist die Schöpfung eines Marseiller Gastronomen aus dem vorigen Jahrhundert. Das würzige Mus paßt gut zu Toast, aber auch zu hartgekochten Eiern, wenn man das Eigelb mit der Paste mischt und wieder in die Eihälften füllt.

• Tip: Bereiten Sie Tapénade in größeren Mengen zu, wenn Sie viele Gäste erwarten. Sie ist eine köstliche Vorspeise und eignet sich auch für ein Buffet.

Zutaten für 4 Portionen:

1 Kopfsalat
500 g Tomaten
50 g Thunfisch (aus der Dose; in Öl eingelegt)
24 schwarze Oliven
3 EL OLivenöl
1 EL Weinessig
1 Prise getrocknete provenzalische Kräuter (Herbes de Provence)
Salz, Pfeffer aus der Mühle

Zubereitungszeit: etwa 20 Min.

Pro Portion: 730 kJ/170 kcal

1 Den Kopfsalat in einzelne Blätter zerlegen, waschen, trockenschwenken. Auf vier Portionsteller verteilen. Die Tomaten waschen und in dünne Scheiben schneiden. Auf den Salatblättern anrichten. Den Thunfisch abtropfen lassen. Das Öl dabei für die Salatsauce auffangen. Die Fischstücke klein zupfen und mit den Oliven auf dem Salat verteilen.

2 Das Thunfischöl, das Olivenöl und den Essig miteinander zu einer Sauce rühren. Salzen, pfeffern. Über den Salat gießen. Die getrockneten Kräuter zwischen den Fingern zerreiben und darüber streuen.

• Es gibt unendlich viele Varianten von diesem Salat: Statt Thunfisch können sie auch Anchovisfilets verwenden. 1 kleine rohe Zwiebel, in feine Ringe geschnitten und auf dem Salat verteilt, bringt noch mehr Würze.
Wenn Sie den Salat nach Belieben mit Stangensellerie, Paprikaschoten, hart gekochten Eiern und Basilikum anreichern, bleibt er dennoch ein original Nizza-Salat.

• In Südfrankreich wird Nizza-Salat gern als Zwischenmahlzeit oder zum Picknick zwischen zwei Baguette-Hälften genossen.

Scarole au roquefort

Endiviensalat mit Roquefort (Languedoc)

Zutaten für 4 Portionen:

1 Kopf glatter Endiviensalat (Escarol)
40 g Butter
80 g Roquefort
8 Scheiben Baguette
3 EL Olivenöl
½ EL Weinessig
100 g Walnußkerne
Salz, Pfeffer aus der Mühle

Zubereitungszeit: etwa 15 Min.

Pro Portion: 2000 kJ/480 kcal

1 Welke Salatblätter entfernen. Die übrigen Blätter vom Strunk trennen, abbrausen und trockenschwenken. In mundgerechte Stücke reißen und in eine Schüssel legen.

2 Die Butter mit der Hälfte des Roqueforts verkneten. Die Baguettescheiben trocken in der Pfanne rösten oder toasten. Mit der Butter-Käse-Mischung bestreichen.

3 Aus dem restlichen zerdrückten Roquefort, Öl und Essig eine Salatsauce rühren. Salzen, pfeffern.

4 Die Walnußkerne über den Salat streuen. Die Sauce darüber gießen. Die Roquefort-Croûtons zum Salat als Vorspeise reichen. Sofort servieren.

• Eine interessante, in Frankreich sehr verbreitete Variante: Frische, kleine Ziegenkäse in der Pfanne oder im Backofen erhitzen, mit Blattsalat servieren.

• Escarol gehört zur Famile der Endivien. Sein weißlicher Saft wirkt besonders appetitanregend. Das gleiche gilt für Frisée. Für diese Vorspeise eignen sich auch normale Endivie, Chicorée oder Eichblattsalat.

Pissaladière

Anchovisfladen (Comté de Nice)

Zutaten für 4 Portionen:

Für den Teig:
250 g Mehl + Mehl zum Bestäuben
10 g Hefe
Salz

Für den Belag:
500 g Zwiebeln
75 ml Olivenöl + Öl für die Form
12 Anchovisfilets
3 Knoblauchzehen
3 Tomaten
12 schwarze Oliven
Salz, Pfeffer aus der Mühle

Zubereitungszeit: etwa 1 ¼ Std. (+ etwa 2 ½ Std. Ruhezeit)

Pro Portion: 2100 kJ/500 kcal

1 Das Mehl in eine Schüssel sieben. Eine Vertiefung hineindrücken. Die Hefe hineinbröckeln und mit etwa 4 EL lauwarmem Wasser verrühren. Etwas Mehl darüber stäuben. Den Vorteig an einem warmen Platz etwa 30 Min. gehen lassen.

2 Dann mit etwa 100 ml lauwarmem Wasser vermengen. Salzen. Den Teig schlagen, bis er Blasen wirft und sich von der Schüssel löst. Mit etwas Mehl bestäuben und bei Raumtemperatur noch einmal etwa 2 Std. gehen lassen.

3 Etwa 1 ½ Std. vor Ende der Ruhezeit für den Teig die Zwiebeln schälen und sehr fein hacken. Das Öl bis auf 1 TL mit den Zwiebeln in einen dickwandigen Schmortopf geben. Die Zwiebeln bei milder Hitze in etwa 1 Std. gar schmoren, ohne sie zu bräunen. Gelegentlich durchrühren.

4 Die Zwiebeln in ein Sieb geben, die Flüssigkeit, die sich beim Garen gebildet hat, dabei auffangen.

5 Den Zwiebelsaft unter den Teig kneten. Den Teig rund ausrollen und in eine gefettete Kuchenform von etwa 28 cm ø legen. Den Backofen auf 180° vorheizen.

6 Die Zwiebelmasse salzen und pfeffern und gleichmäßig auf dem Teig verteilen. Die Anchovisfilets sternförmig darauf anordnen. Die Knoblauchzehen schälen und in feine Stifte schneiden. Die Tomaten waschen und in Scheiben schneiden, die Oliven entsteinen. Alles dekorativ auf der Zwiebelmasse verteilen. Mit dem restlichen Öl beträufeln.

7 Den Fladen im Backofen (Mitte; Gas Stufe 2) etwa 40 Min. backen. Warm oder kalt als Vorspeise servieren.

• Weinempfehlung: ein provenzalischer roter Landwein, zum Beispiel ein Côtes-de-Provence.

Mesclun

Bunter Blattsalat (Comté de Nice)

Zutaten für 4 Portionen:

100 g Radicchio
½ Kopf Endiviensalat
½ Kopfsalat
2–3 Blätter Portulak
100 g Kerbel
3 Knoblauchzehen
1 Stück Brotrinde
1 hartgekochtes Ei
4 EL Olivenöl
1 EL Weinessig
1 TL mittelscharfer Senf
Salz, Pfeffer aus der Mühle

Zubereitungszeit: etwa 20 Min.

Pro Portion: 560 kJ/130 kcal

1 Die Blattsalate in einzelne Blätter zerlegen, waschen, trockenschwenken. In mundgerechte Stücke reißen. Den Kerbel waschen, zwischen Küchenpapier abtrocknen und mit den Salatblättern in eine Schüssel geben.

2 Die Knoblauchzehen schälen. Die Brotrinde mit 2 Knoblauchzehen einreiben, dann in vier Teile teilen. Die Brotrinde an den Salat geben. Die restliche Knoblauchzehe dazu pressen. Das Ei pellen und fein hacken. Über den Salat streuen.

3 Aus dem Öl, dem Essig und dem Senf eine Salatsauce rühren. Salzen, pfeffern. Über den Salat gießen. Erst bei Tisch unterheben.

• Variante: schwarze Oliven über den Salat streuen.

• Dieser herbe Wintersalat schmeckt ebenso vor dem Hauptgericht wie unmittelbar danach.

Omelettes provençales

Omelettes auf provenzalische Art (Provence)

Zutaten für ein Grundrezept (für 4 Portionen):

8 Eier
2 EL Milch
4 EL Olivenöl (oder je 2 EL Oliven- und Erdnußöl)
Salz, Pfeffer aus der Mühle

Zubereitungszeit: etwa 15 Min.

Pro Portion: 1100 kJ/260 kcal

Omelettes werden in der Provence in vielerlei Zubereitungen zu zahlreichen Gelegenheiten genossen: als Vorspeise, als Zwischengericht, als Bestandteil eines Picknicks im Grünen oder auch als kleines Hauptgericht. In Familien mit Traditionsbewußtsein gibt es am Ostermontag Speck-, Kräuter- oder Kartoffelomelette. Zwiebelomelettes, mit langsam auf einer Ecke des Kohleherdes geschmorten Zwiebeln, wurden den Feldarbeitern zur Arbeit mitgegeben.

Versuchen Sie außer den abgebildeten noch folgende Varianten:

- Für Omelette aux moules 500 g Muscheln putzen, in kochendes Wasser geben, bis sie sich öffnen. Muscheln, die geschlossen bleiben, wegwerfen. Das Muschelfleisch aus den Schalen nehmen. Mit 2 EL Olivenöl in einer Pfanne anbraten. Weiter nach Grundrezept verfahren. Die Omelette leicht flüssig servieren.
- Artischockenomelette wird mit sehr kleinen jungen Artischocken bereitet. Diese werden nur geviertelt, von den äußeren Blättern und vom Heu befreit.
- Für Zucchiniomelette werden kleine Früchte gewürfelt und im Öl vorgegart.

1 Die Eier aufschlagen und mit Milch, Salz und Pfeffer 4–5mal mit einer Gabel schlagen, nicht öfter, sonst wird die Masse zu schaumig. Eine dikke, nicht zu schwere Pfanne von etwa 25 cm ø hoch erhitzen. Das Fett darin erwärmen.

2 Die Eimasse schnell in die Mitte der Pfanne gießen. Mit der Gabel von außen zur Mitte hin ruhig und gleichmäßig ein paar Minuten umrühren. Die Pfanne leicht schütteln. Wenn die Eimasse gestockt, aber noch halb flüssig ist, noch 4–5 Sek. bei reduzierter Hitze auf dem Herd stehenlassen.

3 Die Omelette mit Hilfe eines Topfdeckels oder eines Pfannenwenders umdrehen und nach echt provenzalischer Art auch auf der anderen Seite kurz braten. Die Omelette auf eine vorgewärmte Platte gleiten lassen und servieren.

Omelette aux oignons

500 g Zwiebelwürfel in 4 EL Olivenöl bei milder Hitze etwa 1 Std. garen, mit Salz und Pfeffer würzen. Die Zwiebeln aus der Pfanne nehmen, das Öl abtropfen lassen, in die Pfanne zurückgießen. Die Zwiebeln mit der Eimasse mischen. Nach dem Grundrezept fertig braten.

Omelette aux épinards

500 g Spinat putzen, waschen und blanchieren. Abgetropft in 2 EL Olivenöl 5 Min. andünsten. 2 Knoblauchzehen und je 3 Stengel Petersilie und Basilikum fein hacken. Alles mit 4 EL geriebenem Gruyère unter die Eimasse mischen. Nach Grundrezept braten.

Omelette aux tomates

4 Tomaten waschen, abtrocknen, in Scheiben schneiden, Kerne herausdrücken. 2 EL Olivenöl in der Pfanne erhitzen, die Tomaten anbraten. Die nach Grundrezept aufgeschlagenen und gewürzten Eier dazugeben. Nach Grundrezept braten.

Omelette au lard

150 g durchwachsenen Räucherspeck würfeln, in kochendem Wasser blanchieren. Speck abtropfen lassen, trockentupfen und in 2 EL Olivenöl in der Pfanne anrösten. Die Eimasse (Grundrezept) sparsam salzen. Mit dem Speck in der Pfanne braten.

Tomates à la provençale

Gefüllte Tomaten (Provence)

Zutaten für 4 Portionen:

8 mittelgroße Tomaten
1 Bund Petersilie
2 Knoblauchzehen
3-4 TL Semmelbrösel
Salz, Pfeffer aus der Mühle
Öl für die Form

Zubereitungszeit: etwa 40 Min.

Pro Portion: 160 kJ/40 kcal

1 Die Tomaten waschen, abtrocknen und quer halbieren. Die Kerne herausdrücken.

2 Die Petersilie waschen, trockentupfen und fein hacken. In ein Schüsselchen geben. Die Knoblauchzehen schälen und durch die Presse dazudrücken. Die Semmelbrösel dazugeben und alles gut miteinander vermengen. Salzen, pfeffern. Den Backofen auf 240° vorheizen.

3 Die Masse in die Tomatenhälften füllen. Eine flache feuerfeste Form mit Öl bestreichen. Die Tomaten nebeneinander darin anordnen.

4 Die Tomaten im Backofen (Mitte; Gas Stufe 5) etwa 15 Min. überbacken. Als Vorspeise oder als Beilage, zum Beispiel zu gegrillten Lammkoteletts, servieren.

• Variante aus dem Roussillon: 8 Tomaten quer halbieren, Kerne herausdrücken. Je 1 Prise Salz einstreuen und die Tomaten 1 Std. lang ziehen, dann abtropfen lassen. Pfeffern. Ein paar Tropfen Öl in die Höhlung gießen. 1 Std. im Backofen bei niedrigster Einstellung trocknen lassen, jedoch nicht bräunen. Inzwischen 2–3 Scheiben altbackenens Brot in Olivenöl einweichen, ausdrücken und in die Tomaten füllen. Die Tomaten weitere 30 Min. im Backofen garen. Nach Geschmack mit gehackter Petersilie bestreuen. Sehr heiß servieren.

Ratatouille niçoise

Gemüsetopf (Comté de Nice)

Zutaten für 6 Portionen:

3 mittelgroße Auberginen
3 große Fleischtomaten
3 Zucchini
3 rote oder gelbe Paprikaschoten
100 ml Olivenöl
2 Knoblauchzehen
Bouquet garni (Lorbeerblatt, Petersilie, Thymian)
Salz, Pfeffer aus der Mühle

Zubereitungszeit: etwa 1 ½ Std.

Pro Portion: 900 kJ/210 kcal

1 Die Auberginen schälen und würfeln. Die Tomaten kochendheiß überbrühen, häuten und in Würfel schneiden. Die Zucchini waschen, putzen und in 1–2 cm dicke Scheiben schneiden. Die Paprikaschoten waschen, von Rippen und Kernen befreien und in Streifen schneiden.

2 Das Gemüse in einen dickwandigen Schmortopf geben. Das Olivenöl angießen. Salzen, pfeffern. Den Knoblauch schälen und dazupressen. Das Bouquet garni einlegen. 100 ml kaltes Wasser angießen.

3 Den Topf schließen und das Gericht bei starker Hitze zum Kochen bringen. Die Hitze reduzieren und die Ratatouille bei sehr milder Hitze in etwa 1 Std. garen.

4 Das Bouquet entfernen. Die Ratatouille heiß, lauwarm oder kalt als Vorspeise oder als Gemüsebeilage, zum Beispiel zu Lammbraten, servieren.

Aubergines farcies

Gratinierte Auberginen (Roussillon)

Zutaten für 4 Portionen:

4 mittelgroße Auberginen
100 ml Olivenöl
100 g durchwachsener Räucherspeck
2 Knoblauchzehen
1 Bund Petersilie
2–3 TL Semmelbrösel
Salz, Pfeffer aus der Mühle

Zubereitungszeit: etwa 1 Std.

Pro Portion: 1800 kJ/430 kcal

1 Die Auberginen dünn schälen und der Länge nach in etwa 1 cm dicke Scheiben schneiden. In einer Pfanne portionsweise im Olivenöl braten, auf Küchenpapier abtropfen lassen.

2 Inzwischen den Speck sehr fein würfeln oder durch den Fleischwolf drehen. Die Knoblauchzehen schälen und durch die Presse dazudrücken. Die Petersilie waschen, fein hacken und mit den Semmelbröseln dazugeben. Alles gut miteinander verkneten. Den Backofen auf 180° vorheizen.

3 Die Auberginen auf ein Backblech legen und mit der Speckmasse bedecken. Im heißen Backofen (Mitte; Gas Stufe 2) etwa 30 Min. überbacken. Heiß als Vorspeise servieren.

• Besonders fein schmecken die Auberginen, wenn Sie Tomatenpüree dazu servieren. Dafür 4 reife Tomaten kochendheiß überbrühen, häuten, vierteln, von den Kernen befreien und mit etwas Öl in einer Kasserolle garen. Durch ein Sieb streichen, salzen, pfeffern.

Anchoiade

Anchovispaste auf Landbrot (Provence)

Zutaten für 6 Portionen:

10–12 eingelegte Anchovisfilets
3 EL Olivenöl
2 Knoblauchzehen
1 Schuß Weinessig
6 dicke Scheiben Landbrot oder 12 dünne Baguettescheiben
Pfeffer aus der Mühle

Zubereitungszeit: etwa 20 Min.

Pro Portion: 870 kJ/210 kcal

1 Die Anchovisfilets kalt abbrausen, dann mit einer Gabel mit dem Öl zermusen. Die Knoblauchzehen schälen und dazupressen. Den Weinessig dazugeben. Das Ganze sparsam pfeffern und gut durchmischen. Den Backofen auf 240° vorheizen.

2 Die Paste auf die Brotscheiben streichen, dabei etwas in das Brot hineindrükken. Im Backofen (oben; Gas Stufe 6) 5 Min. überbacken. Heiß als Vorspeise servieren.

• Variante: In Draguignan bestreicht man die Brotscheiben mit einem Mus aus Anchovisfilets, Zwiebeln und gehackten Eiern. Mit ein paar Tropfen Öl beträufelt, werden die Brote im Backofen oder im Grill überbacken.

• Nach traditioneller, altprovenzalischer Art serviert man Anchoiade so: Von einem Landbrot wird ein etwa 3 cm dickes Stück abgeschnitten, das Stück je nach Anzahl der Personen in 4–6 Teile geteilt. Die Anchovisfilets werden nicht zermust, sondern mit Öl beträufelt, mit reichlich gehacktem Knoblauch bestreut und gepfeffert. Jeder bekommt 1 Filet, legt es auf sein Stück Brot, tunkt weitere, dünne Brotscheiben in das gewürzte Öl und streicht damit über das Filet, das er auf diese Weise allmählich zerdrückt und in das Brot hineinpreßt. Dieses Brot wird dann über offenem Feuer oder im Grill geröstet.

Grand Aïoli

Fisch- und Gemüseplatte mit Knoblauchpaste (Provence)

Zutaten für 8 Portionen:

Für die Platte:
600 g Stockfisch
600 g Tintenfisch
1 EL Öl
8 Möhren
500 g grüne Bohnen
8 Artischocken
8 mittelgroße Kartoffeln
8 Eier
Salz, Pfeffer aus der Mühle

Für den Aïoli:
1 eigroßes Stück Weißbrot ohne Rinde
65 ml Milch
4-8 Knoblauchzehen
1 ganz frisches Eigelb
½ l Olivenöl
etwas Zitronensaft
Salz, Pfeffer aus der Mühle

Zubereitungszeit: etwa 1 ½ Std. (+ 12 Std. Ruhezeit)

Pro Portion: 4400 kJ/1050 kcal

Der Aïoli stammt aus Marseille. Seit vielen Generationen versammeln sich dort Freunde und Verwandte um die große Fisch- und Gemüseplatte und schwelgen in fröhlicher Geselligkeit. Aïoli heißt nur die würzige Knoblauchpaste, die übrigen Bestandteile des Gerichts sind ganz dem Gusto der Hausfrau überlassen. Sie kann die Zahl der Zutaten erweitern oder reduzieren, je nach Jahreszeit und Geldbeutel, zu den hier vorgeschlagenen Bestandteilen Schnecken, Blumenkohl, gekochte Kichererbsen sowie andere gekochte Fisch- und Gemüsesorten hinzufügen oder sich im kleinen Kreis auf Stockfisch und Kartoffeln beschränken. Aïoli wird im Sommer zu Mittag gegessen, am liebsten im Freien. Er war in alten Zeiten das traditionelle Aschermittwochsgericht, aber auch eine beliebte Fastenspeise am Freitag.

• Tip: Sollte der Aïoli trotz aller Kochkünste einmal nicht richtig cremig werden, fügen Sie weitere 2–3 zerquetschte Knoblauchzehen, 1 Ei und noch eine winzige Menge Öl hinzu.

1 Den Stockfisch mindestens 12 Std. zum Entsalzen in kaltes Wasser legen. Das Wasser mehrmals erneuern.

2 Am nächsten Tag die Tintenfische, wenn notwendig, säubern. Kleine Tintenfische ganz lassen, große in Ringe schneiden. Das Öl in einer Pfanne erhitzen und die Tintenfische darin bei milder Hitze in etwa 20 Min. zugedeckt garen.

3 Die Möhren putzen. Die Bohnen waschen und die Fäden abziehen. Die Blätter der Artischocken mit einer Schere kürzen. Die Gemüse getrennt in Salzwasser garen. Die Kartoffeln in der Schale garen. Die Eier hart kochen.

4 Den Stockfisch in einen Topf geben und mit kaltem Wasser bedecken. Das Wasser zum Kochen bringen. Sobald die ersten Bläschen aufsteigen, den Topf vom Herd nehmen, sonst wird der Fisch hart.

5 Inzwischen den Aïoli bereiten: Das Weißbrot in der Milch einweichen, gut ausdrükken und in eine Schüssel geben. Die geschälten Knoblauchzehen durch die Presse dazudrücken. Das Eigelb hinzufügen. Alles zu einer homogenen Masse verarbeiten.

6 Das Öl in dünnem Strahl dazugießen. Dabei ständig rühren, bis eine mayonnaiseartige Paste entsteht. Mit ein paar Tropfen Zitronensaft, Salz und reichlich Pfeffer abschmecken.

7 Die Gemüse aus dem Wasser heben, abtropfen lassen, auf vorgewärmten Platten anrichten. Die Tintenfische kurz auf Küchenpapier ausbreiten. Mit dem Stockfisch anrichten.

8 Die Kartoffeln und die Eier abschrecken, schälen und auf weiteren Platten anordnen. Alle Fisch- und Gemüsezutaten sehr heiß mit dem kalten Aïoli servieren.

Bouillabaisse

Fischsuppe Mittelmeer (Provence)

Zutaten für 4–6 Portionen:

Für die Suppe:
1 kg Mittelmeerfische, frisch oder tiefgefroren
1 Zwiebel
4 mittelgroße Kartoffeln (festkochende Sorte)
4 Fleischtomaten
1 Bund Petersilie
4 EL Olivenöl
4 Lorbeerblätter
4 Päckchen Safran (à 0,1 g)
4 Knoblauchzehen
8 dünne Scheiben Baguette
Salz, Pfeffer aus der Mühle

Für die Rouille:
1 Scheibe altbackenes Weißbrot ohne Rinde
1 Knoblauchzehe
1 rote Pfefferschote, getrocknet
200 ml Olivenöl, kaltgepreßt

Zubereitungszeit: etwa 1 ½ Std.

Bei 6 Portionen pro Portion: 2600 kJ/620 kcal

Der Name dieser berühmten Fischsuppe stammt vom provenzalischen Boui-abaisso, was soviel bedeutet wie »Wenn's kocht, reduziere die Hitze«. Tatsächlich wird die Suppe bei sehr starker Hitze zum Kochen gebracht und bei milder Hitze zu Ende gegart. Die Bouillabaisse war ursprünglich gar keine Spezialität, sondern eine Methode der Fischer, nach dem Fang Fische schnell zuzubereiten. *Das* Rezept für Bouillabaisse gibt es nicht. Jede Familie, jeder Fischer bereitet sie auf eigene Art zu.

Die Bouillabaisse ist ein rustikales Gericht. Es hat immer wieder Versuche gegeben, sie »fein« zu machen – oft auf Kosten ihrer Originalität. Es gehört weder Weißwein in die Suppe noch Seeigelcreme zum Binden, ein Fischsud aus kleinen Fischen ist ebenso überflüssig wie die Languste als »Krönung«.

Die Fische für eine gute Bouillabaisse sind: Drachenkopf, Seebarsch, Meeraal, Lotte (Seeteufel), Knurrhahn, Petersfisch, Wittling, Rote Meerbarbe und Brassen. Je mehr Gäste an der Mahlzeit teilnehmen, desto breiter kann die Auswahl an Fischen sein. Unentbehrliche Zutaten sind Tomaten und Olivenöl, alle anderen bleiben dem Einfallsreichtum des Kochs überlassen. Das folgende Rezept wird mit Kartoffeln zubereitet, wie es zum Beispiel in Martigues üblich ist.

1 Die Fische, wenn notwendig, bei Raumtemperatur auftauen lassen. Die aufgetauten Fische kalt abbrausen, gegebenenfalls schuppen und ausnehmen. Die Köpfe und Schwänze abschneiden, die Flossen mit den daran hängenden Gräten entfernen. Große Fische in Portionsstücke teilen.

2 Die Zwiebel schälen und kleinschneiden. Die Kartoffeln schälen und auf dem Gemüsehobel sehr fein hobeln. Die Tomaten kochendheiß überbrühen, häuten und vierteln. Die Kerne herausdrücken, das Fruchtfleisch fein würfeln. Die Petersilie waschen und trockentupfen, ganz lassen.

3 Das Öl in einem großen Topf erhitzen, die Zwiebel darin glasig braten. Kartoffelscheiben dazugeben und kurz mitbraten. Tomaten, Petersilie, Lorbeer und Safran dazugeben. Salzen und pfeffern. Den Knoblauch schälen und dazupressen. Die Hitze reduzieren und alles etwa 5 Min. köcheln lassen.

4 Inzwischen 1 l Wasser zum Kochen bringen. Die Fische in den Schmortopf legen, kurz mitköcheln lassen, dann das kochende Wasser dazugießen. Die Hitze wieder erhöhen und die Suppe 15–20 Min. kochen.

5 Inzwischen die Rouille zubereiten: Das Brot in warmem Wasser einweichen. Den Knoblauch schälen und im Mörser zusammen mit der Pfefferschote zerdrücken. Das Brot ausdrücken und mit der Knoblauchmasse verarbeiten. Das Öl in dünnem Strahl dazugießen und unter die Masse mischen.

6 Die Baguettescheiben in einer Pfanne ohne Fett rösten oder toasten. In eine vorgewärmte Suppenterrine legen.

7 Die Fische mit einem Schaumlöffel vorsichtig aus dem Sud heben und auf einer Platte anrichten. Das Gemüse ringsherum anordnen. Den Fischsud über die Brotscheiben in der Terrine gießen.

8 Vor jeden Gast einen Suppenteller und einen flachen Teller zum Entgräten der Fische stellen. Das Fischfleisch in den tiefen Teller legen, das Gemüse dazugeben und mit Sud auffüllen. Die Brotscheiben obenauf anrichten. Die Rouille dazu reichen.

Sardines gratinées

Sardinen aus dem Ofen (Provence)

Zutaten für 4 Portionen:

1 kg frische Sardinen
2 unbehandelte Zitronen
3 EL Olivenöl
½ Bund frischer Thymian
100 ml trockener Weißwein
1 Bund Petersilie
2 EL Semmelbrösel
Salz, Pfeffer aus der Mühle

Zubereitungszeit: etwa 45 Min.

Pro Portion: 1500 kJ/360 kcal

1 Die Sardinen kalt abbrausen, wenn notwendig, schuppen und ausnehmen. Die Köpfe abschneiden. ½ Zitrone auspressen, die übrigen in feine Scheiben schneiden. Den Zitronensaft auf die Fische träufeln. Den Backofen auf 230° vorheizen.

2 Eine flache feuerfeste Form dünn mit Öl bepinseln. Den Thymian waschen und trockentupfen. Zusammen mit den Zitronenscheiben in der Form anordnen. Die Sardinen obenauf legen. Salzen, reichlich pfeffern. Den Wein und das restliche Öl angießen.

3 Die Petersilie waschen und fein hacken. Mit den Semmelbröseln mischen. Die Mischung auf die Fische streuen.

4 Im vorgeheizten Backofen (Mitte; Gas Stufe 4 ½) in etwa 10 Min. garen. Dabei einbis zweimal mit der Flüssigkeit in der Form begießen. Sehr heiß servieren.

• Weinempfehlung: ein provenzalischer Rosé, zum Beispiel ein Côtes-de-Provence oder besser noch ein Bellet oder Bandol.

Loup au fenouil

Wolfsbarsch mit Fenchel (Comté de Nice)

Zutaten für 4 Portionen:

2 Wolfsbarsche (je etwa 500 g)
50 ml Olivenöl + Öl für die Form
2–3 EL Fenchelsamen
60 g Butter
1 unbehandelte Zitrone
Salz, Pfeffer aus der Mühle

Zubereitungszeit: etwa 1 Std.

Pro Portion: 1600 kJ/380 kcal

1 Den Fisch kalt abbrausen, wenn notwendig schuppen, und ausnehmen. Die Flossen mit einer Schere abschneiden. Den Fisch mit Küchenpapier abtrocknen. Die Haut auf beiden Seiten zwei- bis dreimal kreuzweise einritzen. Den Fisch innen und außen salzen und pfeffern. Den Fisch mit etwas Öl bepinseln. Die Hälfte der Fenchelsamen in einen Teller geben. Den Fisch darin wälzen, dann in eine gefettete, feuerfeste Form legen. Den Backofen auf 220° vorheizen.

2 Den Fisch im vorgeheizten Backofen (Mitte; Gas Stufe 4) etwa 35 Min. garen. Dabei einmal vorsichtig umwenden. Dann mit 10 g zerlassener Butter beträufeln, die Temperatur auf höchste Stufe schalten und den Fisch noch etwa 5 Min. garen.

3 Inzwischen den Rest der Fenchelsamen in einem Mörser zerstoßen. Mit der übrigen Butter verkneten. Salzen, pfeffern. Die gewürzte Butter zu einer Rolle formen und in Pergamentpapier wickeln. Im Kühlschrank fest werden lassen. Die Zitrone in Schnitze schneiden.

4 Den Fisch auf einer Platte anrichten. Mit den Zitronenschnitzen garnieren. Die gewürzte Butter in Scheiben schneiden und rings um den Fisch legen.

Brandade de morue

Stockfischmus (Languedoc)

• Loup de mer, bei uns Seebarsch oder Wolfsbarsch genannt, ist ein äußerst schmackhafter Fisch, der sowohl im Ostatlantik als auch in der Nordsee und der Ostsee sowie im Mittelmeer gefangen wird. Der Fisch ist am Atlantik unter dem Namen Bar im Handel. Bei uns ist der Wolfsbarsch nicht leicht zu bekommen und nicht billig. Die gleiche Zubereitungsart eignet sich auch für Dorade (Goldbrasse) oder Rotbrasse.

• Der Wolfsbarsch mit Fenchel schmeckt auch gegrillt sehr gut. Ein Gericht für laue Sommerabende im Garten. Urlaubsstimmung kommt auf, wenn sich die Düfte von Holzkohle, Fisch und würzigen Kräutern mischen.

• Weinempfehlung: ein Weißwein von den südlichen Côtes du Rhone, zum Beispiel ein weißer Châteauneuf-du-Pape.

Zutaten für 6–8 Portionen:

1 kg Stockfisch
600 ml Olivenöl
100 ml Milch oder Sahne
weißer Pfeffer aus der Mühle
eventuell etwas Salz
etwa 12 Baguettescheiben

Zubereitungszeit: etwa 40 Min. (+ 12 Std. Ruhezeit)

Bei 8 Portionen pro Portion: 4870 kJ/1125 kcal

1 Den Stockfisch in mittelgroße Stücke teilen und mindestens 12 Std. zum Entsalzen in kaltes Wasser legen. Das Wasser mehrmals erneuern.

2 Am nächsten Tag den Fisch in einen Topf geben. So viel kaltes Wasser angießen, daß der Fisch bedeckt ist. Das Wasser zum Sieden bringen. Sowie die ersten Bläschen aufsteigen, den Topf vom Herd nehmen, sonst wird der Fisch hart. Den Fisch nach 10 Min. aus dem Wasser nehmen und abtropfen lassen. Die Gräten sorgfältig entfernen, die Haut daran lassen, sie macht die Paste geschmackvoller. Den Fisch in sehr kleine Stückchen zupfen.

3 Das Öl in einem feuerfesten Porzellangefäß leicht erwärmen, jedoch nicht erhitzen. Die Milch oder die Sahne ebenfalls leicht erwärmen. Die Fischstückchen in einen weiteren Topf geben. 100 ml lauwarmes Öl angießen.

4 Bei sehr schwacher Hitze, oder besser noch im Wasserbad, den Fisch mit einem Holzlöffel zermusen. Wenn die Masse homogen ist, abwechselnd lauwarme Milch und Öl angießen. Dabei ständig weiterrühren, bis eine geschmeidige Masse entstanden ist. Darauf achten, daß die Paste niemals kocht. Mit weißem Pfeffer und wenig Salz abschmecken.

5 Die Brotscheiben in einer trockenen Pfanne rösten oder toasten und dazu reichen.

• Tip: Wenn die Creme nicht sofort serviert wird, den Topf im Wasserbad warm halten und etwas Milch oder Sahne darauf gießen, damit die Creme nicht braun wird.

• Eine gekochte, zermuste Kartoffel kann die Konsistenz verbessern.

• In Nîmes hält man es für eine Sünde, die Brandade mit Knoblauch zu würzen. In anderen Städten der Provence gibt man jedoch gern 1–2 Knoblauchzehen hinein oder serviert mit Knoblauch eingeriebene Brotscheiben dazu.

• Ein paar Trüffelscheibchen in der Brandade verfeinern den Geschmack, sind aber nicht obligatorisch.

Terrine de poissons aux herbes

Fischterrine mit Kräutern (Provence)

Zutaten für 6 Portionen:

250 g Lachsfilet
250 g Merlanfilet (ersatzweise Schellfisch)
1 Schalotte
100 ml trockener Weißwein
1 Lorbeerblatt
3 Eiweiß
300 g + 1 EL Crème fraîche
250 g Spinat
1 EL Butter
250 g Weißbrot vom Vortag ohne Rinde
3 Eier
1 kleiner Bund Schnittlauch
3–4 Stengel Estragon
1 kleines Bund Petersilie
einige Stengel Fenchelkraut
Salz, Pfeffer aus der Mühle

Zubereitungszeit: etwa 2 ½ Std.

Pro Portion: 2200 kJ/520 kcal

1 Die Fischfilets kalt abbrausen, abtupfen. Die Schalotte schälen und vierteln. Zusammen mit dem Wein in einen Topf geben. Das Lorbeerblatt einlegen. Salzen, pfeffern. Die Fische in den Topf legen. So viel heißes Wasser angießen, daß die Fische nicht ganz davon bedeckt sind.

2 Die Fische im leicht siedenden Sud bei mittlerer Hitze etwa 5 Min. zugedeckt garen. Mit einem Schaumlöffel herausheben und getrennt aufbewahren.

3 Nacheinander den Lachs und die Merlanfilets im Blitzhacker pürieren. Zu jedem Püree 1 Eiweiß hinzufügen, salzen, pfeffern und gut durchmischen. Dann jeweils 100 g Crème fraîche darunterziehen. Die Pürees kühl stellen.

4 Den Spinat waschen, verlesen, von den Stengeln befreien. Tropfnaß in einem Topf geben, zusammenfallen lassen. In einem Sieb gut abtropfen lassen, ausdrücken. Dann mit 1 Eiweiß pürieren und 100 g Crème fraîche untermischen, salzen und pfeffern.

5 Das Brot in eine Schüssel bröckeln. Mit den Eiern mischen. Die Kräuter kalt abbrausen, trockentupfen. Die Stiele von Estragon und Petersilie entfernen. Die Kräuter fein hacken und mit dem Brotteig verkneten. 1 EL Crème fraîche dazugeben. Alles gut mischen.

6 Die Fenchelstengel waschen und auf den Boden einer Terrinenform legen. Je die Hälfte vom Merlanpüree, vom Spinat, vom Lachspüree und von der Brotmasse darauf verteilen. Mit dem Rest ebenso verfahren. Den Backofen auf 180° vorheizen.

7 Die Terrine zugedeckt im Wasserbad in den Backofen stellen (unten; Gas Stufe 3) und in etwa 1 1/2 Std. garen. Die Terrine stürzen und warm oder kalt als Vorspeise servieren.

Cassoulet de Castelnaudry

Bohneneintopf mit Fleisch (Languedoc)

Zutaten für 6–8 Portionen:

500 g getrocknete weiße Bohnenkerne
3–4 mittelgroße Zwiebeln
5–6 Gewürznelken
100 g frische Speckschwarte (ersatzweise geräucherte)
6 Knoblauchzehen
Bouquet garni (Petersilie, Thymian, Lorbeerblatt)
250 g Knoblauchwurst
350 g Schweinerücken, ausgelöst
350 g Hammelschulter, ausgelöst
100 g durchwachsener Räucherspeck
4 EL Gänseschmalz
1 Lorbeerblatt
3 Fleischtomaten
2–3 EL Semmelbrösel
Salz, Pfeffer aus der Mühle

Zubereitungszeit: etwa 5 Std. (+ 12 Std. Quellzeit)

Bei 8 Portionen pro Portion: 3450 kJ/825 kcal

1 Die Bohnenkerne über Nacht in kaltem Wasser einweichen.

2 Am nächsten Tag 1 Zwiebel schälen und mit den Gewürznelken spicken. Die Speckschwarte kurz in kochendem Wasser blanchieren. 3 Knoblauchzehen schälen.

3 Die Bohnen zusammen mit dem Einweichwasser in einen Topf schütten, salzen. Die gespickte Zwiebel, die Speckschwarte, das Bouquet garni und 3 Knoblauchzehen im ganzen dazugeben. Den Topf zudecken und das Ganze etwa 1 Std. bei milder Hitze kochen lassen. Die Wurst einlegen und das Ganze weitere 30 Min. kochen. Abgießen, den Kochsud aufbewahren.

4 Schweine- und Hammelfleisch sowie den Speck würfeln. Die restlichen Zwiebeln kleinschneiden.

5 In einem zweiten Topf die Hälfte des Gänseschmalzes zerlassen. Das Fleisch und den Speck darin kräftig anbraten, dann die Zwiebelwürfel dazugeben. Die restlichen 3 Knoblauchzehen schälen und dazupressen. Salzen, pfeffern. Das Lorbeerblatt und den Kochsud der Bohnen dazugeben.

6 Die Tomaten häuten und vierteln. Kerne herausdrükken, das Fruchtfleisch würfeln und an das Ragout geben. Alles zugedeckt bei sehr milder Hitze etwa 2 Std. köcheln lassen.

7 Den Backofen auf 220° vorheizen. Eine große Auflaufform mit Speckschwarte auslegen. Die Hälfte der Bohnen, dann das Fleisch darauf verteilen. Die Wurst in Scheiben schneiden, mit den restlichen Bohnen mischen und auf das Fleisch geben. Die Semmelbrösel obenauf streuen. Das restliche Gänseschmalz zerlassen und über die Brösel träufeln.

8 Im heißen Backofen (Mitte; Gas Stufe 4) etwa 1 1/2 Std. überbacken. Dabei die Kruste öfter durchbrechen, damit der Saft austritt.

• Wie viele Gerichte mit langer Tradition gibt es auch Cassoulet in unendlich zahlreichen Varianten. Hier sind einige:
Statt der Hammelschulter Schweinshaxe verwenden.
In Toulouse gibt man Gänse- oder Entenconfit dazu.
In Carcassonne gibt man mitunter Rebhuhn in den Cassoulet.

• Der Name Cassoulet stammt von Cassolle d'Issel, das heißt Keramikgefäß aus Issel, einem Nachbardorf von Castelnaudry, der wahren Heimat dieses Gerichts.

• Weinempfehlung: ein kräftiger Rotwein aus dem Languedoc.

Veau aux fines herbes

Kalbfleisch mit Basilikumsauce (Provence)

Zutaten für 6 Portionen:

1 kg Kalbsschulter
400 ml Hühnerbrühe
2 Zweige Thymian
1 Lorbeerblatt
2 Bund Frühlingszwiebeln
2 Knoblauchzehen
1 Bund Basilikum
900 g Joghurt
2–3 EL Zitronensaft
1 TL Olivenöl
Salz, Pfeffer aus der Mühle

Zubereitungszeit. etwa 2 ½ Std.

Pro Portion: 770 kJ/180 kcal

1 Die Kalbsschulter kalt abbrausen, trockentupfen und in Würfel von etwa 3 cm Kantenlänge schneiden. Salzen, pfeffern.

2 Die Hühnerbrühe in einen schweren Schmortopf geben. Den Thymian kurz kalt waschen und ebenso wie das Lorbeerblatt dazugeben. Das Fleisch in den Topf geben und zum Kochen bringen. Den Dekkel aufsetzen und etwa 1 Std. bei milder Hitze köcheln lassen.

3 Die Frühlingszwiebeln putzen. Das Grün aufbewahren. Nach 1 Std. Garzeit die Zwiebeln in den Topf geben. Das Gericht in 1 weiteren Std. fertig garen.

4 Inzwischen für die Sauce den Knoblauch schälen und das Basilikum waschen. Beides mit dem Blitzhacker zerkleinern. Das Grün der Frühlingszwiebeln in feine Röllchen schneiden. Den Joghurt in eine Schüssel geben. Den Knoblauch, das Basilikum und das Zwiebelgrün dazugeben. Den Zitronensaft und das Öl einrühren. Mit Salz und Pfeffer abschmecken. Die Sauce kurz mit dem elektrischen Handrührgerät durchmischen und zum heißen Kalbfleisch und den gegarten Frühlingszwiebeln servieren.

Stufatu

Lamm- und Kalbfleischtopf (Korsika)

Zutaten für 6 Portionen:

600 g Lammschulter ohne Knochen
600 g Kalbsschulter ohne Knochen
75 g frischer fetter Speck
1 Zwiebel
6 reife Tomaten
1 kleine Knoblauchknolle
1 Bund Thymian
3–4 Lorbeerblätter
1 Prise getrocknete Herbes de Provence
200 ml trockener Rotwein
500 g Makkaroni
125 g korsischer Schafkäse
Salz, Pfeffer aus der Mühle

Zubereitungszeit. etwa 1 ½ Std.

Pro Portion: 4100 kJ/980 kcal

1 Das Fleisch grob würfeln. Den Speck fein würfeln. Die Zwiebel schälen und fein hakken. Die Tomaten kochendheiß überbrühen, häuten, die Kerne herausdrücken.

2 Den Speck in einem großen Topf etwas ausbraten. Die Zwiebel kurz mitbraten. Das Fleisch dazugeben und Farbe annehmen lassen. Tomaten hinzufügen. Knoblauch schälen und dazupressen. Den Thymian waschen, die Blättchen abstreifen, mit dem Lorbeer und den getrockneten Kräutern zum Fleisch geben. Salzen, pfeffern. Den Wein angießen. Alles zugedeckt bei mittlerer Hitze etwa 30 Min. schmoren.

3 Reichlich Salzwasser aufkochen. Die Makkaroni darin nicht ganz weich kochen. Den Backofen auf 200° vorheizen. Den Käse reiben.

4 Das Fleischragout, die Makkaroni und den Käse abwechselnd in eine feuerfeste Form schichten. Im vorgeheizten Backofen (Gas Stufe 3) zugedeckt in etwa 30 Min. fertig garen. In der Form servieren.

Poulet aux olives

Hähnchen mit Oliven (Korsika)

Zutaten für 4 Portionen:

1 Brathähnchen (etwa 1,2 kg)
125 g durchwachsener Räucherspeck
125 g Champignons
250 g große grüne Oliven
500 g kleine Kartoffeln
4 Fleischtomaten
2 cl Cognac
Salz, Pfeffer aus der Mühle

Zubereitungszeit: etwa 1 3/4 Std.

Pro Portion: 2400 kJ/570 kcal

1 Das Hähnchen waschen und dressieren. Das heißt Schenkel und Flügel mit Küchengarn am Körper festbinden. Den Speck fein würfeln. Die Champignons putzen, nicht waschen. Kleine Pilze ganz lassen, große halbieren oder vierteln. Die Oliven, wenn notwendig, entsteinen. Die Kartoffeln schälen, waschen und ganz lassen. Die Tomaten kochendheiß überbrühen, häuten, vierteln und die Kerne herausdrücken. Das Fruchtfleisch kleinschneiden.

2 Die Speckwürfel mit den Kartoffeln in einen erhitzten Schmortopf geben und kurz anbraten. Die Pilze, die Oliven und die Tomatenwürfel dazugeben und anschmoren. Zum Schluß das Hähnchen in den Topf geben und ringsherum anbraten. Den Cognac dazugeben. Salzen, pfeffern.

3 Den Topf zudecken und das Gericht bei milder Hitze etwa 1 Std. garen. Das Hähnchen in Portionsstücke schneiden und mit dem Gemüse sehr heiß servieren. Helles Landbrot dazu reichen.

• Weinempfehlung: ein kräftiger korsischer Rot- oder Roséwein.

Canard à la provençale

Würziger Ententopf (Provence)

Zutaten für 4 Portionen:

250 g grüne Oliven
1 Zwiebel
3 Tomaten
1 bratfertige Ente (etwa 2 kg)
2 EL Olivenöl
1 TL Mehl
100 ml trockener Weißwein
Bouquet garni (Thymian, Lorbeerblatt, Petersilie)
4 Knoblauchzehen
Salz, Pfeffer aus der Mühle

Zubereitungszeit: etwa 1 3/4 Std.

Pro Portion: 2900 kJ/690 kcal

1 Die Oliven blanchieren und abtropfen lassen. Die Zwiebel schälen und fein hacken. Die Tomaten kochendheiß überbrühen, häuten, die Kerne herausdrücken, das Fruchtfleisch würfeln.

2 Die Ente innen und außen gründlich waschen und in 8 Portionsstücke teilen.

3 Das Öl in einem Schmortopf erhitzen. Die Ententeile bei starker Hitze darin goldgelb anbraten. Das ausgebratene Fett eventuell abgießen. Die Hitze reduzieren. Tomaten und Zwiebel dazugeben und kurz andünsten, das Mehl anstäuben, salzen, pfeffern. Den Wein und 100 ml Wasser angießen. Das Bouquet einlegen. Den Knoblauch schälen und dazupressen. Die Oliven entsteinen und in den Topf geben. Das Gericht zugedeckt bei milder Hitze etwa 1 Std. schmoren. Mit Nudeln servieren.

• Tip: Wenn Ihnen der Olivengeschmack zu intensiv ist, oder die Oliven sehr salzig sind, können Sie die entsteinten Oliven vorher in kochendem Wasser länger blanchieren. Sie sind dann milder.

• Weinempfehlung: ein frischer provenzalischer Rotwein.

Dinde de Noël

Weihnachtspute (Provence)

Zutaten für 6 Portionen:

1 junge Pute mit Leber (etwa 2 kg)
2 EL Cognac
20 Eßkastanien
500 g Kalbsbrät
1 dünne Scheibe frischer fetter Speck
100 ml Olivenöl
Salz, Pfeffer aus der Mühle

Zubereitungszeit: etwa 2 Std. (+ 12 Std. Marinierzeit)

Pro Portion: 3500 kJ/830 kcal

1 Am Vorabend die Putenleber in Cognac einlegen.

2 Am nächsten Tag die Pute gründlich kalt waschen, abtrocknen. Innen salzen und pfeffern.

3 Die Schalen der Eßkastanien oben und unten kreuzweise einritzen. In einem Topf Wasser aufkochen und die Kastanien etwa 10 Min. darin sieden lassen. Die Kastanien kalt abschrecken, die Schalen und die darunter liegende braune Haut entfernen.

4 Die Brätmasse mit der Hälfte der Kastanien mischen. Die Leber aus dem Cognac nehmen und sehr fein hacken. Ebenfalls unter die Farce mischen. Den Backofen auf 180° vorheizen.

5 Die Pute mit der Mischung füllen. Die Bauchöffnung mit Küchengarn zunähen. Flügel und Keulen mit Küchengarn am Körper festbinden. Die Speckscheibe auf die Brust legen und ebenfalls befestigen. Die Pute mit der Brust nach unten in einen Bräter legen und mit dem Öl übergießen. Die Pute im vorgeheizten Backofen (unten; Gas Stufe 2) etwa 40 Min. braten. Wenn sie zu bräunen beginnt, mit Bratfond beschöpfen. Eventuell etwas Wasser oder trockenen Weißwein angießen. Während der Bratzeit die Pute alle 10 Min. begießen. Nach 40 Min. das Geflügel umdrehen und weitere 30 Min. braten. Die Hitze um 40° (2 Stufen) erhöhen.

6 Die restlichen Kastanien in die Reine geben. Die Pute salzen und pfeffern und in etwa 10 Min. fertiggaren.

7 Die Pute auf einer Platte anrichten, die Kastanien ringsherum anordnen. Die Platte warm stellen. Den Bratfond entfetten und durch ein Sieb gießen. In eine Saucenschüssel geben.

• Variante für die Füllung:
1 feingehackte Zwiebel in etwas Öl glasig braten. 1 Scheibe Schinken kleinschneiden. Die Brätmasse und den Schinken zu den Zwiebelwürfeln geben. Mit 50 ml trockenem Weißwein ablöschen. Salzen, reichlich pfeffern. Alles etwa 10 Min. schmoren lassen. Die Eßkastanien dazugeben und die Pute mit dieser Mischung füllen.

• Variante für die Beilage:
Den Bratfond der Pute in eine Kasserolle geben. Etwa 10 geputzte Frühlingszwiebeln und 50 g Speckwürfel dazugeben. Erhitzen, bis sie Farbe annehmen. Die restlichen Eßkastanien im Ganzen hinzufügen. Mit sehr wenig Mehl binden. Noch einmal abschmecken und eventuell nachwürzen.

• Es schadet der Pute keinesfalls, wenn Sie vor dem Braten die Haut mit einem Messer einritzen und einige Trüffelscheibchen darunter schieben.

• Die Weihnachtspute gibt es in der Provence zum traditionellen Mittagessen am 25. Dezember.

• Weinempfehlung: ein roter oder ein weißer Châteauneuf-du-Pape.

Cabri en ragoût

Gefüllte Zickleinschulter (Korsika)

Zutaten für 8 Portionen:

1,5 kg Zickleinschulter ohne Knochen (ersatzweise Lammschulter)
200 g Schweinefilet
200 g Kalbsfilet
200 g Schweineleber
400 g Spinat
5 EL Öl
1 Eigelb
Salz, Pfeffer aus der Mühle

Zubereitungszeit: etwa 1 ½ Std.

Pro Portion: 3750 kJ/900 kcal

1 Die Zickleinschulter kalt abbrausen. Das Schweinefleisch, das Kalbfleisch und die Leber durch den Fleischwolf drehen oder fein hacken.

2 Den Spinat verlesen, gründlich waschen und abtropfen lassen. Dann mit 1 El Öl in einem dickwandigen Topf zusammenfallen lassen. Danach gut ausdrücken und sehr fein hacken oder durch den Fleischwolf drehen. In einer Schüssel mit dem Rest der Füllung mischen. Das Eigelb dazugeben und darunterrühren. Salzen, pfeffern.

3 Die Zickleinschulter auf der Arbeitsfläche ausbreiten und die Füllung darauf streichen. Das Fleisch zusammenklappen. Mit Küchengarn zusammennähen, damit die Füllung nicht austreten kann. Den Backofen auf 250° vorheizen.

4 Eine Bratreine mit dem restlichen Öl bestreichen. Das Fleisch hineingeben und im Backofen (Mitte; Gas Stufe 5) etwa 30 Min. garen. Ab und zu mit etwas Wasser begießen.

5 Das Fleisch aus der Reine nehmen. Das Küchengarn entfernen. Sehr heiß servieren.

• Weinempfehlung: Ein fruchtiger, nicht zu schwerer korsischer Rotwein oder auch ein Rosé passen gut dazu.

Coulis de tomates – die feine Würze aus reifen Tomaten
Coulis de tomates wird in der korsischen Küche häufig verwendet. Schon seit alter Zeit konserviert man auf diese Weise im Herbst die überreifen Tomaten und gewinnt damit ein vielseitiges Würzmittel. Unerläßlich für die Zubereitung nach traditioneller Art ist ein Holzgefäß mit einer Öffnung im unteren Teil der Seitenwand, die mit einem Korken oder einem Spund verstopft wird. Die gehäuteten und kleingeschnittenen Tomaten gären in diesem Gefäß, wobei sie sehr sauren Saft absondern. Diesen Saft läßt man nach ein paar Tagen durch das Spundloch ab. Die festen Bestandteile gibt man in einen Leinenbeutel und läßt sie abtropfen. Das entstehende Püree wird gesalzen und auf einem Holzbrett in der Sonne ausgebreitet und getrocknet. Nach ein paar Tagen gibt man es in ein Keramik-

oder Glasgefäß, bedeckt es mit Öl und verwendet es über den ganzen Winter bis in den Sommer hinein zum Würzen. Ab und zu muß etwas Öl nachgegossen werden, damit die Masse immer davon bedeckt ist und auf diese Weise haltbar bleibt.
Etwas einfacher läßt sich die folgende Variante zubereiten: 1 kg Tomaten waschen und vierteln, die Haut abziehen. 3 Zwiebeln schälen und hakken. Mit 6 EL Öl in einem Topf anbraten. 1 Messerspitze Zukker dazugeben. Die Zwiebeln bräunen lassen. Die Tomaten dazugeben, mit Salz und 4 Knoblauchzehen würzen. 10 Min. kochen lassen, häufig umrühren. Die Hitze reduzieren und alles weitere 10 Min. garen. Mit Pfeffer abschmecken. 1 EL gehacktes Basilikum einrühren. Zum Würzen von Suppen und Saucen verwenden.

Sanglier en marinade

Wildschwein in Rotweinmarinade (Korsika)

Zutaten für 4–6 Portionen:

1 kg Wildschweinfleisch ohne Knochen
1 Zwiebel
1 l trockener Rotwein (am besten korsischer)
Bouquet garni (Thymian, Petersilie, Lorbeerblatt)
2 EL Schweineschmalz oder Öl
3 Knoblauchzehen
2 EL Tomatencoulis (siehe links; ersatzweise Tomatenmark)
1 EL Mehl
Salz, Pfeffer aus der Mühle

Zubereitungszeit: etwa 1 ½ Std. (+ 3 Tage Marinierzeit)

Bei 6 Portionen pro Portion: 1400 kJ/330 kcal

1 Das Schweinefleisch in Würfel von etwa 2 cm Kantenlänge schneiden. Die Zwiebel schälen und in dünne Scheiben schneiden. Die Fleischwürfel in eine Keramikoder Glasschüssel legen. Die Zwiebelringe obenauf verteilen. Den Wein angießen. Pfeffern. Das Bouquet einlegen. Die Schüssel zudecken und das Fleisch an einem kühlen Platz etwa 3 Tage marinieren.

2 Die Fleischwürfel mit einem Schaumlöffel aus der Marinade heben, abtropfen lassen, abtupfen. Die Marinade durch ein Sieb gießen. Alle Zutaten aufbewahren.

3 Das Schmalz oder das Öl in einem Schmortopf erhitzen. Das Fleisch darin portionsweise anbraten. Wenn das Fleisch gebraten ist, wieder in den Topf geben. Die Zwiebeln dazugeben, kurz anschmoren. Den Knoblauch schälen und dazupressen. Den Coulis oder das Tomatenmark dazugeben, das Mehl anstäuben. Alles noch einmal unter Umwenden etwa 5 Min. schmoren lassen. Die Marinade vom Fleisch angießen. Das Bouquet einlegen. Eventuell etwas Wasser dazugeben, das Fleisch soll von Flüssigkeit bedeckt sein. Salzen.

4 Den Topf zudecken und das Fleisch in etwa 1 Std. bei milder Hitze weich schmoren. Die Sauce abschmecken, wenn notwendig nachwürzen, und servieren.

• Korsische Wildschweine sind meist Kreuzungen aus wild lebenden Hausschweinen und Wildschweinen, wie wir sie kennen. Ihr Fleisch ist etwas heller und schmeckt milder. Bei uns wird Wildschweinfleisch nur in der kalten Jahreszeit angeboten.

• Weinempfehlung: ein dunkler korsischer Rotwein, zum Beispiel aus Patrimonio oder Ajaccio.

Cuissot de marcassin

Frischlingskeule (Provence)

Zutaten für 6 Portionen:

1 Frischlingskeule (junges Wildschwein; etwa 2 kg)
150 g durchwachsener Räucherspeck
Salz, Pfeffer aus der Mühle

Für die Marinade:
4 Möhren
2 Zwiebeln
2 Schalotten
2 Knoblauchzehen
1 Stange Sellerie
100 ml Öl
1 l trockener Rotwein
50 ml guter Weinessig
1 Bund Petersilie
Bouquet garni (Thymian, Lorbeerblatt, Salbei, Basilikum)
Vier-Gewürze-Mischung (3 Teile Pfeffer, 1 Teil geriebene Muskatnuß, Nelkenpulver und Ingwer zu gleichen Teilen)
1 getrocknete Pfefferschote
1 TL Zucker
Salz
einige Pfefferkörner

Für die Sauce:
50 g Butter
1 EL Mehl
2 EL Fleischglace

Zubereitungszeit: etwa 1 ¾ Std. (+ 2 Tage Marinierzeit)

Pro Portion: 3000 kJ/710 kcal

1 Die Frischlingskeule von Sehnen und Häutchen befreien, kalt waschen. Den Speck in Streifchen schneiden und die Keule mit Hilfe eines spitzen Messers damit spicken. Salzen, pfeffern.

2 Für die Marinade die Möhren putzen, waschen und würfeln. Die Zwiebeln, die Schalotten und die Knoblauchzehen schälen und fein hacken. Den Sellerie waschen und in Scheibchen schneiden.

3 Das Öl in einem Topf erhitzen und das Gemüse bei starker Hitze darin anbraten. Den Wein und den Essig angießen. Die Petersilie waschen und im ganzen dazugeben. Das Bouquet einlegen, die Gewürzmischung, Pfefferschote, Zukker und Pfefferkörner in die Marinade geben. Salzen. Alles etwa 15 Min. bei milder Hitze köcheln lassen.

4 Die Marinade in eine ausreichend große Schüssel gießen und abkühlen lassen. Die Keule einlegen und zugedeckt 2 Tage an einem kühlen Platz oder im Kühlschrank marinieren. Dabei ab und zu umwenden, damit sie die Marinade gleichmäßig aufnimmt.

5 Den Backofen auf 220° vorheizen. Die Keule aus der Marinade heben, abtropfen lassen und abtrocknen. In eine Bratreine legen und im vorgeheizten Backofen (unten; Gas Stufe 4) etwa 1 Std. garen.

6 Inzwischen die Sauce bereiten: Die Butter in einer Kasserolle zerlassen. Das Mehl anstäuben und hellgelb anschwitzen. Die Marinade durch ein Sieb dazugießen. Die Hitze reduzieren und die Sauce etwa 30 Min. bei milder Hitze köcheln lassen.

7 Die Fleischglace dazugeben und alles weitere 30 Min. bei schwacher Hitze köcheln lassen. Ab und zu abschäumen.

8 Die Keule auf eine Platte legen und warm stellen. Den Bratfond mit etwas Wasser loskochen und in die Sauce geben. Noch einmal aufkochen lassen und getrennt zur Keule servieren.

• Wenn die Sauce zu sauer sein sollte – das hängt vor allem vom Rotwein ab –, geben Sie 1 EL Stachelbeergelee dazu, damit sie milder schmeckt.

Civet de lièvre

Aromatisches Hasenragout (Provence)

• **Fleischglace** erhalten Sie, wenn Sie Fleischbrühe oder Fleischfond aus dem Glas bei mittlerer Hitze so lange einkochen lassen, bis sie am Löffel klebt.

• Weinempfehlung: ein kräftiger roter Châteauneuf-du Pape oder ein Gigondas von den südlichen Côtes du Rhône.

Zutaten für 4–6 Portionen:

1 große Zwiebel
2 Möhren
15 Knoblauchzehen
je 1 Stengel Rosmarin, Thymian, Sarriette und Salbei (ersatzweise 1 ½ TL Herbes de Provence, getrocknet)
10 Wacholderbeeren
10 Pfefferkörner
1 ½ l trockener Rotwein (möglichst provenzalischer)
1,5–2 kg Hasenragout mit Knochen
4 EL Öl
100 ml Cognac
4–6 dicke Scheiben Baguette vom Vortag
Salz

Zubereitungszeit: etwa 2 ½ Std. (+ 24 Std. Marinierzeit)

Bei 6 Portionen pro Portion: 2300 kJ/550 kcal

1 Die Zwiebel schälen und grob hacken. Die Möhren putzen und in dünne Scheiben schneiden. 10 Knoblauchzehen schälen, ganz lassen. Die Kräuter waschen, trockentupfen. Diese Zutaten mit Wacholderbeeren, Pfefferkörnern und dem Wein in eine große Schüssel geben.

2 Das Fleisch von den Knochen lösen und in mittelgroße Würfel schneiden. Die Knochen wegwerfen oder für eine Wildsuppe verwenden. Das Fleisch in die Marinade legen und 24 Std. an einem kühlen Ort durchziehen lassen.

3 Das Fleisch aus der Marinade nehmen, abtropfen lassen. Das Öl in einem Schmortopf erhitzen und das Fleisch portionsweise bei starker Hitze darin anbraten. Häufig umwenden. Den Cognac in einer Schöpfkelle über einer Kerzenflamme anwärmen, anzünden und über das Fleisch gießen. Wenn der Alkohol abgebrannt ist, die Marinade dazugießen. Die restlichen Knoblauchzehen schälen und dazupressen. Das Ragout zugedeckt bei sehr milder Hitze etwa 1 ½ Std. schmoren.

4 Inzwischen die Rinde von den Brotscheiben abschneiden. Die Krume fein hacken und durch ein Sieb streichen.

5 Das Fleisch mit dem Schaumlöffel aus der Sauce heben und in einer flachen Schüssel warm stellen.

6 Die Sauce durch ein Sieb passieren, wieder in den Topf geben, eventuell etwas einkochen lassen. Mit Brotkrumen binden. Noch einmal abschmecken und über das Fleisch gießen. Sehr heiß mit Brot oder Nudeln servieren.

• Weinempfehlung: ein kräftiger provenzalischer Rotwein, am besten der, der für die Marinade verwendet wurde.

Fritelle

Krapfen (Korsika)

Zutaten für 4 Portionen:

500 g Mehl
20 g Hefe
2 Eigelb
1 Prise Salz
1 EL weiche Butter
¼ l stilles Mineralwasser
nach Belieben einige Tropfen Rum oder Orangenblütenwasser
etwa 1 l Öl zum Ausbacken
Zucker zum Bestäuben

Zubereitungszeit: etwa 50 Min.

Pro Portion: 4000 kJ/950 kcal

1 Das Mehl in eine Schüssel sieben. Die Hefe mit etwas lauwarmem Wasser verrühren, zum Mehl geben und etwa 15 Min. gehen lassen. Dann die Eigelb, Salz und Butter sowie das Mineralwasser dazugeben. Die Zutaten sehr gründlich verrühren. Nach Belieben mit Rum oder Orangenblütenwasser parfümieren.

2 Das Öl in einer Friteuse oder einem weiten Topf erhitzen. Mit einem Eßlöffel Teigportionen abstechen und Teigbällchen formen. Im siedenden Öl einige Minuten ausbacken, bis sie goldgelb sind.

3 Die Bällchen abtropfen lassen und auf eine Papierserviette oder auf Küchenpapier legen. Mit Zucker bestreut warm servieren.

• Fritelle aus Kastanienmehl sind in Korsika sehr beliebt. Das Mehl bekommen Sie gelegentlich in Naturkostläden oder Sie können es selbst mahlen. Aus 500 g Kastanienmehl und 2 Eigelb sowie 1/4 l lauwarmem, leicht gesalzenem Wasser einen Teig rühren. Dann wie beschrieben zubereiten. Fritelle aus Kastanienmehl ißt man warm oder kalt zum Nachtisch.

Croustade

Mandelkuchen (Languedoc)

Zutaten für 6 Portionen:

Für den Teig:
300 g Mehl + Mehl für die Arbeitsplatte
2 Eier
200 g weiche Butter
1 EL Puderzucker
1 Prise Salz

Für die Füllung:
130 g gemahlene Mandeln
125 g brauner Zucker
½ TL Orangenblütenwasser (Apotheke)
1 unbehandelte Zitrone (Schale)

Zubereitungszeit: etwa 4 Std. (+ 2 ¼ Std. Ruhezeit)

Pro Portion: 2800 kJ/670 kcal

1 Das Mehl auf eine Arbeitsplatte oder in eine Schüssel sieben, in die Mitte eine Mulde drücken. 1 Ei aufschlagen und in die Vertiefung geben. Salzen. 25 g weiche Butter dazugeben, den Puderzucker dazusieben. Etwa ⅛ l kaltes Wasser darüber träufeln und den Teig kräftig durchkneten, bis er Blasen schlägt. Den Teig an einem kühlen Ort etwa 1 Std. ruhen lassen.

2 Den Teig in einem kühlen Raum auf einer kühlen Arbeitsfläche (zum Beispiel Marmor) mit einem Nudelholz ausrollen. Den Rest der Butter kurz durchkneten, damit sie Wasser verliert. Die Butter auf den Teig legen, diesen über der Butter zusammenschlagen. Den Teig zu einem Streifen ausrollen, bis man die Butter sieht. Den Streifen dreimal einschlagen, das heißt, das rechte Drittel zur Mitte umschlagen, dann das linke Drittel über das rechte legen. Den Teig um eine Vierteldrehung (90°) drehen, zu einem Streifen ausrollen, den Streifen noch einmal wie oben beschrieben zusammenfalten. Den Teig in entgegengesetzter Richtung drehen, wieder ausrollen und zusam-

menfalten. Etwa 15 Min. ruhen lassen. Den Vorgang fünfmal wiederholen. Den Teig halbieren.

3 Die Mandeln mit dem braunen Zucker, dem Orangenblütenwasser und der Zitronenschale mischen. Den Backofen auf 220° vorheizen.

4 Die Teighälften in der Größe der Springform von 26 cm ø ausrollen. Eine Hälfte in eine Springform legen, die Ränder etwas hochziehen. Die Füllung hineingeben. Den Deckel darauf legen. Die Teigränder mit den Fingerspitzen zusammendrücken. Das restliche Ei in einer Tasse verquirlen und obenauf streichen. Mit einem spitzen Messer nach Belieben Muster einritzen.

5 Den Kuchen im vorgeheizten Backofen (Mitte; Gas Stufe 4) in 20-25 Min. goldgelb backen. Abkühlen lassen.

• Wenn es einmal schnell gehen soll, bereiten Sie den Kuchen mit tiefgefrorenem Blätterteig zu.

• Der Kuchen schmeckt auch nach einer Woche noch ganz ausgezeichnet.

Calissons d'Aix

Mandelgebäck (Provence)

Zutaten für etwa 20 Stück:

250 g Mandelkerne
250 g Zucker
4–5 EL Aprikosensirup (ersatzweise anderer heller Fruchtsirup)
etwa 20 runde Backoblaten (5 cm ø)
1 Eiweiß
100 g Puderzucker

Zubereitungszeit: etwa 40 Min.

Pro Stück: 670 kJ/160 kcal

1 Die Mandeln in kochendes Wasser geben. Nach etwa 4 Min. in einem Sieb abtropfen lassen. Die dunkle Haut abziehen. Die Kerne gut abtrocknen und fein mahlen. Die Mandeln mit dem Zucker mischen. Den Aprikosensirup darunterrühren.

2 Den Teig in einer Kasserolle erhitzen, dabei mit einem Holzlöffel umrühren. Etwas trocknen lassen. Die Kasserolle vom Herd nehmen.

3 Den Teig auf die Oblaten verteilen. Abkühlen lassen. Den Backofen auf 200° vorheizen.

4 Inzwischen in einer großen Schüssel das Eiweiß mit dem Puderzucker verrühren. Wenn sich der Zucker gelöst hat, den Guß auf den Plätzchen verteilen.

5 Die Plätzchen auf ein Backblech setzen und im vorgeheizten Backofen (Gas Stufe 3) etwa 10 Min. backen.

• Calissons d'Aix sind ein traditionelles Ostergebäck in Aix-en-Provence. Der Erzbischof verteilte früher die geweihten Plätzchen nach der Ostermesse vor dem Kirchenportal. Sie sollten vor Krankheit und Seuchen bewahren.

Les 13 desserts de Caléna

Die 13 Weihnachtsdesserts (Provence)

Zutaten für den Weihnachtsfladen (8 Portionen):

700 g Mehl
150 ml Öl
45 g Hefe
2 Eier
1 unbehandelte Orange oder Zitrone
Salz

Zubereitungszeit: etwa 1 ½ Std. (+ 25 Std. Ruhezeit)

Pro Portion: 2100 kJ/500 kcal

Der mit Öl zubereitete Weihnachtsfladen gehört zu den traditionellen 13 Weihnachtsdesserts in der Provence. Sind andere Bestandteile dieses Dessertkorbes austauschbar – der Weihnachtsfladen ist obligatorischer Bestandteil des Menüs am Heiligen Abend.

In der Provence werden, mehr noch als im übrigen Frankreich, die alten Sitten und Gebräuche an hohen Festtagen befolgt. So beginnen die Weihnachtsvorbereitungen schon am 4. Dezember, zum Fest der heiligen Barbara, wenn die Hausfrau Weizen- und Linsenkörner mit etwas Wasser in zwei Untertassen zum Keimen ansetzt. Die grünen Keime dienen zur Dekoration des Eßtisches am Heiligen Abend und später als Schmuck für die Krippe.

Die Tradition der traditionellen Weihnachtskrippen kommt aus Italien. Jede Familie, jede Kirche hat ihre Krippe - die Figuren gibt es auf den vorweihnachtlichen Märkten. Neben den bei uns bekannten Krippenfiguren spielen vor allem die Figuren eine Rolle, die dem Jesuskind etwas zu essen bringen - darunter auch eine, die den Weihnachtsfladen trägt. Am Heiligen Abend vor der Messe, gab es früher »le gros souper«, das große Abendessen, das mit den 13 Desserts abgeschlossen wurde, wobei die Zahl 13 nichts mit der Zahl der Bestandteile zu tun hat, sondern die Kräfte symbolisiert, die das Volk ihnen zumaß.

Zu den 13 Desserts gehören außer dem obligatorischen Weihnachtsfladen die vier Bettelmönche: Mandeln, Feigen, Haselnüsse und Rosinen. Ihre Farbe erinnert an die Kutten der vier Bettelmönchsorden. Auch Datteln werden dazugelegt. Zweiter wichtiger Bestandteil sind frische Früchte, die man seit dem Herbst für diesen Zweck aufgehoben hat: Birnen, Wintermelonen, Granatäpfel und Trauben. Dritter Bestandteil sind Kleingebäck und Süßigkeiten: Nougat, Calissons, Quittenbrot, kandierte Früchte und – je nach Region – allerhand runde Kuchen mit unterschiedlichem Belag.

Nach provenzalischer Tradition wird der Kuchen nicht geschnitten, sondern an den Einschnitten gebrochen. Wer den Kuchen mit dem Messer schneidet, wird im folgenden Jahr Bankrott erleiden!

1 200 g Mehl in eine Schüssel sieben. Salzen. Das Öl dazugießen. Die Hefe in etwas lauwarmem Wasser auflösen, dazugeben und alles verrühren. Den Vorteig an einem kühlen Platz zugedeckt etwa 24 Std. gehen lassen.

2 Am nächsten Tag das restliche Mehl in eine Schüssel sieben. Von der Orange oder Zitrone die Schale abreiben und einstreuen. Die Mischung mit den Eiern und dem Vorteig verkneten. Eventuell mit noch etwas Wasser befeuchten. Den Teig noch einmal etwa 1 Std. gehen lassen.

3 Den Teig auf einer bemehlten Arbeitsplatte etwa 3 cm dick ausrollen. Dem Fladen eine kreisrunde Form geben. Auf ein bemehltes Backblech oder in eine runde Kuchenform legen. Den Backofen auf 220° vorheizen.

4 Mit einem scharfen Messer von der Mitte her den Kuchen zum Rand hin sternförmig einschneiden. Den Kuchen im vorgeheizten Backofen (Mitte; Gas Stufe 4) in etwa 30 Min. goldgelb backen. Etwa 20 Min. abkühlen lassen. Lauwarm servieren.

Knoblauch und Oliven – der Geschmack des Südens

Knoblauch, jene weiße bis rosafarbene Knolle, etwa walnußgroß und stark würzend, schmeckt nicht nur nach Urlaub, Sonne und Mittelmeer, sondern er war schon in der Antike wegen seiner Heilwirkung bei Fieber und Schwächezuständen bekannt.

Französische Küche und insbesondere die provenzalische wäre ohne Knoblauch nicht denkbar. Die großen Meister der französischen Kochkunst setzen ihn ebenso ein wie die Bäuerin im Midi – allerdings dosieren sie ihn unterschiedlich. So nahm zur Blütezeit der Haute Cuisine zu Anfang dieses Jahrhunderts der Küchenchef den »Hauch« Knoblauch wörtlich. Er zerbiß die Zehe und hauchte das fertige Gericht damit an. Wer heute einen Hauch Knoblauch wünscht, reibt den Topf mit der halbierten Knoblauchzehe aus. Am anderen Ende der Skala steht die Aïoli, eine Knoblauchpaste, die einem Gericht den Namen gibt, oder die Rouille, jene mit Cayennepfeffer geschärfte Knoblauchmayonnaise, ohne die eine Bouillabaisse nur halb so gut schmeckt. Knoblauch würzt Salatsaucen, Lammfleisch, bestimmte Würste, Fisch und Tomaten.

Besonders mild schmeckt der rein weiße Knoblauch, der im Frühjahr frisch auf den Markt kommt. Länger haltbar sind allerdings die rosafarbenen Sorten, die später geerntet und getrocknet verkauft werden. Wer Knoblauch nur selten in der Küche verwendet, sollte sich Knoblauchöl, Knoblauchsalz oder in Öl eingelegte Knoblauchzehen in die Speisekammer stellen.

Olivenernte bei Filitosa auf Korsika. Die Früchte werden nur noch selten von Hand gepflückt, heute fängt man die von den Bäumen fallenden reifen Oliven in großen Netzen auf.

Wo mit Knoblauch gekocht wird, sind auch die Olive und das Olivenöl nicht weit. Man kann für Frankreich sogar sagen: Wo mit Olivenöl gekocht wird, ist Süden.

Olivenbäume gibt es hauptsächlich in der Provence und auf Korsika. Die frühreifen grünen Tafeloliven kommen schon im Spätsommer auf die Märkte. Sie werden in Salzlake eingelegt, leicht zerdrückt und häufig mit Kräutern, zum Beispiel Fenchel, gewürzt. Etwas später gibt es dann die vollreifen dunklen bis schwarzen Oliven, aus denen zum Beispiel die köstliche Tapénade hergestellt wird. Diese Paste aus Oliven, Sardellen und Kapern genießt man auf geröstetem Brot oder gibt sie als Würze an Saucen und an den Schmorsud von Kaninchen oder Hähnchen.

Erst später reifen die Oliven, aus denen Öl gewonnen wird. Das beste Olivenöl Frankreichs, Huile vierge oder »natives Olivenöl«, wird aus kalter Pressung auf rein mechanischem Weg gewonnen. Die in der Ölmühle zerkleinerten Früchte werden auf Matten gestrichen, die man aufeinanderstapelt. Durch den entstehenden leichten Druck läuft das kostbare Öl von allein ab.

Der fruchtige reine Geschmack des provenzalischen Olivenöls wird bei Feinschmeckern hoch geschätzt. Es ist leicht verdaulich und wird sowohl zum Kochen und Braten als auch für Salatsaucen verwendet.

Olivenöl darf niemals zu kalt aufbewahrt werden, da es schon bei Temperaturen um 6° ausflockt und bei 0° fest wird.

Oben: *Auf einem Marktstand in Saint-Rémy in der Provence wird Olivenöl aus der neuen Ernte angepriesen. Daß es aus der ersten Kaltpressung stammt, wird betont, ist aber selbstverständlich.*

Unten: Schwarze und grüne Oliven in unterschiedlichen Zubereitungen auf einem Marktstand in Nizza. Rechts vorn die bekannten »olives cassées«, aufgebrochene Oliven mit Knoblauch und Petersilie.

Knoblauch gehört zu den wichtigsten Würzmitteln der südfranzösischen Küche.

Kräuter und Essenzen

Kräuter gehören in der französischen Küche zu den wichtigsten Würzmitteln. Keine Marinade, kein Schmorfleischgericht, kein Fischtopf ohne das berühmte **Bouquet garni**, jenes Gewürzsträußchen aus Lorbeerblatt, Petersilie, Fenchel und/oder Thymian, das sorgfältig gebündelt eingelegt und vor dem Servieren wieder entfernt wird. Das Bouquet gibt den Speisen jenes zarte Aroma, das sich mit den anderen Zutaten perfekt vermählt, nie jedoch als solches zu spüren ist.

Ganz anders in der Provence. Der Kräuterduft umgibt den Reisenden den ganzen Tag, und wenn er sich zum Essen hinsetzt, duftet es ihm aromatisch aus der Küche entgegen. Vor allem in der Hochprovence hat das Sammeln von Heil- und Würzkräutern alte Tradition. In der sengenden Sonne der Hochplateaus entwickeln sie ihre Aromastoffe, und die Schafe, die diese Kräuter verschmähen, begünstigen ihr Wachstum, da sie die konkurrierenden Pflanzen ringsherum abweiden.

Bei uns bekannt sind vor allem die getrockneten gemischten Kräuter der Provence, die **»Herbes de Provence«**. Meist bestehen sie aus einer Mischung von Thymian, Basilikum, Fenchel, Lavendelblüten und Sarriette, einem würzigen Bergbohnenkraut, das nur hier gedeiht. Es lohnt sich, beim Einkauf dieser fertig getrockneten Kräutermischung auf Qualität zu achten und lieber etwas mehr auszugeben.

Eine Alternative zu den »Herbes de Provence« ist die folgende Kräutermischung aus der Gegend um Nizza, die ich in einem alten Kochbuch fand: 20 g Thymian, 20 Lorbeerblätter, 20 g Sarriette, 20 g Gewürznelken, 20 g Orangenschale und 1 Muskatnuß trocknen und im Mörser zerstoßen. In einem gut verschlossenen Gefäß aufbewahren und in kleinen Dosen an Ragouts aus Wild oder dunklem Fleisch geben.

Man würde der provenzalischen Küche Unrecht tun, wenn man nur und immer wieder auf Mischungen zurückgreift. Es gibt schließlich eine große Anzahl wohlschmeckender Kräuter, die einzeln, zu zweit oder zu dritt den Speisen Bekömmlichkeit, Originalität und Wohlgeschmack verleihen.

- Thymian wird nicht nur zum Bouquet gebunden, er gehört auch an Fisch, gegrilltes Fleisch, in die Marinade für Wild, an Pasteten, Geflügel.
- Salbei paßt gut an Gerichte aus Schweinefleisch.
- Fenchelsamen streut man auf gegrillten Fisch.
- Rosmarin eignet sich für Fisch und Lammkoteletts und schmeckt gut mit frischem Ziegen- oder Schafkäse.
- Basilikum ist ein beliebtes Geflügel- und Saucengewürz.
- Lorbeer wird an Fischmarinaden, aber auch an die weiße Sauce von Kalbfleisch oder Hähnchen gegeben.
- Estragon paßt zu Tomaten und zu Geflügel.
- Kerbel ist nicht nur in Südfrankreich als Gewürzkraut beliebt. Er schmeckt etwas süß-aromatisch und wird gern an Kräutersuppen, Eierspeisen und Lammfleischgerichte gegeben.
- Schnittlauch wird über grünen Salat gestreut oder mit Quark vermengt.
- Unter »fines herbes« versteht man heute in Frankreich meist nichts anderes als gehackte Petersilie. In früheren Zeiten wurde damit eine Mischung aus Petersilie, Kerbel, Estragon und manchmal auch Schnittlauch bezeichnet. In der feinen Küche gehörten noch Champignons und Trüffeln dazu.

Wenn Sie diese Kräuter nicht alle frisch bekommen, verwenden Sie getrocknete, doch achten Sie auf die Dosierung. Sie muß sparsam sein, denn getrocknete Kräuter schmekken intensiver.

Links oben: Getrocknete Kräuter der Provence, Lavendel und Knoblauch gibt es in diesem Laden, der alle Düfte des Südens feilbietet.

Links: Ernte im Lavendelfeld. Aus den Blüten werden Duftessenzen bereitet. Man verwendet sie aber auch sparsam zum Würzen.

Ganz oben: Naturseifen aus Kräutern, Algen, Oliven und Blütenessenzen.

Oben: Grasse ist bekannt für seine Parfümindustrie. In diesen Ballons befinden sich die Essenzen dafür.

Kräuter lassen sich auch gut einfrieren. Legen Sie das Sträußchen trocken in einen Gefrierbeutel. Tiefgefrorene Kräuter werden nicht aufgetaut. Tiefgefroren können Sie sie leicht zwischen den Fingern zerkrümeln und sofort in das Gericht streuen.

Das Wissen um die Bereitung von Kräuteressenzen reicht in Südfrankreich bis ins späte Mittelalter zurück. Nostradamus, der berühmte Prophet, stammte aus Salon in der Provence, und er war es, der dank seines Medizinstudiums so reiche botanische Kenntnisse erwarb, daß er während der großen Pestepidemie 1525 mit seinen Kräuteressenzen und Vorschriften für Hygiene zahlreichen Menschen das Leben rettete. Später befaßte er sich auch mit der Herstellung von Schönheitscremes, Liebespillen und Parfüms auf der Basis von Blüten- und Kräuteressenzen.

Im 16. Jahrhundert destillierten die provenzalischen Bauern schon Lavendelessenz, die vor allem der Wundbehandlung diente. Seit den zwanziger Jahren dieses Jahrhunderts wird Lavendel auf großen Flächen kultiviert. Die Parfümerien bei Grasse blühten auf, und heute ist die Provence führend in der Herstellung von Duft- und Kräuteressenzen.

Essenzen aus Blüten, wie Orangenblüten-, Nelken- oder Rosenwasser, werden nicht nur in der Kosmetikindustrie verwendet. Sie dienen tropfenweise als Würze für Kuchen und Süßspeisen, mitunter auch für Fleischgerichte, vor allem Pasteten und Terrinen.

Kräuteressenzen selbst herzustellen ist nicht so schwierig: frische Kräuter, wie Kerbel, Estragon oder Petersilie, wie Tee mit kochendem Weißwein oder Essig aufgießen. Die Mischung etwa 20 Minuten ziehen lassen, durch ein Sieb schütten. Die Flüssigkeit auf ein Viertel einkochen lassen. Die Essenz hält sich in fest verkorkten Fläschchen lange.

Zu den Essenzen, die in der feinen Küche häufig verwendet werden, zählen auch Knoblauch-, Zwiebel-, Mandel-, Trüffel- und Champignonessenz, außerdem die Fonds auf der Basis von Fisch, Fleisch, Wild oder Gemüse. Sie sind in Gläsern im Handel erhältlich.

Der Südwesten: Midi-Pyrénées, Aquitanien

Bordelais, Baskenland, Gascogne, Périgord

Abendstimmung am Atlantik:
Fischernetze hoch über dem Meer

Das Land und seine Produkte

Im Südwesten herrscht das Chaos. Das Land zwischen südlicher Atlantikküste und Pyrenäen ist seit alter Zeit Durchzugsgebiet vieler Völker gewesen. Bordeaux zum Beispiel gehörte abwechselnd zu Aquitanien und zur Gascogne, dazu war es dreihundert Jahre lang von den Engländern beherrscht. Die Aufteilung in Départements brachte eine gewisse Klärung, doch richten sich die Grenzen nicht nach den gewachsenen Einheiten, und die heutigen Regionen Midi-Pyrénées und Aquitaine entsprechen nicht den historischen Provinzen. Retten wir uns in die Geographie.

Von der Mündung der Garonne zieht sich südwärts die Côte d'Argent, die im Süden von der Côte de Basque ablöst wird. Riesige Dünen kennzeichnen das Landschaftsbild im Norden, bei Pyla sind sie bis 100 m hoch. Das Land dahinter war früher sumpfig, da das Wasser wegen der Versandung der Wasserwege nicht abfließen konnte. Heute wird hier Mais angebaut, und Nadelholzwälder, durchsetzt von flachen Seen, befestigen das Land. Die baskische Küste am Rande der Pyrenäen ist tief zerklüftet. Vom milden Klima profitieren Seebäder wie Saint-Jean-de-Luz und Biarritz. Die dahinter aufragenden französischen Pyrenäen sind bis zu 3000 m hoch. Im Westen, wo sie zum Meer abfallen, gibt es in den breiten Tälern Äcker, große Wiesen und Laubwälder. Im Hochgebirge der Zentralpyrenäen führen reizvolle, einsame Wanderwege durch tiefe Schluchten zu Wasserfällen und Seen. Nach Osten zu ist das Land trocken, Pinien und Buschwälder bestimmen das Bild.

Zur Region Aquitanien gehört außerdem das Périgord, am Westrand des Zentralmassivs gelegen. Dem dicht bewaldeten Périgord Noir südlich der Dordogne liegt das lichtere Périgord Blanc im Norden gegenüber. Die Römer pflanzten hier Nuß- und Kastanienbäume an, und deren Früchte gehören noch heute zu den wichtigsten Produkten des Gebiets.

Vielfältig ist die Zahl der Produkte und der regionalen Küchen dieser Länder. Im Baskenland ist vor allem der Schinken aus Bayonne über die Grenzen hinaus bekannt. Bayonne soll auch der Ursprungsort der Schokolade sein. Baskische Spezialitäten tragen für uns exotisch klingende Namen, wie zum Beispiel das Seefischragout Ttorro. Fisch und Lamm sind Grundzutaten vieler baskischer Gerichte. Im angrenzenden Béarn werden Perlhühner, gelbfleischige Maishähnchen und Puten in Wäldern großgezogen. Gänse und Enten werden zu Confit verarbeitet, das auf vielerlei Arten, allein oder im Eintopf, genossen wird.

Die Gascogne ist ein Paradies für Jäger. Wild und Fisch gehören zu den Schätzen des Landes, aber auch Gemüse aller Art und Steinpilze finden in der einfachen, dabei feinen Küche reichlich Verwendung.

Armagnac, der südländisch feurige Bruder des Cognac, ist hier zu Hause und verleiht den Fleisch- und Geflügelgerichten einen eigenen Akzent.

Zwischen Lot und Garonne wachsen auf fruchtbarem Schwemmboden zahllose Obstbäume. Der Südwesten ist der zweitgrößte Produzent von Tafeläpfeln, doch auch Pfirsiche Birnen, Tomaten, Spargel, Auberginen, Knoblauch und Melonen gedeihen hier in verschwenderischer Fülle.

Das Land um Bordeaux, Ursprungsgebiet zahlreicher international hoch begehrter Spitzenweine, ist die Heimat einer Küche mit königlich einfachem Charme. Viele Gerichte werden mit Wein zubereitet, so das berühmte Entrecôte bordelaise. Begehrt bei den Feinschmeckern sind die Austern von Arcachon.

Das Périgord schließlich bringt die edle schwarze Trüffel hervor, und in ganz Frankreich versteht man unter einem Gericht »à la périgourdine« eine mit Trüffeln zubereitete Speise. Doch auch köstliche Steinpilze gibt es in diesem schönen Land. Enten- und Gänsespezialitäten wie Galantinen und Pasteten erfreuen das Herz der Gourmets. Statt mit Butter werden die Speisen mit Gänse- oder Schweineschmalz zubereitet.

Rechts: Riesige Steinpilze aus dem Tal der Dordogne.

Rechts Mitte: Idyllische Flußlandschaft bei Domme an der Dordogne.

Ganz rechts: Luftgetrocknete Schinken und Dauerwürste in einer Metzgerei in Saint-Jean-de-Luz im Baskenland.

Unten: Reklameschild für Gänsestopfleber, eine Spezialität des Périgord.

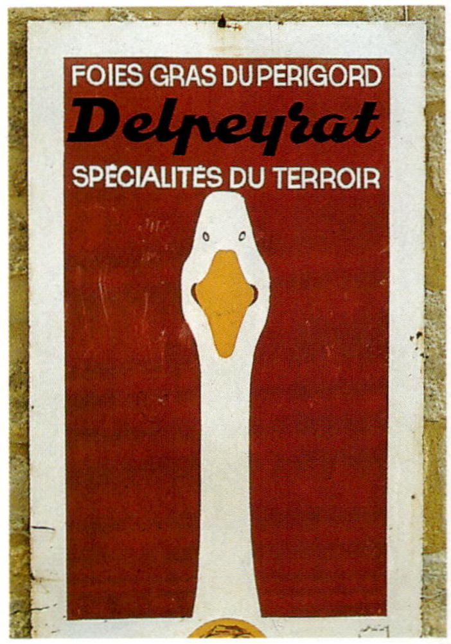

Rechts: Schafherde in den Pyrenäen.

Ganz rechts: Blick auf die alte Weinstadt Saint-Émilion, deren feine Rotweine einiges zum Ruhm des Weinbaugebietes von Bordeaux beigetragen haben. Viele bekannte Weingüter haben ihren Sitz in dieser Stadt.

Jambon de Bayonne avec Os
Entier 53F le kg
Moitié 54F le kg
"Jésus"
du Pays Basque
1 kg = 95F00
Saucisson
de Montagne
1 kg = 95F00

Menschen, Feste, Sehenswertes

Im äußersten Südwesten von Frankreich lebt heute etwa ein Zehntel des baskischen Volkes, dessen Herkunft unbekannt und dessen Sprache die einzige nichtindogermanische Sprache Westeuropas ist. Vor allem die im Gebirge lebenden Basken bewahren das eigene kulturelle Erbe. Um etwas von baskischer Tradition und Lebensart zu erfahren, lohnt es sich, im Sommer den Sportfesten zuzusehen, bei denen typische, bei uns unbekannte Sportarten vorgeführt werden. Auch die Fronleichnamsprozessionen an vielen Orten des Baskenlandes sind sehenswert.

Das elegante Biarritz gilt als berühmtestes Seebad der Welt. Vor allem die prächtigen Strände und der malerische Fischerhafen zwischen steilen Felsen sind sehenswert. Pau, die ehemalige Hauptstadt der Grafen von Béarn, ist ebenfalls von Basken bewohnt. Hier lebte die Mutter von Henri IV, das gräfliche Jagdschloß ist noch zu besichtigen.

Bayonne, an der Schnittstelle baskischer und gascognischer Kultur, hatte einst eine Schlüsselstellung als Ausgangspunkt zu den Pyrenäenpässen. Seine alten Befestigungsanlagen prägen das Stadtbild. Aus den Waffenschmieden der Stadt stammt das Bajonett.

Hauptstadt der alten Grafschaft Bigorre und des heutigen Départements Hautes-Pyrénées ist Tarbes mit seiner frühgotischen Kathedrale. In den Höhlen von Aurignac sind Spuren prähistorischer Besiedlung des Gebiets zu finden. Südlich von Tarbes liegt der berühmte Wallfahrtsort Lourdes, den jährlich mehrere Millionen von Gläubigen aufsuchen.

Toulouse, die viertgrößte Stadt Frankreichs, ist eigentlich der Hauptort des Languedoc, gehört aber nicht zur gleichnamigen Region. Es ist der wirtschaftliche Mittelpunkt des Südens, eine keltische Gründung, die von den Römern besiedelt war, später Hauptstadt der Westgoten und in der Folgezeit Mittelpunkt Aquitaniens. Die Stadt liegt am Canal du Midi, der Verbindung zwischen Atlantik und Mittelmeer. Saint-Sernin, eines der schönsten romanischen Bauwerke überhaupt, liegt an der Pilgerstraße nach Santiago de Compostela.

Périgueux, die Hauptstadt des Périgord, heute Bischofssitz, ist wegen seiner römischen Ruinen und der mittelalterlichen Kirchen einen Besuch wert.

Im Périgord sind früheste Spuren menschlicher Existenz zu finden. Die Menschen von Cro-Magnon waren hier heimisch. Zahlreiche altsteinzeitliche Fundstätten, Steinbeile, Höhlenzeichnungen und Skelette geben Zeugnis davon. Die berühmte Höhle von Lascaux darf aus Gründen der Konservierung zwar nicht mehr besichtigt werden, doch wurde für interessierte Besucher ein Lascaux II mit Kopien der wundervollen Höhlenzeichnungen geschaffen.

In dem malerisch über einer Schlucht gelegenen Rocamadour, einem uralten Städtchen des Quercy, befindet sich eine Wunderkapelle mit einer schwarzen Madonna aus dem 12. Jahrhundert, die vor allem im Mittelalter zahlreiche Pilger anzog.

Bordeaux schließlich, die Hafenstadt an der Mündung der Gironde, war schon eine der bedeutendsten Städte Galliens und ist heute noch eine wichtige Handelsstadt und vor allem Zentrum des gleichnamigen Weinbaugebiets. Die Innenstadt ist ein schönes Beispiel der Architektur des 18. Jahrhunderts.

Ganz oben: Die Place de la Liberté in Bayonne, Ausgangspunkt zu den Pässen der Westpyrenäen und ehemalige Festungsstadt.

Mitte: Pelotespieler in Saint-Jean-de-Luz. Der Ball wird mit der Hand oder einem Schläger gegen die Wand gespielt.

Rechts oben: Sarlat im Périgord ist eine herzförmig angelegte Stadt nördlich der Dordogne. Sie war einst Hauptstadt des Périgord Noir.

Rechts: Der Traumstrand von Biarritz, einem der mondänsten Seebäder der Welt, am Golfe de Gascogne im äußersten Südwesten Frankreichs am Atlantik.

Links: Im Baskenland werden traditionell baskische Sportarten wie das Tauziehen bei Festen besonders gepflegt.

Die Weine

Zwei vollkommen entgegengesetzte Weinbaugebiete liegen im Südwesten. Auf der einen Seite das Bordelais, das größte Qualitätsweinbaugebiet der Welt mit seinen hochbegehrten Spitzenweinen, auf der anderen Seite verstreute, dabei historisch bedeutsame kleine Gebiete, die unter dem prosaischen Namen Sud-Ouest zusammengefaßt werden.

Aus dem Gebiet um Bordeaux kamen schon in gallo-römischer Zeit begehrte Weine, die allerdings den heutigen in keiner Weise ähnelten. Später waren es die Engländer, die die Weinerzeugung förderten. »Claret« hieß ein heller Rotwein, der sich großer Beliebtheit erfreute. Typisch für alle Bordeauxweine ist der Verschnitt aus mehreren Rebsorten, wobei der Cabernet-Sauvignon für ein reiches Bukett, lange Lebensdauer und Eleganz sorgt, Merlot für Weichheit, Finesse und Farbe, der Verdot für Kraft. Der Cabernet Franc schließlich, der »kleine Verwandte« des feinen Cabernet-Sauvignon, hat ähnliche Eigenschaften wie dieser, nur ist er nicht so edel. Die Weißen werden aus Sauvignon wegen der feinen Würze, Sémillon Blanc wegen der Neigung zur Edelfäule und seines Muskattons sowie dem würzigen Muskateller gekeltert.

Ganz oben an der Spitze rangieren die 1855 klassifizierten Château-Weine des Médoc, einer schmalen Landzunge nördlich von Bordeaux. Sie sind alle rot. Auch die Gewächse von Sauternes und Barsac, am Südrand des Gebiets, wurden 1855 klassifiziert. Hier steht ein Weißwein an der Spitze – Château d'Yquem, gekeltert aus edelfaulen Trauben. Er erreicht erst im Alter seinen Höhepunkt.

Saint-Émilion ist bekannt für seine geschmeidigen, feinen Rotweine. Pomerol bietet ebenfalls feine Rotweine, Château Pétrus gilt als der teuerste Rotwein der Welt.

Bleibt noch Graves, das bis zur südlichen Stadtgrenze von Bordeaux reicht. An der Spitze steht der rote Haut-Brion, der 1855 zusammen mit den großen Médoc-Weinen klassifiziert wurde. Die Weißweine sind trocken oder auch halbsüß, die Rotweine bukettreich und fein.

Über all den klassifizierten Kreszenzen für den besonderen Anlaß sollte man die guten Tropfen mit den Herkunftsbezeichnungen Bordeaux, Bordeaux supérieur oder mit Gebietsnamen nicht vergessen. Unter ihnen gibt es höchst erfreuliche Rot- wie Weißweine für den täglichen Genuß.

Ganz nahe bei der Stadt Bordeaux, doch nicht mehr zum Bordelais gehörig, liegt das Gebiet Bergerac, wo Rot- und Weißweine aus den gleichen Trauben wie im Nachbarland erzeugt werden. Eine Spezialität ist der Monbazillac, ein alkoholreicher Süßwein mit alter Tradition.

Im äußersten Südwesten des Landes, am Rande der Pyrenäen, gedeiht in der Nähe von Pau der Jurançon, ein legendärer Weißwein, mit dem schon Henri IV getauft worden sein soll. Der füllige Weißwein, der gut altert, ist heute eher eine Kuriosität. Nordöstlich von Pau gibt es zwei Spezialitäten, den süßen weißen Pacherenc-du-Vic-Bilh und den roten Madiran. Letzterer war im Mittelalter ein beliebter Meßwein, Pilger trugen seinen Ruhm bis weit nach Europa hinein.

Die dritte Weinbauinsel liegt bei Toulouse. Gaillac ist vor allem für seine Schaumweine bekannt, die nicht nach der Champagnermethode, sondern ohne Zuckerzusatz vergoren werden und so den Charakter des fruchtigen Grundweines erhalten. Schließlich sei noch der »schwarze« Wein von Cahors erwähnt, der dunkelste französische Rotwein, der erst nach fünf bis zehn Jahren Lagerung sein optimales Geschmacksbild erreicht.

Weinernte im Gebiet von Saint-Émilion, wo ausschließlich Rotweine von hoher Qualität bereitet werden.

Rezepte der Region

Tourain

Tomatensuppe mit Käse (Périgord)

Zutaten für 4 Portionen:

2 große Zwiebeln
500 g Tomaten
1 EL Butterschmalz
1 Knoblauchzehe
1 EL Mehl
8 kleine Scheiben altbackenes Weißbrot oder helles Landbrot
100 g frisch geriebener Gruyère
1 Eigelb
Salz, Pfeffer aus der Mühle

Zubereitungszeit: etwa 1 ¼ Std.

Pro Portion: 1100 kJ/260 kcal

1 Die Zwiebeln schälen und in feine Scheiben schneiden. Die Tomaten kochendheiß überbrühen, häuten, die Kerne herausdrücken, das Fruchtfleisch kleinschneiden.

2 In einem Suppentopf das Butterschmalz erhitzen. Die Zwiebeln dazugeben und glasig schmoren, nicht bräunen lassen, sonst wird die Suppe bitter. Die Knoblauchzehe schälen und dazupressen. Das Mehl anstäuben und leicht bräunen lassen. Mit etwa 100 ml heißem Wasser ablöschen. Weitere 900 ml heißes Wasser dazugießen. Salzen, pfeffern. Die Tomatenwürfel dazugeben.

3 Den Topf zudecken und die Suppe etwa 45 Min. bei mittlerer Hitze kochen lassen.

4 Inzwischen die Hälfte der Brotscheiben in eine feuerfeste Suppenterrine legen. Den Käse auf den Scheiben verteilen und mit dem restlichen Brot bedecken. Den Backofen auf 250° vorheizen.

5 Die fertig gegarte Suppe mit dem Eigelb binden. Durch ein Sieb passieren und über die Brotscheiben gießen. Im Backofen (Mitte; Gas Stufe 5) etwa 5 Min. gratinieren.

Le mourtaïrol

Safransuppe (Périgord)

Zutaten für 4 Portionen:

500 g Hühnerklein
2–3 Kalbsknochen
2 Bund Suppengrün
2 Päckchen gemahlener Safran (à 0,1 g)
4 dicke Scheiben Weißbrot oder helles Landbrot
Salz

Zubereitungszeit: etwa 2 ¼ Std.

Pro Portion: 1100 kJ/260 kcal

1 Das Hühnerklein und die Kalbsknochen kalt abbrausen. Das Suppengrün putzen und waschen.

2 Diese Zutaten in einen großen Suppentopf geben und mit 2 l kaltem Wasser aufsetzen. Zugedeckt bei mittlerer Hitze etwa 1 ½ Std. kochen lassen. Ab und zu abschäumen. Salzen.

3 Die Brühe durchseihen. Wenn notwendig entfetten, das heißt entweder das Fett abschöpfen oder mit einem in Küchenpapier eingewickelten Eiswürfel darüber fahren. Dadurch wird das Fett fester und bleibt am Papier haften.

4 Den Safran einstreuen und unterrühren. Die Suppe abschmecken. Den Backofen auf 200° vorheizen.

5 Die Brotscheiben in eine feuerfeste Terrine legen. So viel Suppe darüber gießen, daß die Brotscheiben sich vollsaugen. Die Terrine in den vorgeheizten Backofen (Mitte; Gas Stufe 3) stellen.

6 Die restliche Suppe auf dem Herd wieder erhitzen. Nach und nach immer wieder Suppe auf das Brot im Ofen schöpfen. Nach etwa 30 Min. die Terrine aus dem Ofen nehmen. Die restliche Suppe hineingeben. Sehr heiß servieren.

Soupe aux haricots et à l'oseille

Suppe mit Bohnen und Sauerampfer (Périgord)

• Variante: Die Suppe mit vorher kurz gekochten Fadennudeln zubereiten.

• Diese Suppe wurde bei den Bauernfamilien des Périgord serviert, wenn es gekochtes Suppenhuhn als Hauptgericht gab. Die Safranpflanze, eine Krokusart, wurde in früheren Zeiten im Périgord angebaut, ist aber heute hier nicht mehr zu finden.

• Im Quercy versteht man unter Mourtaïrol einen Eintopf aus Rinderhack, Edelkastanien, weißen Rübchen, Möhren und Kartoffeln – selbstverständlich mit Safran gewürzt und gefärbt.

Zutaten für 6 Portionen:

750 g getrocknete weiße Bohnenkerne
2 Zwiebeln
250 g Sauerampfer
2 EL Gänseschmalz
1 EL Mehl
6 dünne Scheiben altbackenes helles Landbrot
Salz, Pfeffer aus der Mühle

Zubereitungszeit: etwa 3–3 ½ Std.

Pro Portion: 2200 kJ/520 kcal

1 3 l Wasser in einen großen Topf gießen. Salzen. Zum Kochen bringen. Die Bohnenkerne dazugeben.

2 Die Zwiebeln schälen und fein hacken. Den Sauerampfer von den Stielen und Rippen befreien. Kalt abbrausen, abtropfen lassen. Etwa ein Viertel davon beiseite stellen.

3 1 EL Gänseschmalz in einer Pfanne zerlassen. Die Zwiebeln darin goldgelb anbraten. Das Mehl anstäuben und etwas Farbe annehmen lassen. Dabei gut umrühren.

4 Mit einer Schöpfkelle kochendes Wasser aus dem Topf nehmen und die Einbrenne damit ablöschen. Das Mehl sorgfältig vom Pfannenboden schaben. Die Einbrenne in den Suppentopf geben.

5 In der gleichen Pfanne das restliche Gänseschmalz erhitzen. Drei Viertel der Sauerampferblätter dazugeben und zusammenfallen lassen. In die Suppe geben.

6 Die Suppe insgesamt 2–3 Std. zugedeckt bei milder Hitze kochen lassen. Die Bohnen sollen so weich sein, daß sie fast zerfallen. Die übrigen Sauerampferblätter untermischen.

7 Die Brotscheiben in eine feuerfeste Terrine legen. Mit dem Schöpflöffel das Gemüse und so viel Suppe daraufgeben, daß sich die Brotscheiben vollsaugen. Die Terrine zudecken und etwa 15 Min. warm stellen.

8 Die dickflüssige Suppe, in der der Löffel stehen soll, nach Geschmack mit noch etwas heißem Wasser oder Gemüsebrühe auffüllen. Heiß servieren.

• In alten Zeiten stellte man die Suppenterrine unter dem Federbett warm. Der dicken Suppe fügte man etwas Gemüsesud und – je nach Geschmack – ein größeres oder kleineres Glas trockenen Weißwein zu.

• Auf die gleiche Art können Sie eine Suppe aus weißen Bohnenkernen, Kartoffeln, Möhren, Stangensellerie und Tomaten zubereiten.

Œufs frits à la gasconne

Fritierte Eier (Gascogne)

Zutaten für 4 Portionen:

2 kleine Auberginen (etwa 500 g)
500 g Tomaten
etwa 125 ml Olivenöl
1 Knoblauchzehe
4 Scheiben Bayonner Schinken (etwa 100 g; ersatzweise anderer mild geräucherter roher Schinken)
2 TL Butter
etwa 3/4 l Öl zum Fritieren
8 Eier
1 Bund Petersilie
Salz, Pfeffer aus der Mühle

Zubereitungszeit: etwa 1 1/2 Std.

Pro Portion: 4000 kJ/950 kcal

• Bayonner Schinken aus der gleichnamigen Hafenstadt am Rande der Pyrenäen ist ein besonders mild geräucherter roher Schinken. Er wird in Südwestfrankreich gern mit Tomaten und Eiern als warme Vorspeise zubereitet.

• Als Vorspeise serviert, reichen die fritierten Eier für 8 Portionen.

• Weinempfehlung: ein trockener Bordeaux-Weißwein, zum Beispiel Graves oder Bergerac.

1 Die Auberginen schälen und in etwa 1 cm dicke Scheiben schneiden. Die Scheiben auf einer Platte ausbreiten und mit Salz bestreuen. Etwa 1 Std. lang Saft ziehen lassen.

2 Inzwischen die Tomaten kochendheiß überbrühen, häuten, längs halbieren und die Kerne herausdrücken. Das Fruchtfleisch fein würfeln. In einer Kasserolle 4 EL Olivenöl erhitzen, die Tomatenwürfel dazugeben. Die Knoblauchzehe schälen und dazupressen. Salzen, pfeffern.

3 Die Kasserolle zudecken und die Tomaten in etwa 20 Min. garen. Das Mus durch ein Sieb passieren und warm stellen.

4 Die Auberginen mit Küchenpapier abtrocknen. Das restliche Olivenöl in einer Pfanne erhitzen. Die Auberginenscheiben darin auf beiden Seiten goldgelb braten. Auf Küchenpapier entfetten. Auf einer Platte ausbreiten und warm stellen.

5 Den Schinken in sehr schmale Streifchen schneiden. Die Butter in einer Pfanne zerlassen und den Schinken kurz darin braten.

6 Das Öl in der Friteuse sehr hoch erhitzen. 1 Ei in einen Teller aufschlagen und vorsichtig in das heiße Öl gleiten lassen. Das Eiweiß mit einem Löffel schnell über das Eigelb schöpfen, so daß das Eigelb umschlossen ist.

7 Wenn das Eiweiß goldgelb ist, das Ei herausnehmen und abtropfen lassen. Auf den Auberginenscheiben anrichten. Mit den übrigen Eiern ebenso verfahren.

8 Die Schinkenstreifchen auf den fritierten Eiern verteilen. Das Tomatenpüree darüber gießen. Sparsam salzen. Die Petersilie kurz kalt abbrausen, trockentupfen, hacken und darüber streuen. Die Eier heiß servieren.

Cèpes à la bordelaise

Steinpilze mit Schinken (Bordelais)

Zutaten für 4 Portionen:

1 kg Steinpilze
200 g magerer roher Schinken
2 Knoblauchzehen
1 kleines Bund Petersilie
einige Stengel Kerbel
½ Bund Schnittlauch
100 ml Olivenöl
2–3 EL Zitronensaft
Salz, Pfeffer aus der Mühle

Zubereitungszeit: etwa 1 Std.

Pro Portion: 2100 kJ/500 kcal

1 Hüte und Stiele der Steinpilze trennen. Beides putzen, aber nicht waschen, nur trocken abreiben.

2 Die Stiele in einer trockenen Pfanne kurz rösten, damit sie Wasser abgeben.

3 Die Stiele und den Schinken fein hacken. Die Knoblauchzehen schälen und mit einer breiten Messerklinge zerdrükken. Die Kräuter waschen und ebenfalls fein hacken. Alles miteinander vermengen.

4 Die Hälfte des Öls in einer feuerfesten Keramikform oder einem Schmortopf erhitzen. Die Hälfte der Pilzstielmischung in den Topf geben, die Steinpilzhüte darauf verteilen. Mit dem Rest der gehackten Pilzstiele bedecken. Das restliche Öl darüber träufeln. Salzen, pfeffern.

5 Die Form oder den Topf verschließen und das Gericht bei sehr milder Hitze in etwa 45 Min. garen.

6 Die Steinpilze mit Zitronensaft beträufeln und in der Form servieren.

• Weinempfehlung: ein trockener roter oder weißer Bordeaux, zum Beispiel ein Graves.

Cèpes Côte-d'Argent

Steinpilze mit Tomatensauce (Bordelais)

Zutaten für 4 Portionen:

500 g sehr reife Tomaten
100 ml Olivenöl
12 Steinpilzhüte (etwa 500 g; Stiele für ein anderes Gericht verwenden)
4 Schalotten
4 Knoblauchzehen
250 g milder roher Schinken
200 ml halbtrockener weißer Bordeaux-Wein (zum Beispiel Graves oder Sauternes)
Bouquet garni (Lorbeerblatt, Petersilie, Thymian)
Salz, Pfeffer aus der Mühle

Zubereitungszeit: etwa 1 Std.

Pro Portion: 3400 kJ/810 kcal

1 Zuerst das Tomatenmus zubereiten: die Tomaten kochendheiß überbrühen, häuten und von den Kernen befreien. Das Fruchtfleisch fein würfeln. 2 EL Öl in einer Kasserolle erhitzen. Die Tomatenwürfel dazugeben und bei mittlerer Hitze zugedeckt etwa 20 Min. schmoren. Durch ein Sieb passieren.

2 Inzwischen die Hüte der Steinpilze putzen. Nicht waschen, sondern nur trocken abreiben. Etwa 3 EL Öl in einer Pfanne erhitzen und die Pilzhüte darin auf beiden Seiten goldgelb braten.

3 Die Schalotten und die Knoblauchzehen schälen und getrennt fein hacken. Den Schinken würfeln.

4 Das restliche Öl in einer großen Kasserolle erhitzen. Die Schalotten- und die Schinkenwürfel darin knusprig braten. Den Wein angießen. Das Tomatenmus und eventuell etwas Wasser dazugeben. Die Steinpilze in den Topf geben, das Bouquet einlegen. Den Knoblauch hinzufügen. Salzen, pfeffern.

5 Das Gericht zugedeckt bei sehr milder Hitze etwa 15 Min. garen.

6 Das Bouquet entfernen. Als Vorgericht sehr heiß mit Brot servieren.

• Weinempfehlung: ein roter Bordeaux Supérieur, ein Graves oder der Wein, mit dem die Sauce zubereitet wurde.

Pipérade

Geschmorte Paprikaschoten mit Schinken (Baskenland)

Zutaten für 4 Portionen:

4 rote Paprikaschoten
4 Fleischtomaten
3 EL Olivenöl
2 Knoblauchzehen
6 Eier
1 Bund Petersilie
1 TL Schweineschmalz oder Butter
400 g Bayonner Schinken in dünnen Scheiben (ersatzweise ein anderer mild geräucherter Schinken)
Salz, Pfeffer aus der Mühle

Zubereitungszeit: etwa 50 Min.

Pro Portion: 2600 kJ/620 kcal

1 Die Paprikaschoten waschen, abtrocknen und halbieren. Die Rippen und Kerne entfernen. Die Paprikahälften in feine Streifen schneiden. Die Tomaten kochendheiß überbrühen und häuten. Das Fruchtfleisch in feine Würfel schneiden.

2 Das Olivenöl in einem Schmortopf erhitzen. Zuerst die Paprikastreifen, nach einigen Minuten die Tomaten dazugeben. Umrühren. Salzen, pfeffern. Die Knoblauchzehen schälen und dazupressen. Zugedeckt bei sehr milder Hitze etwa 25 Min. köcheln lassen.

3 Die Eier in eine Schüssel aufschlagen und mit dem Schneebesen leicht schaumig rühren. Die Petersilie waschen, trockentupfen, fein hacken und dazugeben.

4 Wenn das Gemüse gar ist, die Eier unter Umrühren dazugeben. Kurz stocken lassen. Die Masse muß weich bleiben und soll nicht die Konsistenz einer Omelette erhalten. Den Topf vom Herd nehmen.

5 Das Schmalz in einer Pfanne erhitzen. Die Schinkenscheiben kurz darin braten. Das Fett abgießen und den Schinken mit dem Gemüse servieren.

• 1–2 Pfefferschoten machen das Gericht würziger. Statt der Schinkenscheiben passen auch kalter Braten oder kleine scharfe Bratwürstchen dazu.

• Im Baskenland ißt man die Gemüse der Pipérade auch mit Omelette als Vorspeise oder Imbiß zwischendurch.

• Der Wohlgeschmack des Gerichts hängt von der guten Qualität der Tomaten ab. Lieber Tomaten aus der Dose verwenden als nicht voll ausgereifte Früchte oder Treibhaustomaten.

• Weinempfehlung: ein Rosé aus Südwestfrankreich, zum Beispiel aus Béarn.

Mouclade

Muscheln mit Sahnesauce (Bordelais)

Zutaten für 4 Portionen:

3 kg Miesmuscheln
2 Zwiebeln
Bouquet garni (Petersilie, Lorbeerblatt, Thymian)
400 ml trockener Weißwein
30 g Butter
2 EL Mehl
2 Knoblauchzehen
150 g Sahne
2 Eigelb
1 Bund Petersilie
Salz, Pfeffer aus der Mühle

Zubereitungszeit: etwa 45 Min.

Pro Portion: 1900 kJ/450 kcal

1 Die Muscheln unter fließendem kaltem Wasser gründlich abbürsten, entbarten. Offene oder beschädigte Muscheln aussortieren. Die Zwiebeln schälen und fein hacken.

2 Die Muscheln mit den Zwiebeln, dem Bouquet und Weißwein in einem großen Topf zugedeckt bei starker Hitze etwa 10 Min. garen, bis sich die Muscheln geöffnet haben.

3 Jeweils eine Schale der Muscheln entfernen. Den Sud durch ein feines Haarsieb oder durch ein Tuch seihen und aufbewahren. Die Muscheln auf einer Platte anordnen und zugedeckt warm halten.

4 Die Butter in einer Kasserolle zerlassen. Das Mehl anstäuben und anschwitzen, nicht bräunen lassen. Mit Muschelsud ablöschen. Pfeffern, sparsam salzen. Den Knoblauch schälen und dazupressen, etwa 10 Min. köcheln lassen.

5 Die Sauce mit der Sahne verfeinern. Vom Herd nehmen und die 2 Eigelb mit dem Schneebesen darunterrühren. Über die Muscheln gießen.

6 Die Petersilie waschen und fein hacken. Über das Gericht streuen. Sofort servieren.

Chipirons à la basquaise

Tintenfisch mit Safransauce (Baskenland)

Zutaten für 4 Portionen:

800 g küchenfertige Tintenfische, frisch oder tiefgefroren
4 Schalotten
3 Knoblauchzehen
½ Bund Petersilie
750 g Tomaten
3 EL Olivenöl
2 Päckchen gemahlener Safran (à 0,1 g)
1 Zweig frischer Thymian
100 ml trockener Weißwein
2 EL Armagnac
2 EL Sahne
Salz

Zubereitungszeit: etwa 1 ¾ Std. (evtl. + 2 Std. Auftauzeit)

Pro Portion: 1200 kJ/290 kcal

1 Tintenfische, wenn nötig, etwa 20 Min. bei Raumtemperatur auftauen lassen. Kalt abbrausen, abtrocknen, größere in Ringe schneiden, kleine ganz lassen.

2 Die Schalotten schälen und fein hacken. Die Knoblauchzehen schälen und zerdrücken. Petersilie waschen, trockentupfen und fein hacken. Die Tomaten häuten, entkernen, das Fruchtfleisch fein würfeln.

3 Das Öl in einer Kasserolle erhitzen. Schalotten und Knoblauch darin bei mittlerer Hitze glasig anbraten. Petersilie dazugeben. Die Hitze erhöhen und die Tintenfische darin anbraten. Safran und Tomaten dazugeben. Den Thymian waschen, die Blättchen abstreifen und dazugeben. Den Wein angießen, die Sauce salzen und pfeffern. Die Hitze reduzieren und das Gericht zugedeckt etwa 30 Min. köcheln lassen.

4 Die Sauce mit dem Armagnac parfümieren. Mit Salz abschmecken. In weiteren etwa 15 Min. fertig garen. Zum Schluß die Sahne einrühren. Mit Reis servieren.

Coquilles Saint-Jacques à la bordelaise

Jakobsmuscheln mit Cognacsauce (Bordelais)

• Wenn Sie die Gelegenheit haben, frische Tintenfische zu bekommen, nutzen Sie sie! Frische Tintenfische sind einfach vorzubereiten. Trennen Sie den Kopf mit den Fangarmen mit einem scharfen Messer ab. Schneiden Sie den Körper dann der Länge nach auf und heben Sie die Sepiaschale heraus. Am Ende des Körpers ist jetzt der Tintenbeutel zu sehen. Lösen Sie die Eingeweide vorsichtig heraus, damit der Tintenbeutel nicht aufplatzt.

• Eine Variante des Gerichts sieht die Verwendung der Tinte vor. Leeren Sie die Tintenbeutel in eine Schüssel aus und verrühren Sie die Tinte mit etwas Speisestärke. Geben Sie sie zusammen mit dem Armagnac an das Gericht. Die Garzeit verlängert sich um etwa 15 Min.

• Wenn Sie gern scharf essen, geben Sie statt des Armagnacs 1 kleine Pfefferschote dazu.

Zutaten für 4 Portionen:

12–16 Jakobsmuscheln mit Corail (Rogen), frisch oder tiefgefroren
1 Möhre
1 Zwiebel
1 Schalotte
1 Tomate
4 EL Butter
2 cl Cognac
1 kleine Knoblauchzehe
200 ml trockener Weißwein
Salz, Pfeffer aus der Mühle

Zubereitungszeit: etwa 40 Min. (evtl. + 2 Std. Auftauzeit)

Pro Portion: 1200 kJ/290 kcal

1 Das Muschelfleisch, wenn notwendig, im Kühlschrank auftauen lassen. Die Möhre putzen, waschen und würfeln. Die Zwiebel und die Schalotte schälen und fein hacken. Das Muschelfleisch der Länge nach in große Scheiben schneiden. Die Tomate häuten, vierteln und entkernen.

2 Die Butter in einem Schmortopf zerlassen. Die Möhre, die Zwiebel und die Schalotte dazugeben und etwas andünsten. Das Muschelfleisch mit dem Corail dazugeben. Unter Rühren goldgelb anbraten. Den Cognac in einem Schöpflöffel erwärmen, anzünden und darüber gießen. Den Knoblauch schälen und dazupressen. Salzen, pfeffern. Den Weißwein angießen und das Ragout bei starker Hitze etwa 10 Min. kochen lassen. Das Muschelfleisch mit einem Schaumlöffel herausheben und warm stellen.

3 Den Sud etwas einkochen lassen, abschmecken und eventuell nachwürzen. Durch ein Sieb über das Muschelfleisch gießen. Sehr heiß servieren.

• Tip: Besonders schön sieht es aus, wenn Sie das Gericht in den Muschelschalen servieren.

Ttorro

Würziges Seefischragout (Baskenland)

Zutaten für 6 Portionen:

1 Kopf vom Meeraal
2 Zwiebeln
3 Knoblauchzehen
100 ml Olivenöl
Bouquet garni (Petersilie, Thymian, Lorbeerblatt)
½ l trockener Weißwein
1 EL Tomatenmark
1 TL Paprikapulver, edelsüß
1 kg Miesmuscheln
6 kleine Knurrhähne (je etwa 250 g)
6 Scheiben Meeraal
6 rohe Scampi
Mehl zum Bestäuben
6 Scheiben Baguette
Salz, Cayennepfeffer

Zubereitungszeit: etwa 2 ¼ Std.

Pro Portion: 3100 kJ/740 kcal

• Der Rote Knurrhahn ist ein sehr wohlschmeckender Fisch, der in den gemäßigt warmen Meeren Europas vorkommt. Er kann bis zu 6 kg schwer werden. Charakteristisch sind die Knochenstacheln am Rücken und große blaue Brustflossen. Meist wird der Knurrhahn enthäutet und ohne Kopf angeboten. Für dieses Rezept eignen sich kleine Fische, so daß jeder Gast einen ganzen Fisch erhält. Sollten Sie keine so kleinen Exemplare bekommen, können Sie auch 2 Knurrhähne in Portionsstücke schneiden.

• Meeraal kommt in allen europäischen Gewässern vor. Er ist nicht so fett wie der Flußaal, sein festes Fleisch hat einen feinen Geschmack. Kaufen Sie Scheiben aus dem vorderen Teil hinter dem Kopf, sie enthalten im Gegensatz zu denen aus dem Schwanzstück nur wenig Gräten.

• Dem Ttorro bekommt es gut, wenn Sie es vor dem Servieren mit Alufolie bedeckt in den auf niedrigste Stufe eingestellten Backofen stellen, zum Beispiel solange die Vorspeise gegessen wird.

1 Den Meeraalkopf kalt abbrausen. Die Zwiebeln schälen und fein hacken. 2 Knoblauchzehen schälen und mit der Messerklinge zerdrücken. 2 EL Öl in einem Topf erhitzen, Zwiebeln und Knoblauch darin glasig anschmoren. Das Bouquet einlegen. Alles bei milder Hitze etwa 10 Min. schmoren.

2 Den Wein angießen und den Sud bei starker Hitze etwa um die Hälfte einkochen lassen. 2 l Wasser angießen. Das Tomatenmark, das Paprikapulver, Salz und Cayennepfeffer hinzufügen. Aufkochen, dann die Hitze reduzieren und alles bei milder Hitze zugedeckt etwa 1 Std. ziehen lassen.

3 Inzwischen die Muscheln unter kaltem Wasser gründlich abbürsten und entbarten. Offene und beschädigte Muscheln aussortieren. Die übrigen Muscheln mit wenig Wasser in einem Topf etwa 10 Min. erhitzen, bis sie sich geöffnet haben. Jetzt noch geschlossene Muscheln wegwerfen.

4 Das Muschelfleisch aus den Schalen nehmen und beiseite stellen. Die Knurrhähne, die Meeraalscheiben und die Scampi kalt abbrausen und abtrocknen. Das Mehl in einen tiefen Teller geben und die Fische darin wälzen. Überschüssiges Mehl abklopfen.

5 Das restliche Öl in einer Pfanne erhitzen und die Knurrhähne sowie den Meeraal nacheinander darin von beiden Seiten goldbraun braten. Auf Küchenpapier abtropfen lassen. Danach die Scampi in der Pfanne braten.

6 Die Fische und die Scampi in eine Paella-Pfanne oder eine große, flache feuerfeste Form legen. Den Sud durch ein Sieb dazugießen. Das Gericht langsam bei mittlerer Hitze zum Kochen bringen. Die Muscheln hinzufügen.

7 Die Brotscheiben trocken rösten oder toasten und mit der restlichen geschälten, halbierten Knoblauchzehe einreiben. Das Brot auf den Fischen anordnen. Das Gericht sehr heiß servieren.

Lotte à la bergeraçoise

Lotte mit Tomatensauce (Bordelais)

Zutaten für 6 Portionen:

1,2 kg Lotte (Seeteufel), küchenfertig vorbereitet
2 EL Mehl
600 g sehr reife Tomaten
4 Schalotten
3–4 EL Öl
Bouquet garni (Lorbeerblatt, Petersilie, Thymian)
⅛ l trockener, weißer Bergerac-Wein
6 Scheiben Baguette oder Weißbrot
Salz, Pfeffer aus der Mühle

Zubereitungszeit: etwa 1 Std.

Pro Portion: 1200 kJ /290 kcal

1 Den Fisch kalt abbrausen, in Portionsstücke teilen und mit Mehl bestäuben.

2 Die Tomaten in kochend-heißes Wasser tauchen, häuten. Kerne herausdrücken, das Fruchtfleisch kleinschneiden. Die Schalotten schälen und fein hacken.

3 Das Öl in einer tiefen Pfanne erhitzen. Die Fischscheiben darin ringsherum goldgelb anbraten. Den Fisch aus der Pfanne heben, warm stellen.

4 Die Tomaten und die Schalotten im Bratöl der Fische erhitzen, das Bouquet einlegen, salzen, pfeffern. Wenn die Tomaten anfangen, Saft abzugeben, den Wein angießen. Die Fischstücke in die Pfanne zurücklegen. Die Hitze reduzieren. Die Pfanne zudecken und das Gericht in etwa 15 Min. fertig garen.

5 Die Brotscheiben trocken rösten oder toasten. Das Bouquet aus der Pfanne entfernen. Den Fisch auf einer Platte anrichten, mit der Sauce übergießen. Sehr heiß servieren. Das Brot dazu reichen.

• Weinempfehlung: ein trockener, weißer Bergerac, wie er für die Sauce verwendet wird.

Sole à la gasconne

Seezunge aus dem Ofen (Gascogne)

Zutaten für 2 Portionen:

1 Seezunge, küchenfertig vorbereitet (etwa 500 g)
2 Schalotten
1 Bund Petersilie
75 g Butter
¼ l trockener Bordeaux-Weißwein
1 EL Estragonsenf
1 EL Weinessig
1 EL Tomatenmark
1 kleine Knoblauchzehe
1 Eigelb
2 EL Semmelbrösel
½ Bund Schnittlauch
Salz, Pfeffer aus der Mühle

Zubereitungszeit: etwa 45 Min.

Pro Portion: 2500 kJ/600 kcal

1 Die Seezunge kalt abbrausen und abtrocknen. Mit einem spitzen Messer auf beiden Seiten in Höhe der Mittelgräte einritzen und die Filets etwas anheben. Salzen, pfeffern.

2 Die Schalotten schälen und fein hacken. Die Petersilie waschen, trockentupfen und ebenfalls fein hacken. Jeweils die Hälfte der Schalottenwürfel und der Petersilie in einer feuerfesten Form ausbreiten. Die Seezunge darauf legen. Den Backofen auf 180° vorheizen.

3 50 g Butter in einer Kasserolle zerlassen. Den Wein dazugießen. Die Mischung bei starker Hitze etwas einkochen lassen. Den Senf, den Essig, den Rest der Schalottenwürfel und der Petersilie sowie das Tomatenmark dazugeben. Mit dem Schneebesen gut verrühren. Die Knoblauchzehe schälen, kleinschneiden und in die Sauce geben. Salzen, pfeffern.

4 Die Sauce über den Fisch gießen. Den Fisch im vorgeheizten Backofen (Mitte; Gas Stufe 2) etwa 10 Min. garen.

Truites du Gave

Forellen in Jurançon (Béarn)

Zutaten für 4 Portionen:

2 Zwiebeln
2 Schalotten
1 Stengel Estragon
1 Bund Petersilie
1 EL Öl
1 sehr kleine Knoblauchzehe
½ l Jurançon-Weißwein
4 Forellen, küchenfertig vorbereitet (je etwa 200 g)
2 Eigelb
2 EL Crème fraîche
1–2 EL Zitronensaft
Salz, Pfeffer aus der Mühle

Zubereitungszeit: etwa 1 Std.

Pro Portion: 1460 kJ/330 kcal

1 Zwiebeln und Schalotten schälen und fein hacken. Estragon und Petersilie waschen, trockentupfen und getrennt hacken.

2 Das Öl in einer Kasserolle erhitzen, Zwiebeln und Schalotten kurz darin andünsten. Die Knoblauchzehe schälen, mit dem Estragon und 1 TL Petersilie dazugeben. Mit dem Wein und etwa 100 ml Wasser ablöschen. Salzen, pfeffern und zugedeckt etwa 10 Min. bei mittlerer Hitze köcheln lassen. Den Backofen auf 200° vorheizen.

3 Die Forellen kurz kalt abbrausen. Vorsichtig anfassen, damit die Schleimschicht nicht abgestreift wird. Die Forellen nebeneinander in eine flache feuerfeste Form legen.

4 Den Kräutersud etwas abkühlen lassen, lauwarm über die Forellen gießen. Im Backofen (Mitte; Gas Stufe 3) etwa 20 Min. garen.

5 Die Forellen vorsichtig aus dem Sud heben und auf einer Platte warm stellen. Den Sud etwas einkochen lassen. Die 2 Eigelb mit Crème fraîche verquirlen. Die Kasserolle vom Herd nehmen und die Eigelb-Mischung einrühren. Den Zitronensaft und den Rest der Petersilie einrühren. Den Backofen auf die höchste Stufe einstellen.

6 Die Sauce in die feuerfeste Form zurückgießen. Die Forellen obenauf legen und im Backofen etwa 5 Min. überbacken. In der Form servieren.

• Das Rezept stammt aus Pau, der ehemaligen Hauptstadt der Grafschaft Béarn und Heimatort der Mutter von Henri IV, Jeanne d'Albret, Königin von Navarra. Die Stadt liegt oberhalb des Gave, eines Flüßchens, aus dem köstliche Forellen stammen. Der Wein für das Gericht stammt ebenfalls aus dieser Gegend. Jurançon ist ein intensiv goldgelber, blumiger, halbsüßer Weißwein – früher bekannt und beliebt, heute eine rare Spezialität. Als Alternative eignet sich nur ein wirklich feiner halbtrockener Weißwein, etwa aus Graves oder Sauternes.

5 Den Fisch auf einer feuerfesten Platte anrichten. Den Backofen auf die höchste Stufe einstellen.

6 Den Sud etwas einkochen lassen. Von der Kochstelle nehmen und durch ein Sieb gießen. Mit dem Eigelb binden. Über den Fisch gießen. Alles mit Semmelbröseln bestreuen. Den Rest der Butter in Flöckchen obenauf setzen. Im sehr heißen Backofen (Mitte) noch etwa 5 Min. überbacken.

7 Den Schnittlauch waschen, in feine Röllchen schneiden und vor dem Servieren über das Gericht streuen.

• Weinempfehlung: ein guter trockener Bordeaux-Weißwein, zum Beispiel ein Haut-Brion oder ein Graves.

Entrecôte à la bordelaise

Entrecôte mit Rotweinsauce (Bordelais)

Zutaten für 4 Portionen:

800 g Entrecôte (Zwischenrippenstück vom Rind)
1 EL Öl
2 Schalotten
2–3 Rindermarkknochen
2 EL Butterschmalz
1 EL Mehl
200 ml Bordeaux-Rotwein
Salz, Pfeffer aus der Mühle

Zubereitungszeit: etwa 1 3/4 Std.

Pro Portion: 2100 kJ/500 kcal

1 Die Sehnen in der äußeren Schicht des Fleisches durchtrennen, damit sich die Entrecôte beim Braten nicht wölbt. Das Fleisch mit dem Öl einreiben, etwa 1 Std. ruhen lassen.

2 Die Schalotten schälen und sehr fein hacken. Das Mark aus den Knochen lösen und grob würfeln.

3 1 EL Butterschmalz in einer schweren Pfanne erhitzen. Das Fleisch darin anbraten, dann bei mittlerer Hitze unter Wenden je nach gewünschtem Gargrad braten (nach etwa 25 Min. ist es medium). Salzen, pfeffern.

4 1 EL Butterschmalz in einer Kasserolle zerlassen. Die Schalotten darin glasig anbraten. Mehl anstäuben, mit Wein ablöschen. Salzen, pfeffern. 10 Min. bei milder Hitze köcheln. Das Mark dazugeben, noch 10 Min. köcheln lassen.

5 Die Entrecôte kurz ruhen lassen, aufschneiden und mit der Sauce auf einer vorgewärmten Platte anrichten.

• Wer Rindermark sehr gern mag, kann weitere Scheiben in heißem Wasser pochieren und auf dem Fleisch anrichten.

• Weinempfehlung: ein guter Bordeaux-Rotwein aus dem Médoc oder aus Saint-Émilion.

Escalopes à la cajarçoise

Kalbsschnitzel mit Knoblauch (Périgord)

Zutaten für 4 Portionen:

4 Kalbsschnitzel (je etwa 150 g)
2 EL Öl
2 EL Butter
3 Knoblauchzehen
1 Bund Petersilie
4 EL Fleischbrühe oder -fond
Salz, Pfeffer aus der Mühle

Zubereitungszeit: etwa 30 Min.

Pro Portion: 1100 kJ/260 kcal

1 Die Kalbsschnitzel kalt abbrausen und abtrocknen. Das Öl und die Butter in einer Pfanne erhitzen. Die Kalbsschnitzel auf jeder Seite etwa 5 Min. braten.

2 Inzwischen die Knoblauchzehen schälen und fein hacken. Die Petersilie waschen, trockentupfen und fein hacken. Knoblauch und Petersilie vermengen. Die Schnitzel aus der Pfanne nehmen, salzen, pfeffern und in einer vertieften Platte warm stellen.

3 Die Fleischbrühe in die Pfanne gießen und den Bratfond damit loskochen. Die Sauce über die Schnitzel gießen. Die Petersilie-Knoblauch-Mischung darüber streuen. Heiß servieren.

Faux-filet à la landaise

Rindfleisch mit Gemüse und Kartoffelgratin (Gascogne)

Zutaten für 4 Portionen:

200 ml trockener Weißwein, zum Beispiel Graves
2 cl Armagnac
½ TL Pfefferkörner
frisch geriebene Muskatnuß
1 Zweig Thymian
1 Lorbeerblatt
800 g gespicktes Falsches Filet vom Rind (Schulterspitze; am besten vorbestellen)
3 EL Butter
1 Aubergine
2 Zwiebeln
2 Zucchini
3–4 Tomaten
2 Paprikaschoten
8 mittelgroße Kartoffeln (festkochende Sorte)
4 EL Olivenöl
½ Bund Petersilie
2 TL Semmelbrösel
1 Knoblauchzehe
Salz, Pfeffer aus der Mühle

Zubereitungszeit: etwa 1 ½ Std. (+ 6 Std. Marinierzeit)

Pro Portion: 3500 kJ/830 kcal

1 Aus dem Wein, dem Armagnac, den Gewürzen und den Kräutern eine Marinade rühren. Das Fleisch kalt abbrausen, abtrocknen und in die Marinade legen. Etwa 6 Std. darin durchziehen lassen. Einmal pro Std. umwenden.

2 Den Backofen auf 240° vorheizen. Das Fleisch aus der Marinade nehmen und mit Küchenpapier abtrocknen. Die Marinade aufbewahren.

3 Einen Bräter ausbuttern. Das Fleisch im Backofen (Mitte; Gas Stufe 4 ½) im offenen Bräter etwa 45 Min. braten. Ab und zu mit etwas Marinade begießen.

4 Inzwischen die Aubergine und die Zwiebeln schälen. Die Zucchini waschen und putzen. Die Tomaten kochendheiß überbrühen, häuten und halbieren. Die Kerne herausdrücken. Die Paprikaschoten waschen, von Rippen und Kernen befreien. Das Gemüse nicht zu klein schneiden. Die Kartoffeln waschen und in wenig Wasser in der Schale nicht zu weich kochen.

5 Das Öl in einem dickwandigen Schmortopf erhitzen, das Gemüse (ohne die Tomaten) bei starker Hitze darin anbraten. Die Hitze reduzieren, die Tomaten untermischen, zugedeckt etwa 30 Min. schmoren. Salzen und pfeffern.

6 Die Kartoffeln abschrecken, schälen, in dünne Scheiben schneiden. Petersilie waschen, trockenschütteln und fein hakken. Mit den Semmelbröseln mischen. Die Knoblauchzehe schälen und dazupressen. Eine feuerfeste Form ausbuttern. Die Kartoffelscheiben darin verteilen, salzen und pfeffern. Die Petersiliemischung darüber streuen. Den Rest der Butter in Flöckchen obenauf setzen.

7 Das Fleisch aus dem Ofen nehmen, auf einer Platte anrichten und warm stellen. Die Kartoffeln auf der oberen Schiene in den Backofen schieben. Die Hitze auf 250° (Gas Stufe 5) erhöhen. Die Kartoffeln etwa 10 Min. überbacken.

8 Inzwischen den Bratfond mit 2 EL Marinade loskochen. Etwas einkochen lassen und das Fleisch damit übergießen. Das Gemüse ringsherum anrichten. Den Kartoffelgratin dazu reichen. Servieren.

• Variante: den Kartoffelgratin mit rohen Kartoffeln bereiten. Die Kartoffeln dann sehr fein hobeln. Die Garzeit verlängert sich um etwa 30 Min.

• Weinempfehlung: ein guter leichter Bordeaux-Rotwein, zum Beispiel aus Pomerol oder Saint-Émilion.

Confit de canard

Entenconfit (Périgord)

Zutaten für 12 Portionen:

1 bratfertige Ente (etwa 1,8 kg)
2–3 Zweige Thymian
2 Lorbeerblätter
1,5 kg Gänsefett (Flomen) oder frischer Schweinespeck
grobes Salz

Zubereitungszeit: etwa 2 ½ Std. (+ 24 Std. Ruhezeit)

Pro Portion: 4445 kJ/1060 kcal

• Enten-, aber auch Gänse- und Putenconfit kann man heute überall in Frankreich fertig kaufen. Strenggenommen ist Confit kein Gericht, sondern eine Geflügelkonserve. Wenn Sie Ihr Confit selbst herstellen möchten, achten Sie auf jeden Fall auf erstklassiges Geflügel. Am besten ist es, wenn Sie die Ente, Pute oder Gans bei einem Produzenten Ihres Vertrauens kaufen. Da das Rezept recht einfach ist und nur wenige weitere Würzzutaten verwendet werden, steht und fällt das Ergebnis mit dem Wohlgeschmack des Geflügels.

• Nach diesem Rezept können Sie auch Puten- oder Gänseteile einlegen. Für Gänseconfit brauchen Sie allerdings kaum zusätzliches Fett.

• Enten- oder Gänseconfit fehlt im Périgord auf keiner Festtafel. Im Winter wird es im eigenen Fett in der Pfanne aufgebraten oder – wenn es weniger üppig sein soll – im Grill, je nach Größe der Teile, etwa 20 Min. erhitzt. Dazu schmecken geschmorte Steinpilze und Kartoffeln besonders gut. Im Sommer ißt man die Geflügelteile gern kalt, zum Beispiel bei einem Picknick. Die Geflügelteile werden am besten mit etwas warmem Wasser vom Fett befreit. Dazu gibt es Baguette und gemischte Blattsalate oder auch einen Champignonsalat aus rohen Pilzen, entweder mit Zitronensaft und frischer Sahne oder auch mit Öl, Senf und Zitronensaft angemacht.

1 Die Flügel und die Keulen großzügig abtrennen, das heißt noch etwas von dem Fleisch hinter dem Gelenk mitnehmen. Darauf achten, daß die Haut nicht verletzt wird. Das Fett, das sich am restlichen Körper befindet, auslösen und aufbewahren.

2 Grobes Salz in einen Teller schütten. Die Thymianblättchen abzupfen und zwischen den Fingern zerreiben. Die Lorbeerblätter im Mörser zerkleinern. Beides unter das Salz mischen. Die Ententeile damit einreiben.

3 Die Geflügelteile in eine große Schüssel schichten. Mit einem Teller oder einem Brettchen zudecken. Mit Gewichten beschweren. Die Teile mindestens 24 Std. ruhen lassen.

4 Am nächsten Tag das abgetrennte Entenfett bei mittlerer Hitze auslassen. Das Gänsefett oder den Speck kleinschneiden und dazugeben. Mit einem Holzlöffel umrühren. Wenn das Fett herausgeschmolzen ist, die Fettwürfel abheben, dann das Fett durch ein Sieb gießen.

5 Das Fett in den Topf zurück gießen und erneut erhitzen. Die Geflügelteile kalt abbrausen und sorgfältig abtrocknen. Im kochenden Fett bei mittlerer Hitze etwa 1 Std. garen. Vorsichtig mit einer Nadel einstechen. Ist der austretende Saft farblos, sind die Teile gar.

6 Die Ententeile herausheben, abkühlen lassen und in einen Keramiktopf legen. So viel Fett darüber gießen, daß es oben abschließt. Den Topf in einem kühlen Raum, am besten im Keller, aufbewahren.

Lièvre en cabessal

Gefüllter junger Hase (Périgord)

Zutaten für 6 Portionen:

1 junger Hase mit Leber oder 1 Kaninchen, küchenfertig vorbereitet (etwa 2 kg)
1 dünne Scheibe frischer fetter Speck zum Umwickeln

Für die Marinade:
100 ml Öl
¾ l guter Bordeaux-Rotwein
1 Zwiebel
1 Knoblauchzehe
3 Zweige Thymian
1–2 Zweige Rosmarin
1 Lorbeerblatt
3–4 Gewürznelken
frisch geriebene Muskatnuß
Pfeffer aus der Mühle

Für die Füllung:
2 Scheiben altbackenes Toastbrot
1 Schalotte
½ Bund Petersilie
500 g Schweinehack
1 Ei
1 Kalbsschnitzel (etwa 150 g)
100 g frischer fetter Speck in dünnen Scheiben
Salz, Pfeffer aus der Mühle

Für die Sauce:
50 g durchwachsener Räucherspeck
4 cl Cognac
½ l guter Bordeaux-Rotwein
1 Zwiebel
1 EL Butter
2 EL Mehl
1 Knoblauchzehe
4 EL guter Weinessig
2 schwarze Trüffeln
Salz, Pfeffer aus der Mühle

Zubereitungszeit: etwa 4 ½ Std. (+ mindestens 12 Std. Marinierzeit)

Pro Portion: 4400 kJ/1000 kcal

• Der Name dieses köstlichen Festtagsgerichts aus dem Périgord leitet sich von den ringförmig zusammengelegten Kopftüchern der Frauen ab, die schwere Lasten auf dem Kopf transportieren mußten. Der Hase wird, wenn man ihn traditionell zubereitet, ringförmig in einen runden Topf gelegt, eventuell sogar zusammengebunden und so gegart. Am besten schmeckt das Gericht natürlich mit Wildhasen. Da es den aber nur im Herbst und im frühen Winter zu kaufen gibt, können Sie auch, wie auf den Fotos, Kaninchen nehmen.

• Weinempfehlung: einen edlen Bordeaux-Rotwein, zum Beispiel Saint-Émilion Grand Cru oder einen guten Pomerol.

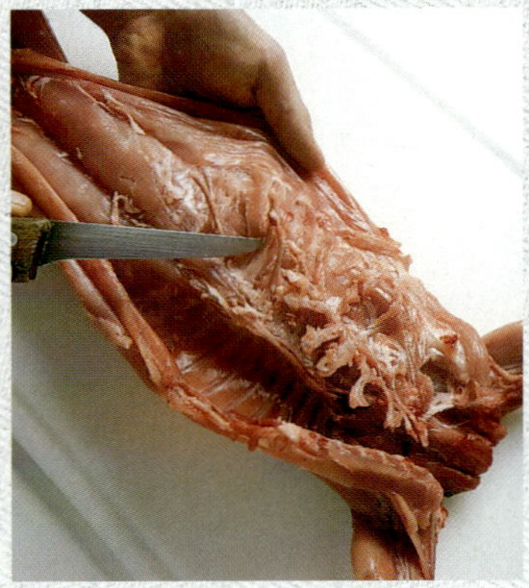

1 Den Hasen kurz kalt abbrausen. Die Leber im Kühlschrank aufbewahren. Mit einem spitzen Messer die Rippenknochen herauslösen. Das braucht etwas Zeit, gelingt aber leicht.

2 Aus dem Öl und dem Rotwein eine Marinade rühren. Die Zwiebel und die Knoblauchzehe schälen und hacken. Zusammen mit den Kräutern und den Gewürzen in die Marinade geben. Den Hasen mindestens über Nacht darin einlegen.

3 Am folgenden Tag die Füllung zubereiten: das Brot in lauwarmem Wasser einweichen und ausdrücken. Die Schalotte schälen, fein hacken, die Petersilie waschen und hacken. Das Hackfleisch mit dem Ei, dem Brot, der Schalotte, der Petersilie, Salz und Pfeffer verkneten.

4 Den Hasen aus der Marinade nehmen und abtrocknen. Das Schnitzel in die Bauchhöhle legen. Mit den Speckscheiben auskleiden. Zuletzt die Füllung hineingeben. Die Bauchöffnung mit Küchengarn zunähen. Den Hasen mit dem frischen Speck umwickelt, diesen mit Küchengarn festbinden.

5 Für die Sauce den durchwachsenen Speck fein würfeln. In einem großen Schmortopf erhitzen und glasig braten. Den Hasen ringförmig in den Topf legen und anbraten. Mit dem Cognac und dem Wein begießen. Den Topf von der Kochstelle nehmen. Den Backofen auf 160° vorheizen.

6 Die Zwiebel schälen und fein hacken. Die Butter in einer Kasserolle zerlassen. Das Mehl anstäuben, etwas bräunen lassen. Die gehackte Zwiebel dazugeben. Die Marinade durch ein Sieb dazugießen. Die Einbrenne damit ablöschen. Über den Hasen gießen.

7 Den Hasen zugedeckt im Backofen (Mitte; Gas Stufe 1) etwa 3 ½ Std. garen. Er ist gar, wenn das Fleisch sich vom Rückenknochen löst. 30 Min. vor Ende der Garzeit 1 Knoblauchzehe schälen, mit der Leber pürieren. In einer Kasserolle mit Essig bei milder Hitze etwa 25 Min. köcheln lassen.

8 Den Hasen aus dem Topf nehmen und warm stellen. Die Sauce entfetten, die Lebermischung dazugeben. Noch etwa 10 Min. erhitzen, jedoch nicht kochen lassen. Die Trüffeln schälen und in feinste Scheibchen schneiden. In die Sauce geben. Die Sauce über den Hasen gießen.

Gâteau à l'Armagnac

Armagnac-Kuchen (Gascogne)

Zutaten für 4–6 Portionen:

Für den Teig:
2 Eier
60 g Zucker
1 Päckchen Vanillezucker
60 g Mehl
1 Msp. Backpulver
Butter für die Kuchenform

Für die Sauce:
100 g Puderzucker
50 ml Armagnac

Zubereitungszeit: etwa 45 Min.

Bei 6 Portionen pro Portion:
840 kJ/200 kcal

1 Die Eier trennen. Die Eigelb in einer Schüssel mit dem Zucker so lange schaumig rühren, bis die Masse hellgelb ist. Den Vanillezucker unterrühren. Das Mehl und das Backpulver mischen und dazusieben, jedoch nicht unterrühren.

2 Die Eiweiß sehr steif schlagen. Den Eischnee auf das Mehl geben und sehr vorsichtig mit einem Holzlöffel unterheben. Den Backofen auf 180° vorheizen.

3 Eine Kastenform oder eine Kuchenform mit hohem Rand (1–1 ½ l Inhalt) ausbuttern. Den Teig einfüllen. Den Kuchen im vorgeheizten Backofen (Mitte; Gas Stufe 2) in etwa 20 Min. goldgelb backen.

4 5 Min. vor Ende der Backzeit den Puderzucker in einer Kasserolle in 2–3 EL Armagnac auflösen und erhitzen. Den übrigen Armagnac dazugeben. Die Kasserolle sofort von der Kochstelle nehmen.

5 Den Kuchen auf eine Platte stürzen. Nach und nach mit der Zucker-Armagnac-Lösung beträufeln. Den Kuchen etwas abkühlen lassen und lauwarm zum Kaffee servieren.

Flaugnarde

Rumgebäck mit Backpflaumen (Périgord)

Zutaten für 4–6 Portionen:

4 Eier
100 g Puderzucker
80 g Mehl
1 TL Rum
100 ml Milch
Salz
4 Backpflaumen ohne Stein
Butter für die Backform
Puderzucker zum Bestäuben nach Geschmack

Zubereitungszeit: etwa 45 Min.

Bei 6 Portionen pro Portion:
930 kJ/220 kcal

1 Den Backofen auf 200° vorheizen. Die Eier in einer großen Schüssel schaumig rühren. Den Puderzucker durch ein Sieb dazugeben, dabei weiter schlagen. Das Mehl durch ein Sieb anstäuben und nach und nach unterrühren. Den Rum und die Milch angießen. Mit 1 winzigen Prise Salz würzen.

2 Die Backpflaumen vierteln. In den Teig geben. Alles noch einmal gut durchmischen.

3 Eine flache runde Kuchenform (etwa 26 cm ø) ausbuttern. Den Teig hineinfüllen. Im Backofen (Mitte; Gas Stufe 3) in etwa 20 Min. goldgelb backen.

4 Die Flaugnarde abkühlen lassen. Lauwarm oder kalt zum Kaffee servieren. Nach Geschmack mit Puderzucker bestäuben.

• Tip: Das Gebäck schmeckt mit geschlagener Sahne noch besser.

Gâteau des rois

Dreikönigskuchen (Bordelais)

Zutaten für 6–8 Portionen:

Für den Teig:
10 g Hefe
500 g Mehl + Mehl für die Arbeitsplatte
200 g Butter + Butter fürs Blech
5 Eier
Salz
1 Eigelb
Zitronat und Hagelzucker zum Bestreuen

Für den Sirup:
2 cl Cognac
2 cl Orangenblütenwasser (Apotheke)
100 g Zucker
1 Stück Schale von 1 unbehandelter Orange
1 Stück Schale von 1 unbehandelter Zitrone

Zubereitungszeit: etwa 1 Std. (+ 6–7 Std. Ruhezeit)

Bei 8 Portionen pro Portion: 2200 kJ/520 kcal

1 Die Hefe in eine Schüssel bröckeln. In etwa 2 cl lauwarmem Wasser auflösen. 100 g Mehl abwiegen. Von dieser Portion die Hälfte durch ein Sieb dazugeben und unterrühren. Weitere 2 cl lauwarmes Wasser angießen. Das restliche Mehl anstäuben. Alles zu einem weichen Vorteig verarbeiten. Die Schüssel mit einem sauberen Küchentuch bedekken und an einem warmen Platz etwa 30 Min. ruhen lassen. Der Vorteig soll sein Volumen etwa verdoppeln.

2 Inzwischen den Sirup bereiten: Den Cognac und das Orangenblütenwasser in eine Kasserolle geben. Den Zucker darin auflösen. Die Orangen- und die Zitronenschale in winzige Streifchen schneiden. Die Mischung bei milder Hitze unter Rühren erwärmen. So lange sieden lassen, bis ein dünnflüssiger Sirup entstanden ist. Abkühlen lassen.

3 Das restliche Mehl in eine Schüssel sieben. In die Mitte eine Mulde drücken. Wenig salzen. Die Butter in Würfeln dazugeben. Alles mit dem Knethaken des Handrührgeräts gründlich durchkneten. Nacheinander die Eier dazukneten. Den Sirup in kleinen Portionen untermischen. Der Teig soll ziemlich weich sein.

4 Den Vorteig vorsichtig darunterkneten. Den Teig zugedeckt an einem nicht zu warmen Platz 3–4 Std. ruhen lassen. Er soll sein Volumen ein weiteres Mal verdoppeln.

5 Den Teig zugedeckt an einem kühleren Platz ruhen lassen, bis er sein Volumen ein weiteres Mal verdoppelt hat. Das dauert etwa 2 Std.

6 Den Teig jetzt auf einer bemehlten Arbeitsplatte zu einer dicken Wurst formen. Die beiden Enden zusammenfügen, so daß ein Ring entsteht. Oder den Teig in eine gefettete Savarinform geben. Das Eigelb mit etwas Wasser verquirlen. Den Kuchen damit bepinseln.

7 Ein Backblech buttern. Den Kuchen darauf legen. Mit winzigen Zitronatstückchen und Hagelzucker bestreuen. Noch einmal zugedeckt etwa 45 Min. an einem warmen Ort ruhen lassen. Den Backofen auf 220° vorheizen.

8 Im vorgeheizten Backofen (Mitte; Gas Stufe 4) in etwa 20 Min. goldgelb backen.

• Das traditionelle Dreikönigsgebäck der Region um die Hafenstadt Bordeaux. An diesem Tag wird ein weißer Bohnenkern mit eingebacken, der den, der ihn findet, zum König des Tages macht.

Millassou

Kürbiskuchen (Périgord)

Zutaten für 6 Portionen:

1,5 kg Kürbis
6 Eier
½ l Milch
375 g Zucker
50 ml Rum
200 g Butter + Butter für die Backform
375 g Maismehl

Zubereitungszeit: etwa 1 Std.

Pro Portion: 3900 kJ/930 kcal

1 Den Kürbis schälen, entkernen und in Würfel schneiden. In wenig Wasser zugedeckt in etwa 15 Min. garen. Die Kürbiswürfel abtropfen lassen und mit dem Blitzhacker pürieren oder durch ein Sieb passieren. Das Mus soll sehr geschmeidig und fein sein.

2 Die Eier in einer Schüssel mit einer Gabel wie für eine Omelette schlagen. Die Milch in einem Topf erhitzen.

3 Die Eier mit dem Kürbismus verrühren. Den Zucker, den Rum, die Butter in Flöckchen und die heiße Milch dazugeben. Alles gut verrühren. Das Maismehl unter ständigem Umrühren einrieseln lassen. Den Backofen auf 220° vorheizen.

4 Eine runde Tarteform oder eine Springform von 26 cm ø ausbuttern. Die Mischung hineingeben und im vorgeheizten Backofen (Mitte; Gas Stufe 4) in etwa 25 Min. goldgelb backen.

• Der Name dieses Gerichts stammt von »millette«, einer kleinkörnigen Maisart, die in den Landen angebaut wird. »Millas« heißt in Süd- und Südwestfrankreich, was auf Korsika, in der Provence und in Italien als Polenta bezeichnet wird.

Friands périgourdins

Kartoffelkrapfen (Périgord)

Zutaten für 6 Portionen:

500 g neue Kartoffeln
1 gehäufter EL Puderzucker
1 Prise Salz
500 g Mehl
etwa ¾ l Öl zum Fritieren
1 Päckchen Vanillezucker

Zubereitungszeit: etwa 50 Min. (+ 3–4 Std. Ruhezeit)

Pro Portion: 2600 kJ/620 kcal

1 Die Kartoffeln zugedeckt in wenig Wasser in etwa 20 Min. garen. Dann abgießen und pellen. Die Kartoffeln noch heiß durch eine Kartoffelpresse auf ein sauberes Küchentuch drücken.

2 Den Puderzucker durch ein Sieb über die Kartoffeln stäuben. Salzen. Das Mehl nach und nach durch ein Sieb dazugeben und darunterkneten. Den Teig in das Tuch wickeln und 3–4 Std. ruhen lassen. Das Öl in einer Friteuse oder in einem hohen Topf erhitzen.

3 Den Teig etwa 1 cm dick auf wenig Mehl ausrollen. Mit einem Teigrädchen Rauten oder runde Plätzchen ausstechen. In dem heißen Öl nach und nach ausbacken. Mit einem Schaumlöffel herausnehmen und auf Küchenpapier abtropfen lassen. Auf einer Platte anrichten und mit Vanillezucker bestreuen. Lauwarm oder kalt servieren.

• Im Périgord, vor allem in der Region von Bergerac, werden in vielen Familien diese bäuerlichen Kartoffelkrapfen von alt und jung hoch geschätzt. Im übrigen Frankreich versteht man unter »friands« kleine, mit Fleischmasse gefüllte Blätterteigpasteten.

Pruneaux au vin rouge

Backpflaumen in Rotweinsirup (Bordelais)

Zutaten für 4 Portionen:

500 g Backpflaumen ohne Stein
½ l Bordeaux-Rotwein
8 EL Puderzucker
1 Vanilleschote
1 Prise gemahlener Zimt

Zubereitungszeit: etwa 1 ¼ Std. (+ 3 Std. Quellzeit)

Pro Portion: 2000 kJ/480 kcal

1 Die Backpflaumen etwa 3 Std. in Wasser einweichen. Dann abtropfen lassen und mit dem Wein und dem Puderzucker in einen Topf geben. Die Vanilleschote längs spalten und zusammen mit dem Zimt dazugeben.

2 Die Pflaumen im offenen Topf bei sehr milder Hitze etwa 45 Min. kochen. Der Sud soll eine sirupartige Konsistenz erhalten.

3 Die Pflaumen mit dem Sud in eine Schüssel gießen. Die Vanilleschote entfernen. Die Pflaumen lauwarm servieren.

• Die Pflaumen in Rotwein schmecken gut zu Milchreis oder zu trockenem Kuchen.

• Vakuumverpackte Dörrpflaumen müssen Sie nicht einweichen.

Œufs au lait

Eierspeise mit Vanille (Quercy)

Zutaten für 6 Portionen:

1 l Milch
150 g feiner Zucker
1 Vanilleschote
6 Eier
4 EL Kristallzucker

Zubereitungszeit: etwa 1 ½ Std.

Pro Portion: 1400 kJ/330 kcal

1 Die Milch in eine Kasserolle gießen. Den Zucker darin auflösen. Die Vanilleschote der Länge nach spalten und in die gezuckerte Milch geben. Die Milch zum Kochen bringen. Die Kasserolle sofort von der Kochstelle nehmen. Die Vanilleschote herausnehmen.

2 Die Eier in eine Schüssel aufschlagen und mit der Gabel wie für eine Omelette schlagen. Die heiße Milch langsam dazugießen, dabei ständig umrühren.

3 Etwas Wasser zum Kochen bringen. In einer Charlottenform den Kristallzucker mit 3 EL kaltem Wasser auflösen. Die Mischung in der Form erhitzen, bis der Zucker karamelisiert. Wenn die Masse mittelbraun ist, 2 EL kochendes Wasser hinzufügen. Mit einem Topflappen oder einem Handschuh die Charlottenform so schwenken, daß sich die Karamelmasse an allen Wänden verteilt. Die Eimasse durch ein feines Sieb in die Form gießen. Den Backofen auf 220° vorheizen.

4 Die Eierspeise im Backofen (Mitte; Gas Stufe 4) in etwa 25 Min. stocken lassen. Die Speise abkühlen lassen und stürzen.

Gemüse – die leuchtende Pracht

Wie Gott in Frankreich lebt, weiß keiner so genau, doch wahrscheinlich hält er seine Hand über die Märkte des Landes – ob im Norden, Süden, Osten oder Westen. Frankreich ist allein wegen seiner bunten, prächtigen Obst- und Gemüsestände eine Reise wert. Und es sind nicht die liebevoll ausgebreiteten Waren allein, die Lebensfreude ausstrahlen, sondern auch die Menschen vor und hinter den Auslagen. Das Gespräch zwischen einer Marktfrau und der Hausfrau – das gleiche gilt für Männer auch – ist von ernster Sachverständigkeit beiderseits geprägt, doch spürt man bei allem Ernst immer die tägliche Freude der Franzosen an ihren hervorragenden Produkten und die Vorfreude auf die Zubereitung und den Genuß.

Klima und Böden Frankreichs machen aus dem Land einen einzigen großen Gemüsegarten, und das Wort »Primeur« – Frühgemüse – hat einen besonderen Klang nicht nur bei verwöhnten Gourmets, sondern im ganzen Volk.

Die sonnigen Mittelmeerregionen von der Provence über das südliche Rhônetal bis hin zum Roussillon weisen das ideale Klima für den Anbau von Frühgemüsen auf. Doch auch an Lot, Garonne und Tarn wirken sich fruchtbares Schwemmland und die milde, feuchte Luft vom Atlantik günstig aus.

Nicht einmal in den nördlicheren Regionen müssen die Bauern wegen rauher Klimaverhältnisse auf frühe Sorten verzichten. Der Golfstrom, der die Bretagne umspült, erlaubt auch hier Freilandanbau im Winter. Das Tal der Loire ist klimatisch ebenso begünstigt, und im Norden und Osten Frankreichs gibt es reichlich Obst- und Gemüseanbau.

Das edelste Frühgemüse ist der Spargel, der schon ab März aus Südfrankreich in den Handel kommt. Die Franzosen bevorzugen die leicht grünlichen oder rosavioletten Stangen, die intensiver schmecken als die rein weißen. Spargelstangen färben sich leicht, wenn die Köpfe 1–2 cm aus dem Boden herauswachsen. In Frankreich ißt man den Spargel kalt oder lauwarm als Vorspeise, meist mit einer Sauce vinaigrette, selten als warme Beilage.

Bekannt und beliebt sind die französischen Artischocken. Die großen, runden, blaugrünen, die den Hauptteil der Gesamternte ausmachen, kommen aus der Bretagne, die kleineren, eiförmigen aus Südfrankreich. Im französischen Menü stehen die Artischocken ganz vorn, das heißt, sie werden warm oder kalt als Vorspeise gegessen. Die bretonischen gibt es mit verschiedenen kalten Saucen, in die man die Blätter ein-

Oben: Artischocken aus der Bretagne, Auberginen, Paprika und Tomaten aus dem Midi.

Oben rechts: Farbenfroher Marktstand in Nizza. Hier bleibt kein Wunsch offen.

taucht, oder man bereitet nur die Böden gefüllt oder ungefüllt zu. Die kleinen Artischocken werden, wenn sie ganz jung sind, roh mit Salz, im Salat oder in der Omelette serviert. Große französische Artischocken gibt es von Mai bis November, die kleinen von März bis Juli.

Blumenkohl gilt als das beliebteste Gemüse in Frankreich. Er wird das ganze Jahr über in allen Regionen geerntet, führend ist jedoch auch hier die Bretagne. Die Sorte »Prince de Bretagne« findet man überall in Europa im Handel, vor allem aber in Deutschland. Blumenkohl gehört zur Vorspeise, wird aber auch als Fleischbeilage gereicht.

Im Norden gibt es auch die besten Möhren, vor allem in der Normandie, der Bretagne und in der Île-de-France bei Crécy, Frühmöhren werden im Tal der Loire und in Südfrankreich geerntet. Eine besonders gute Sorte ist die »Nantaise« mit leuchtend orangeroten, unten stumpfen Wurzeln. Möhren werden in der französischen Küche gern mit dem Fleisch geschmort, sie gehören in jede Form von Sud, und bei den Crudités, der Rohkost-Vorspeise, sind sie geraspelt und mit Salatsauce angemacht unverzichtbarer Bestandteil.

Zuckererbsen und Pois mangetouts, Erbsen, die mit der Schote verzehrt werden, sind ein besonders feines Frühgemüse. Sie sind häufig Bestandteil einer warmen Vorspeise, auch zusammen mit Möhren. Die besten Tomaten Frankreichs werden im Süden geerntet, wo sie Hauptbestandteil der provenzalischen Küche sind. Hier kommen sie als Salat oder Gemüse, gefüllt als Vorspeise oder als Bestandteil eines Schmorgerichts oder einer Fischsuppe auf den Tisch. Weitere Anbaugebiete sind die Südbretagne und das Loiretal.

Als Salat, aber auch mit Schinken geschmort, ist der Chicorée vor allem im äußersten Norden Frankreichs an der Grenze nach Belgien beliebt. Hier werden die Stauden in Hydrokultur gezogen. Etwa 60 % der gesamten Ernte Europas kommen von hier.

Oben: Blumenkohl aus der Bretagne. Das Land ist der größte Produzent dieser Gemüseart in Frankreich.

Unten: Daß Bohnen nicht einfach gleich Bohnen sind, sieht man an diesem Stand. Dem kritischen Verbraucher werden mehrere Sorten angeboten.

Staudensellerie ist ebenfalls ein unverzichtbarer Bestandteil französischer Gerichte, und zwar als Würzzutat. Meist werden nur 1–2 Stangen in Fleisch- und Geflügelgerichten mitgeschmort oder -gekocht, doch auch als Gemüse, mit Butter gegart, mit Béchamelsauce überzogen oder kalt als Hors-d'œuvre sind sie beliebt.

Paprika, Zucchini und Auberginen werden in den Mittelmeerregionen geerntet, wo sie oft gefüllt als warme Vorspeise gereicht werden, aber auch Bestandteile von Fleisch-, Geflügel- und Fischgerichten sein können.

Zwei Gemüsearten, die in Frankreich bekannt und beliebt sind, gibt es bisher nur selten bei uns: Cardy und Knollenziest. Cardy kommt in Stauden auf den Markt, die den Selleriestauden etwas ähnlich sehen. Im vorigen Jahrhundert war dieses Gemüse in Deutschland noch bekannt, heute findet man es nur noch regional in Südfrankreich. Es kommt im Herbst auf den Markt. Verwendet werden die artischockenähnlich schmeckenden Blattstiele. Im Lyonnais bereitet man aus Cardy einen Gratin, mit Gruyère überbacken.
Knollenziest gibt es vor allem in China und Japan, in Europa nur in Frankreich. Es sind etwa fingerlange, weißgelbe, saftige Knöllchen, die wie Spargel zubereitet oder auch mit anderen Gemüsen als Salat serviert werden.

Wichtigste Pilzsorte in Frankreich ist der Zuchtchampignon, der im Tal der Loire in Tuffsteinhöhlen in großen Mengen gezüchtet wird. Auch in der Île-de-France gibt es größere Kulturen – daher der Name Champignon de Paris. Wurden früher die kleinen Pilze bevorzugt, hat man heute erkannt, daß die großen Exemplare kräftiger und würziger schmecken. Sehr frische Champignons werden gern roh mit einer Vinaigrette als Vorspeise serviert, außerdem sind sie Bestandteil vieler Saucen und feiner Suppen.

Steinpilze sind eine Spezialität des Südwestens, Morcheln

Oben: Morcheln sind feine Würzpilze, die jedem Gericht eine besondere Note verleihen. Die meisten stammen aus dem französischen Jura.

Unten: Steinpilze und Pfifferlinge in reicher Fülle; im Vordergrund grüner Spargel.

kommen hauptsächlich im Jura vor. Trüffeln, so schwarz, so köstlich und so teuer wie Kaviar, kommen im Burgund, im Périgord und in der Provence vor. Dort werden sie im Spätherbst mit Hilfe von Hunden oder Schweinen aufgespürt und gesammelt. In der feinen Küche werden sie in kleinen Mengen als Würze für Saucen und Suppen oder auch zum Spicken von Geflügel verwendet. In alten französischen Kochbüchern findet man noch reine Trüffelgerichte. Frische Pilze werden vor dem Garen geschält oder mit der Schale gegart.

Kartoffeln und Zwiebeln gibt es in Frankreich in reicher Sortenfülle. Die besten Kartoffeln kommen aus der Normandie, der Bretagne und der Provence. Die beiden letzten Gebiete sind auch die Hauptlieferanten für Zwiebeln. Hier sei noch die Schalotte erwähnt. Die kleine Zwiebel wird in der feinen Küche vor allem für Saucen verwendet. Sie schmeckt würziger als normale Zwiebeln und gibt den Gerichten einen ganz speziellen Geschmack. Schalotten werden wegen ihres intensiven Geschmacks sparsam verwendet.

Gemüse nehmen im traditionellen französischen Menü einen anderen Platz ein als bei uns. Sie werden kalt oder warm als Vorspeise serviert oder sind Bestandteil des Hauptgerichts, das heißt, sie werden zusammen mit Fleisch, Fisch, Geflügel oder Wild gegart.

Kartoffelernte in der Dauphiné. Viele Bauern bieten ihre Produkte gleich am Straßenrand an.

Oben: Keine französische Hausfrau würde sich mit dem Einkauf von »Zwiebeln« zufriedengeben. Sie wählt für jedes Gericht die passende Sorte – das Angebot ist reichhaltig.

Unten: Hier wird violetter Knoblauch auf dem Markt angeboten. Er schmeckt würziger als der weiße und hält sich auch länger.

Auvergne, Limousin

Weidewirtschaft auf kahlen, weiten Hochflächen:
die Auvergne mit den Bergen des Zentralmassivs

Das Land und seine Produkte

Die historische Provinz Auvergne, seit 1960 Region, bedeckt den größten Teil des Zentralmassivs. Das touristisch noch kaum erschlossene Gebiet ist von eigenartigem landschaftlichem Reiz. Pittoresk geformte Vulkankegel prägen das Bild ebenso wie zahlreiche Stau- und Vulkanseen und je nach Erosion weitere oder engere Täler sowie tiefe Schluchten. In der Auvergne entspringen zahlreiche große Flüsse wie Loire, Allier, Dordogne und Lot. Im Parc Régional des Volcans, dem größten Naturpark Frankreichs, und in einem weiteren, erst 1984 eingeweihten Naturpark sowie in den Heilbädern mit ihren Thermalquellen und den Wintersportorten finden gestreßte Großstädter ungestörte Ruhe und Erholung.

Die Auvergne ist kein reiches Land. Auf den kargen, entwaldeten Hochflächen wird Weidewirtschaft betrieben. Milch und Käse sind die wichtigsten Produkte der Landwirtschaft. Entsprechend ist die Küche einfach und solide. Das Tal des Allier gilt den Essern von Roggenbrot und Käse als das Gelobte Land, da es hier neben Obst auch Wein gibt und Weißbrot an die Stelle des dunklen Bauernbrots tritt. Dennoch sind die Gerichte der Auvergne in ihrer Einfachheit durchaus beachtenswert und wohlschmeckend.

Jede Gegend hat ihren eigenen Käse. Der älteste Käse Frankreichs, der schon bei den Römern beliebte Cantal mit seinem leicht erdigen Geschmack, Saint-Nectaire mit seinem Nußaroma, zwei interessante Blauschimmelkäse, Bleu d'Auvergne und Fourme d'Ambert, Salers und Laguiole lassen einen gern auf großstädtische Genüsse verzichten. Forellen und Karpfen sind typische Produkte dieses Landes. Zu Möhren, Kartoffeln, Kichererbsen, Kohl, grünen Linsen und dicken Bohnen gibt es meist Schweinefleisch. Die Gerichte werden mit Schweineschmalz zubereitet, und die Schinken der Auvergne sind auch in anderen Landesteilen begehrt.

Daß man auch in einem armen Land schon seit alters zu genießen verstand, beweist die Tatsache, daß man sagte, man habe »gut gegessen«, wenn es zum Festmahl auf sechs verschiedene Arten zubereitete Rüben gegeben hatte! Es gehört sicherlich nicht wenig dazu, aus einfachen Produkten ein abwechslungsreiches Mahl zu gestalten.

Am nordwestlichen Rand des Zentralmassivs schließt die Region Limousin an, zu der heute auch die historische Provinz Marche gehört. Es ist nach Korsika die am dünnsten besiedelte Region und zugleich geographischer Mittelpunkt Frankreichs.

Hochflächen wechseln mit Tälern ab. Die höchste Erhebung beträgt etwa 1000 m. Es ist ein außerordentlich wasserreiches Land. Bäche, Flüsse und Seen prägen das Landschaftsbild. Rund 1000 Quellen sollen in der Hochebene von Millevache entspringen, und etwa 75 Seen erfreuen nicht nur die Herzen von Wassersportlern, ihr Fischreichtum ist eine wichtige Nahrungsmittelressource für die Bewohner.

Bekanntestes Produkt der Landwirtschaft sind die Limousin-Rinder, die wegen ihrer robusten Natur das ganze Jahr im Freien zubringen können und ein besonders zartes Fleisch liefern. Wild und Geflügel, Steinpilze und Morcheln, Kastanien und Gemüse sind die wichtigsten Elemente der gesunden, dabei feinen Küche.

Vor allem die Landschaft Corrèze gilt unter Feinschmeckern als Paradies. Hier haben die getrüffelten Geflügelleberpasteten und -terrinen aus Brive Ruhm erlangt.

Links: Verträumte Landschaft bei Visois im Limousin, der dünnstbesiedelten Region des französischen Festlandes.

Oben: Blick auf Clermont-Ferrand, die Hauptstadt der Auvergne, mit ihrer gotischen Kathedrale aus dunklem Vulkangestein.

Oben: Limoges, die Hauptstadt des Limousin, ist bekannt für seine Porzellanmanufakturen.

Ganz links: Zu den Spezialitäten der Auvergne gehören Dauerwürste, feine Schinken und ein gutes Landbrot.

Links: Edelkastanien sind in der Auvergne Grundnahrungsmittel und Bestandteil vieler regionaler Gerichte.

Rechts: Michaelskapelle auf einer steilen Felsnadel aus Vulkangestein bei Le Puy. Der Ort lag an der Pilgerstraße nach Santiago de Compostela.

Menschen, Feste, Sehenswertes

»Die Auvergner haben schwarze Haare, glühende Augen, strahlend weiße Zähne und tragen mehrere Pullover, braune und violette, übereinander.« So charakterisiert Alexandre Vialatte seine Landsleute. Dem wäre hinzuzufügen, daß sie von den keltischen Avernern abstammen, die im Freiheitskampf gegen Caesar eine entscheidende Rolle spielten. Vercingetorix war ihr Anführer.

Wer heute in die Auvergne reist, wird von den Naturschönheiten begeistert sein. Bei Bort-les-Orgues zum Beispiel wird er die riesigen, etwa 10 m dicken Phonolithsäulen bewundern und eine Fahrt zu den Schluchten der Dordogne unternehmen. Der Puy de Dôme, der fast 1500 m hoch steil aus der Landschaft herausragt, ist nicht nur wegen des Rundblicks berühmt, den man von seinem Gipfel hat. Im Jahre 1911 legte ein Flugzeug erstmals die Strecke von Paris hierher in 5 Stunden zurück. Gallier wie Römer haben ihn als heiligen Berg verehrt.

Hinter den Naturschönheiten stehen die Baudenkmäler aus romanischer Zeit in keiner Weise zurück. Hier wie im Limousin hat sich ein durch die Schule der Auvergne ganz eigentümlicher Stil entwickelt, den man sonst nirgendwo in Frankreich vorfindet. Etwa 50 Bauten aus dieser Zeit sind erhalten. Eines der schönsten Beispiele ist in Orcival zu bewundern. Die Kirche Notre-Dame wurde aus Vulkangestein errichtet. Die thronende Madonna aus dem 12. Jahrhundert war lange Zeit Ziel vieler Wallfahrten.

Im Thermalbad Saint-Nectaire, am Rande der Monts Dore, findet man in der gleichnamigen romanischen Kirche einen der reichsten Kirchenschätze in Frankreich. Auch Riom, die ehemalige Hauptstadt der Auvergne, wo früher die Ducs du Berry herrschten, hat eine prächtige Basilika im Stil der Auvergne aufzuweisen.

Vichy, von 1940 bis 1944 Sitz der Pétain-Regierung und das bedeutendste Heilbad Frankreichs, liegt am Nordrand der Auvergne am Allier. Sein Heilwasser, das bis zu 43° warm aus dem Boden sprudelt, war schon den Römern bekannt. In der schönen Altstadt sind die Reste einer Burg von Louis II zu bewundern.

Die heutige Hauptstadt Clermont-Ferrand ist mit nur 150000 Einwohnern die bei weitem größte Stadt dieser ländlichen Region. Sie liegt etwas erhöht im Limagne-Talbecken. Im Mittelalter war sie Ausgangspunkt für den Aufruf zum ersten Kreuzzug durch Papst Urban II. Ihre Kathedrale aus dunklem Vulkangestein gehört zu den großen gotischen Bauwerken Mittelfrankreichs.

Limoges, die Hauptstadt des benachbarten Limousin, ist vor allem wegen seiner Porzellanmanufakturen bekannt. Im 18. Jahrhundert kam die Kunst der Porzellanherstellung von Sèvres hierher und konzentrierte sich auf diese Stadt. Jean Renoir, der große Impressionist, begann hier als Porzellanmaler.

Eine weitere hohe Kunst ist in Aubusson zu Hause: Im 15. Jahrhundert brachten protestantische Einwanderer aus Flandern ihre Fertigkeit, Bildteppiche zu weben, hierher. Noch heute gibt es in dieser Stadt bedeutende Gobelin- und Bildteppich-Manufakturen. In Bellac, der Geburtsstadt von Jean Giraudoux, wird in einem Festival des großen Dichters gedacht.

Rechts: Garabit-Eisenbahnviadukt über den Truyère, erbaut von Gustave Eiffel, der hier Erfahrungen für den Bau des Eiffelturms sammelte.

Unten: Brunnentempel in Royat, einem beliebten Thermalbad bei Clermont-Ferrand.

Rechts: In Le Puy wird die Kunst des Spitzenklöppelns nicht nur von Frauen ausgeübt.

Oben: Ländliches Restaurant am Viadukt bei Busseau sur Creuse.

Links: Römische Brücke über die Creuse bei Senoueix.

Unten links: Mit Trachten und Weinverkostung feiert man in der zum Limousin gehörenden Marche den edlen Flußkrebs.

Unten: Freilandgeflügel in einem typischen Bauernhof der Auvergne.

Die Weine

Die Bewohner der Auvergne lieben den Wein, aber das Klima auf den Hochflächen des Zentralmassivs erlaubt keinen Weinbau. Nur in den fruchtbaren Tälern der Limagne ist Rebbau möglich.

In der Auvergne sagte man in alter Zeit: »Dort wo es Brot und Wein gibt, ist der König willkommen.« Wein wird jedem Gast angeboten, auch wenn es der Nachbar ist, der schnell vorbeischaut. Hat der Gast einen weiten Weg zurückgelegt, erhält er Brot und Käse dazu.

Wein gehörte neben Salz zu den ersten Handelswaren, die auf Eselsrücken ins Gebirge gebracht wurden. An Sonn- und Festtagen versammelten sich die Männer in den Gasthäusern und tranken Wein, der – als untrügliches Qualitätsmerkmal – sehr dunkelrot sein mußte. Die Bauern der Auvergne gingen sogar so weit, beim Einkauf ein paar Tropfen auf ihre Hemden zu spritzen, um die Farbe zu prüfen. Die Winzer aus den Tälern wußten von dieser Vorliebe und färbten ihre Rotweine, wenn sie in einem Jahr einmal heller ausfielen, mit Blaubeer- oder Holundersaft.

In Salers, einem kleinen mittelalterlichen Ort inmitten des Zentralmassivs, ehrte man die Jungfrau Maria zu ihrem Geburtstag, indem man an diesem Tag das Wasser der Brunnen abdrehte und statt dessen Wein fließen ließ. Man kann sich vorstellen, wie das Fest ausartete, als die von der Reise durstigen Pilger sich auf das köstliche Naß stürzten.

Aus Scherben von Amphoren, die man in Gergovia, der antiken Avernerstadt, fand, kann man schließen, daß schon Vercingetorix und seine Mannen ihre Speisen mit Wein würzten oder den Wein als »Arznei« tranken.

Rotwein wird noch heute in vielen Gerichten verwendet. Hähnchen, Lamm, Schweinefüße und Ochsenschwanz, ja sogar Forellen werden mit Rotwein zubereitet.

Der Weinbau im Tal des Allier ist immer wieder von Frühjahrsfrösten und Unwettern bedroht. Man geht sogar so weit, den Schutzpatron, den Heiligen Verny zu bestrafen, wenn das Wetter verrückt spielt. Man dreht seine Statue dann einfach mit dem Gesicht zur Wand.

Die Weine der Auvergne tragen heute das Qualitätssiegel VDQS, das einer kontrollierten Herkunftsbezeichnung entspricht. Man rechnet sie zu den Gewächsen des Loiretals und bezeichnet sie mit »Val de Loire«. Die engere Kennzeichnung lautet »Côtes d'Auvergne«, die Ortsnamen Boudes, Châteaugay, Corent und Madargues können hinzugefügt werden.

Die Weinberge liegen verstreut südlich und südöstlich von Clermont-Ferrand. Die Weißweine stammen aus der Chardonnayrebe, die Rotweine und Roséweine aus den Reben Gamay und Pinot Noir. Vor allem der Chanturgues erfreute sich früher eines guten Rufes, und die in aller Welt verstreuten Auvergner hielten ihn für den besten Wein der Welt. Heute ist der angenehm fruchtige Wein von schöner kirschroter Farbe sehr rar geworden.

Saint-Pourçain stammt aus den Tälern von Allier und Bouble. Einst ein Wein, der den französischen Königen serviert wurde, hat er heute nur noch regionale Bedeutung. Die grünlichen Weißweine sind trocken und leicht, sie werden wegen ihres leichten Apfelgeschmacks gern von deutschen Sektkellereien gekauft. Die Rot- und Roséweine sind hell und leicht, sie erinnern ein wenig an Beaujolais, sind jedoch kräftiger im Geschmack.

Eine Spezialität der Winzer ist Strohwein. In der Limagne wählt man schon vor der Lese die schönsten weißen Trauben aus und legt sie nach der Ernte auf Strohmatten. Das Lesegut wird erst im Januar oder Februar gepreßt. Der ambrafarbene Wein hält sich auf der Flasche dreißig Jahre und mehr.

Im Limousin wird an einigen Stellen im Tal der Vienne sowie im Gebiet von Corrèze etwas Weinbau betrieben, die Weine haben ausschließlich regionale Bedeutung.

Bäuerliche Schnapsbrennerei in der Auvergne. Mit der Senkspindel oder dem Aräometer wird der Alkoholgehalt gemessen.

Rezepte der Region

Soupe de courge

Kürbissuppe (Auvergne)

Zutaten für 4 Portionen:

800 g Kürbis
3 Zwiebeln
50 g Butter
3/4 l Milch
150 g Crème fraîche
100 g Kerbel
12 Scheiben Baguette
Salz, Pfeffer aus der Mühle

Zubereitungszeit: etwa 1 1/4 Std.

Pro Portion: 2400 kJ/570 kcal

1 Den Kürbis schälen, von den Kernen befreien und in große Würfel schneiden. Die Zwiebeln schälen und fein hakken.

2 Die Hälfte der Butter in einem Suppentopf erhitzen. Die Zwiebeln dazugeben und glasig braten. Den Kürbis hinzufügen und zugedeckt ohne Wasserzugabe bei milder Hitze in etwa 1 Std. garen, bis er sehr weich ist.

3 Den Kürbis pürieren. Die restliche Butter, die Milch und die Crème fraîche dazugeben, so daß eine sämige Suppe entsteht. Salzen, pfeffern.

4 Den Kerbel waschen. Die Stengel kurz in kochendem Wasser blanchieren und dazugeben.

5 Die Baguettescheiben toasten und getrennt zur Suppe reichen.

• Die Suppe nach Geschmack mit frisch geriebenem Käse bestreuen.

• Statt der Baguettescheiben Toastbrot würfeln, in Butter braten und über die Suppe streuen.

Soupe au Cantal

Käsesuppe (Auvergne)

Zutaten für 6 Portionen:

6 Zwiebeln
3 Knoblauchzehen
1 EL Butter
500 g dunkles Landbrot in dünnen Scheiben
300 g frisch geriebener Cantal-Käse
Salz

Zubereitungszeit: etwa 45 Min.

Pro Portion: 1800 kJ/430 kcal

1 Die Zwiebeln schälen und in dünne Scheiben schneiden. Die Knoblauchzehen schälen und hacken.

2 Die Butter in einer Kasserolle zerlassen. Die Zwiebeln und den Knoblauch dazugeben und bei milder Hitze hell goldgelb dünsten. Etwa 1 1/2 l Wasser angießen, salzen und alles etwa 10 Min. kochen lassen.

3 Den Backofen auf 240° vorheizen. Eine feuerfeste Suppenterrine oder tiefe Form mit einer Schicht Brotscheiben auslegen. Einen Teil des Käses darauf streuen. Mit einer weiteren Schicht Brot bedecken. Das restliche Brot und den übrigen Käse in weiteren Schichten in die Terrine legen. Die Suppe darauf gießen. Sie soll die Brot-Käse-Schicht nur knapp bedekken.

4 Die Suppe im Backofen (Mitte; Gas Stufe 5) etwa 15 Min. überbacken. Sehr heiß servieren. Der Löffel soll darin stecken.

• Cantal gilt als einer der ältesten französischen Käse. Schon Plinius d.Ä. erwähnt ihn. Er wird in der Auvergne hergestellt, wo er in vulkanischen Felsenkellern reift.

Soupe au pain de seigle

Gemüsesuppe mit Roggenbrot (Limousin)

Zutaten für 4 Portionen:

750 g ungekochter Kasseler Halsgrat
200 g Möhren
200 g Knollensellerie
200 g Stangensellerie
200 g Lauch
200 g Kartoffeln
4 Scheiben Roggenbrot
Salz, Pfeffer aus der Mühle

Zubereitungszeit: etwa 2 Std.

Pro Portion: 2300 kJ/550 kcal

1 Das Kasseler waschen und abtupfen. In einem großen Topf 2 l Wasser erhitzen. Das Kasseler hineingeben, pfeffern, aufkochen lassen. Den Topf zudecken, die Hitze reduzieren und das Kasseler 30 Min. köcheln lassen.

2 Inzwischen die Möhren, den Knollen- und den Stangensellerie sowie den Lauch putzen und gründlich waschen. Die Kartoffeln schälen. Die Möhren ganz lassen, den Knollensellerie vierteln, den Lauch längs halbieren und den Stangensellerie in fingerlange Stücke schneiden. Die Kartoffeln je nach Größe ganz lassen oder halbieren.

3 Das Gemüse zu dem Fleisch in den Topf geben und alles noch etwa 1 Std. köcheln lassen.

4 Gemüse und Fleisch mit einem Schaumlöffel herausheben. Die Suppe abschmekken, eventuell nachsalzen.

5 Das Brot in eine Terrine legen. Das Kasseler vom Knochen lösen und in grobe Würfel schneiden. Wieder in die Suppe geben und in die Terrine gießen. Das Gemüse getrennt zur Suppe reichen.

• Variante: je nach Saison Kohlrabi, grüne Bohnen oder Bohnenkerne in die Suppe geben.

Cousinat

Kastaniensuppe (Auvergne)

Zutaten für 6 Portionen:

200 g Kartoffeln
100 g Möhren
100 g Lauch
1 Stange Sellerie
500 g Eßkastanien
100 g durchwachsener Räucherspeck
1 Gewürznelke
1 Lorbeerblatt
1 Eigelb
100 g Crème fraîche
1 EL Butter
6 Scheiben Baguette
Salz, Pfeffer aus der Mühle

Zubereitungszeit: etwa 2 Std.

Pro Portion: 1700 kJ/400 kcal

1 Den Backofen auf 250° vorheizen. Das Gemüse putzen, waschen und in mundgerechte Stücke schneiden.

2 Die Schalen der Kastanien auf der Seite der Blüte kreuzweise einritzen. Auf einem Backblech im Backofen (Mitte; Gas Stufe 5) etwa 20 Min. erhitzen, bis die Schalen aufspringen. Die Schalen und die braune Haut entfernen.

3 In einem Suppentopf 2 ½ l Wasser aufkochen. Das Gemüse, die Kastanien, den Speck, die Gewürznelke und das Lorbeerblatt hineingeben. Salzen, pfeffern und wieder zum Kochen bringen. Die Hitze reduzieren und die Suppe zugedeckt etwa 1 Std. garen.

4 Den Speck aus der Suppe nehmen (für ein anderes Gericht verwenden). Das Gemüse pürieren und wieder in die Suppe geben. Das Eigelb mit Crème fraîche verquirlen. Die Suppe damit binden. Nicht mehr kochen lassen.

5 Die Butter in einer Pfanne zerlassen und die Brotscheiben darin goldgelb braten. In eine Terrine legen. Die Suppe darüber gießen.

Pâté creusois aux pommes de terre

Kartoffelpastete (Limousin)

Zutaten für 4 Portionen:

300 g Mehl
150 g weiche Butter + Butter für die Form
50–80 ml Milch
500 g Kartoffeln (mehligkochende Sorte)
1 Bund Petersilie
200 g Crème fraîche
Salz, Pfeffer aus der Mühle

Zubereitungszeit: etwa 3 1/4 Std.

Pro Portion: 3500 kJ/830 kcal

Creuse heißt das Département im Limousin, aus dem dieses einfache, doch äußerst wohlschmeckende warme Vorgericht stammt. In diesem – selbst für französische Verhältnisse – wenig bevölkerten Landstrich liebt man eine Küche ohne Schnörkel, also ganz das Gegenteil von dem, was man sich im Ausland unter französischer Küche vorstellt. Die wenigen Zutaten – vor allem aber die Kartoffeln – sollten von bester Qualität sein.

• Weinempfehlung: ein frischer, leichter Rosé aus dem nördlich angrenzenden Loiretal, zum Beispiel ein Vin gris (sehr heller Roséwein) aus Saint-Pourçain-sur-Sioule. Auch ein frischer Weißwein aus demselben Gebiet schmeckt gut dazu.

1 Das Mehl in eine Schüssel sieben. Die weiche Butter und Salz dazugeben. Zunächst 50 ml Milch angießen. Den Teig gut durchkneten. Wenn noch Flüssigkeit fehlt, etwas Milch nachgießen. Aus dem Teig eine Kugel formen, 1 Std. ruhen lassen.

2 Inzwischen die Kartoffeln schälen und in sehr feine Scheibchen schneiden oder hobeln. Die Petersilie waschen, trokkentupfen und fein hacken.

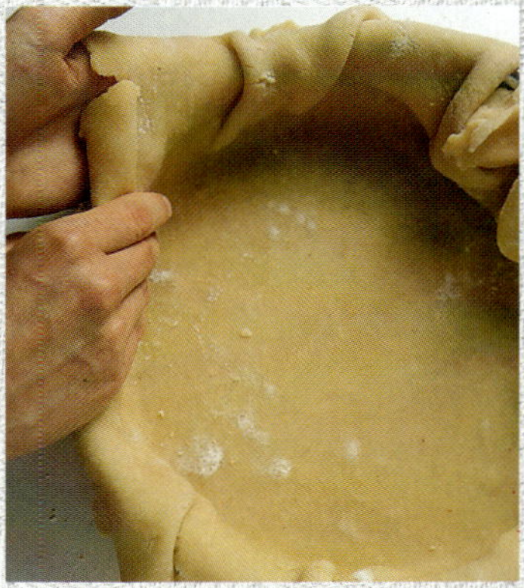

3 Etwa 2/3 der Teigmenge mit einem Nudelholz auf wenig Mehl knapp 1/2 cm dick ausrollen. Eine Springform oder eine tiefe Tortenform von 26 cm ø ausbuttern. Den Teig hineinlegen. Er soll weit über die Ränder der Form hinausreichen.

4 Eine dünne Schicht Kartoffeln auf dem Teigboden verteilen. Salzen, pfeffern. Etwas Petersilie darüber streuen und einen Teil der Crème fraîche darauf streichen. Weiter so verfahren, bis alle Kartoffeln verbraucht sind. Mit einer Schicht Crème fraîche abschließen.

5 Den Backofen auf 200° vorheizen. Den Rest des Teiges in der Größe der Form ausrollen und obenauf legen. Die Ränder anfeuchten. Den überhängenden Teig darüberklappen und festdrücken.

6 In die Mitte der Pastete ein Loch schneiden. Ein kleines Rohr, zum Beispiel die Papprolle von Küchenpapier, hineinstecken, damit der Dampf abziehen kann. Die Pastete im vorgeheizten Backofen (Mitte; Gas Stufe 3) in etwa 1 1/2 Std. hell goldgelb backen. Heiß servieren.

Truites à l'ail

Forellen mit Knoblauch (Auvergne)

Zutaten für 4 Portionen:

4 kleine Forellen, küchenfertig vorbereitet (je etwa 200 g)
50 g Mehl
120 g Butter
8–10 Knoblauchzehen
1 kleines Bund krause Petersilie
2–3 EL Zitronensaft
Salz, Pfeffer aus der Mühle

Zubereitungszeit: etwa 30 Min.

Pro Portion: 1800 kJ/430 kcal

1 Die Forellen vorsichtig kalt waschen und abtupfen. Salzen. Im Mehl wälzen, überschüssiges Mehl abklopfen.

2 4–5 EL Butter in einer Pfanne erhitzen. Die Forellen darin bei mittlerer Hitze etwa 15 Min. braten. Herausnehmen und auf eine vorgewärmte Platte legen. Nach Wunsch filetieren.

3 Inzwischen die Knoblauchzehen schälen und sehr fein hacken. Die Petersilie waschen, trockentupfen und ebenfalls fein hacken.

4 Die Knoblauchwürfelchen und die Petersilie über die Fische streuen. Den Zitronensaft darüber träufeln.

5 Die restliche Butter kurz aufschäumen lassen und heiß über die Forellen gießen. Sofort servieren. Weißbrot dazu reichen.

• Tip: Für dieses Gericht eignen sich am besten die leider selten gewordenen kleinen Bachforellen.

Saumon au vin rosé

Lachs in Rosé-Sahne-Sauce (Auvergne)

Zutaten für 4 Portionen:

4 Scheiben Lachs (je etwa 200 g)
4 große Champignons
3 Schalotten
etwa 80 g Butter + Butter für die Form
¼ l feiner trockener Roséwein aus der Auvergne, zum Beispiel Corent
150 g Crème double
4 Scheiben Trüffel
etwa 12 Stück salziges Kleingebäck aus Blätterteig (fertig gekauft)
Salz, Pfeffer aus der Mühle

Zubereitungszeit: etwa 1 Std.

Pro Portion: 3300 kJ/790 kcal

1 Die Lachsscheiben kalt waschen und abtrocknen. Die Champignons putzen, nicht waschen, sondern mit Küchenpapier abreiben. Die Pilzstiele abtrennen und fein hacken, die Hüte ganz lassen. Die Schalotten schälen und fein hacken.

2 Den Backofen auf 180° vorheizen. Eine feuerfeste Form ausbuttern. Die Champignons und die Schalotten darin gleichmäßig verteilen. Salzen, pfeffern. Die Lachsscheiben ebenfalls würzen, darauf anordnen. Den Wein angießen. Etwas Butter zerlassen und ein Stück Butterbrotpapier damit bestreichen. Die Form mit dem Butterbrotpapier zudecken.

3 Die Form in den Ofen (Mitte; Gas Stufe 2) stellen und den Lachs in etwa 25 Min. garen.

4 Den Lachs vorsichtig aus der Form heben, auf einer Platte anrichten und warm stellen.

5 Die Kochflüssigkeit durch ein Sieb in eine Kasserolle gießen und etwa um die Hälfte einkochen lassen. Die Crème double dazugeben, noch etwas einkochen lassen. Die Kasse-

rolle von der Kochstelle nehmen und nach und nach 50 g Butter unterrühren.

6 Die Sauce noch einmal abschmecken, eventuell nachwürzen und über die Lachsscheiben gießen. Die restliche Butter zerlassen und die Trüffelscheiben damit überglänzen. Die Trüffeln auf die Lachsscheiben legen. Das Blätterteiggebäck rings um die Platte anordnen. Servieren.

• Weinempfehlung: Ein Corent von den Côtes-d'Auvergne paßt natürlich am besten dazu, doch wird er nicht leicht zu bekommen sein. Wählen Sie statt dessen einen leichten trockenen Rosé aus dem Tal der Loire.

Carpe forézienne

Karpfen aus dem Ofen (Auvergne)

Zutaten für 6 Portionen:

2 Möhren
2 große Zwiebeln
1 Bund Petersilie
3 Zweige Thymian
2 Lorbeerblätter
1 Karpfen, küchenfertig vorbereitet (etwa 1,5 kg)
Butter für die Form
3/4 l Rotwein aus der Auvergne
50 ml Walnußöl
Salz, Pfeffer aus der Mühle

Zubereitungszeit: etwa 1 1/4 Std.

Pro Portion: 1600 kJ/380 kcal

1 Die Möhren putzen und waschen. Die Zwiebeln schälen. Beides sehr fein würfeln. Die Petersilie waschen, trockentupfen und fein hacken. In ein Schüsselchen geben. Die Thymianblätter abstreifen und mit der Petersilie mischen. Die Lorbeerblätter klein brechen und ebenfalls untermischen.

2 Den Karpfen kalt waschen und mit Küchenpapier abtrocknen. Salzen, pfeffern.

3 Eine feuerfeste Form ausbuttern. Die Hälfte der Möhren- und Zwiebelwürfel darin verteilen. Den Karpfen darauf legen. Mit den gemischten Kräutern bestreuen. Die restlichen Möhren- und Zwiebelwürfel darauf verteilen. Den Wein angießen. Das Öl darüber träufeln.

4 Den Backofen auf 180° vorheizen. Ein Stück Pergamentpapier in der Größe der Form zuschneiden. Etwas Butter zerlassen und das Pergamentpapier damit einpinseln. Die Form damit abdecken.

5 Den Karpfen im Backofen (Mitte; Gas Stufe 2) in etwa 50 Min. garen. (Garprobe: Rükken- oder Seitenflossen müssen sich leicht herausziehen lassen.)

6 Das Pergamentpapier abheben, den Fisch noch einmal abschmecken, eventuell filetieren, in Stücke schneiden und servieren.

• Das Rezept stammt aus der teils gebirgigen, teils flachen Region Forez im Zentralmassiv, östlich von Clermont-Ferrand. Hier werden auch Schleien auf die gleiche Art und Weise zubereitet.

• Weinempfehlung: ein roter Landwein aus der Auvergne oder ein heller, leichter, fruchtiger Rotwein aus dem unteren Loiretal.

Escalopes de porc farcies

Gefüllte Schweineschnitzel (Auvergne)

Zutaten für 4 Portionen:

150 g Wiesenchampignons (ersatzweise Zuchtchampignons)
1 Bund Petersilie
80 g Eßkastanien, geschält und gegart (Rezept Seite 193)
4 große dünne Schweineschnitzel (je etwa 125 g)
Küchengarn zum Binden
2 Eier
1 EL Öl
50 ml Milch
80 g Mehl
150 g Semmelbrösel
Öl oder Butterschmalz
Salz, Pfeffer aus der Mühle

Zubereitungszeit: etwa 45 Min.

Pro Portion: 2500 kJ/600 kcal

1 Die Champignons putzen und trocken mit Küchenpapier abreiben. Sehr fein hakken. Die Petersilie waschen, trockentupfen und ebenfalls fein hacken. Die Eßkastanien zwischen den Fingern zerkrümeln. Alles in einer Schüssel miteinander vermengen.

2 Die Schnitzel vorsichtig flach klopfen. Jeweils ein Viertel der Füllung in die Mitte legen. Die Schnitzel wie Rouladen aufrollen, mit Küchengarn binden.

3 Die Eier, das Öl, Milch, Salz und Pfeffer mit einer Gabel verschlagen. Das Mehl auf einen zweiten Teller sieben, die Semmelbrösel auf einen dritten Teller geben. Die Röllchen zuerst im Mehl wenden, dann in der Eiermilch, schließlich in den Semmelbröseln wälzen. Die Semmelbrösel festklopfen.

4 Das Öl in einer Pfanne erhitzen. Die Röllchen bei milder Hitze insgesamt etwa 15 Min. auf beiden Seiten braten. Darauf achten, daß sie nicht zu dunkel werden. Die Schnitzel mit Rotkohl oder Linsenpüree servieren.

Bœuf à la mode de Bellac

Entrecôte mit Senfsauce (Limousin)

Zutaten für 4 Portionen:

1 Entrecôte mit Knochen (etwa 1 kg)
4 EL Öl
1 Zwiebel
100 ml trockener Weißwein
1/4 l Fleischbrühe oder -fond
1 TL scharfer Senf
Salz, Pfeffer aus der Mühle

Zubereitungszeit: etwa 45 Min.

Pro Portion: 2000 kJ/480 kcal

1 Das Fleisch kalt abbrausen und abtrocknen. Mit Öl einreiben. Eine Pfanne stark erhitzen und das Fleisch auf beiden Seiten kräftig anbraten. Das restliche Öl dazugeben. Die Pfanne zudecken, die Hitze reduzieren und das Fleisch etwa 35 Min. braten. Dabei ab und zu wenden.

2 Die Zwiebel schälen und in dünne Scheiben schneiden. Das Fleisch warm stellen. Die Zwiebelscheiben im Bratfond goldgelb anbraten. Den Wein und die Fleischbrühe angießen. Salzen, pfeffern. Den Senf nach und nach einrühren.

3 Das Fleisch in Scheiben schneiden und auf einer vorgewärmten Platte anrichten. Die Sauce über das Fleisch gießen. Heiß servieren. Dazu schmecken Salzkartoffeln.

• Weinempfehlung: ein leichter Rotwein aus dem Bordelais, zum Beispiel ein Bordeaux Supérieur. Oder der Weißwein, mit dem die Sauce zubereitet wurde.

• Für das Gericht eignen sich auch Filetsteak oder Lende.

Ris de veau aux cèpes

Kalbsbries mit Steinpilzen (Auvergne)

Zutaten für 4 Portionen:

2 Kalbsbriese (etwa 600 g), eventuell vorbestellen
2 kleine Möhren
1 kleine Zwiebel
150 g Butter
2 EL Mehl
200 ml trockener Weißwein
400 ml Kalbs- oder Geflügelfond
Bouquet garni (Thymian, Lorbeerblatt)
250 g Steinpilze
1 Schalotte
4 große dünne Scheiben roher Schinken
100 g Crème fraîche
Salz, Pfeffer aus der Mühle

Zubereitungszeit: etwa 1 ½ Std. (+ 2 Std. Wässern)

Pro Portion: 3000 kJ/710 kcal

1 Die Kalbsbriese etwa 2 Std. in kaltes Wasser legen, damit sie schön weiß werden.

2 Die Briese kurz kochendheiß überbrühen, von allen knorpeligen Stellen befreien. Zwischen zwei Holzbrettchen abkühlen lassen.

3 Inzwischen die Möhren putzen, die Zwiebel schälen. Beides fein hacken.

4 100 g Butter in einem Schmortopf zerlassen. Die Briese hineingeben und unter Umwenden bei mittlerer Hitze in etwa 5 Min. fest werden lassen. Die Möhren und Zwiebel dazugeben und kurz andünsten. Das Mehl anstäuben. Umrühren, bis das Mehl aufgesaugt ist. Mit dem Weißwein löschen. Den Fond angießen, das Bouquet einlegen. Salzen, pfeffern. Bei milder Hitze zugedeckt etwa 25 Min. garen.

5 Inzwischen die Steinpilze putzen, nicht waschen, sondern nur mit feuchtem Küchenpapier abreiben. Sehr fein hacken oder im Blitzhacker zerkleinern. Die Schalotte schälen und fein hacken.

6 In einer Kasserolle 50 g Butter zerlassen. Die Schalotte und die Steinpilze darin kurz anbraten. Salzen, pfeffern. Kochen lassen, bis die Flüssigkeit, die sich bildet, wieder vollständig verdampft ist. Die Kasserolle von der Kochstelle nehmen.

7 Die Schinkenscheiben auf einer Arbeitsplatte ausbreiten. Mit der Pilzmasse bestreichen. Die Briese aus der Kochflüssigkeit heben und abtropfen lassen. Dann halbieren und in die Mitte der Schinkenscheiben legen. Den Schinken wie für Rouladen zusammenrollen, die Päckchen auf einer Platte anrichten. Warm stellen.

8 Die Sauce durch ein feines Sieb in eine Kasserolle gießen. Die Crème fraîche einrühren, wenn notwendig, etwas einkochen lassen. Abschmekken, eventuell nachwürzen. Die Sauce über die Päckchen gießen. Sofort servieren.

• Weinempfehlung: ein trockener Weißwein von den Côtes d' Auvergne oder ein entsprechender Weißwein aus dem Loiretal.

• Tip: Hübsch sieht es aus, wenn Sie einige Pilzscheiben zum Schluß in wenig Butter braten und als Garnitur an das Gericht geben.

Poussins aux morilles

Stubenküken mit Morcheln (Auvergne)

Zutaten für 4 Portionen:

50 g getrocknete Morcheln
¼ l Milch
2 Stubenküken oder kleine Brathähnchen (je etwa 600 g)
100 g Butter
100 ml Portwein
300 g Crème fraîche
Salz, Pfeffer aus der Mühle

Zubereitungszeit: etwa 1 Std. (+ 2–3 Std. Einweichzeit)

Pro Portion: 3200 kJ/760 kcal

1 Die Morcheln 2–3 Std. in mit ¼ l Wasser verdünnter Milch einweichen.

2 Die Küken oder Hähnchen innen und außen kalt waschen und abtrocknen. Salzen und pfeffern.

3 In einem Schmortopf die Hälfte der Butter zerlassen. Das Geflügel im ganzen darin rundherum goldgelb anbraten. Die Hitze reduzieren und die Küken in etwa 30 Min. garen.

4 Die Küken aus dem Topf nehmen, warm stellen. Das Bratfett abgießen. Den Topf wieder aufsetzen, den Fond mit dem Portwein loskochen und um die Hälfte reduzieren. Die Sauce durch ein Sieb in einen sauberen Topf gießen. Mit der Crème fraîche mischen. Salzen, pfeffern. Wieder etwas einkochen lassen.

5 Inzwischen die Morcheln in einem Sieb abtropfen lassen und in der restlichen Butter etwa 10 Min. schmoren. Die Morcheln in die Sahnesauce geben. Noch einmal kurz erhitzen, nicht mehr kochen lassen.

6 Die Küken halbieren und auf einer vorgewärmten Platte anrichten. Die Morcheln getrennt dazu servieren.

Poulet aux marrons

Hähnchen mit Kastanien (Limousin)

Zutaten für 4 Portionen:

24 Eßkastanien
1 Stange Sellerie
100 g Butter
1 Prise Puderzucker
etwa 100 ml Fleischbrühe oder -fond
250 g rohes Kalbsbrät
½ Bund Petersilie
2 Zwiebeln
1 Brathähnchen, küchenfertig vorbereitet (etwa 1,2 kg)
Salz, Pfeffer aus der Mühle

Zubereitungszeit: etwa 2 ¼ Std.

Pro Portion: 2600 kJ/620 kcal

1 Den Backofen auf 250° vorheizen. Die Schale der Kastanien auf der Seite der Blüte mit einem spitzen Messer kreuzweise einritzen und auf einem Backblech im Backofen (Mitte; Gas Stufe 5) erhitzen. Nach 15–20 Min. springen die Schalen auf und lassen sich leicht entfernen. Dabei auch die dunklen Häutchen abziehen. Die Hitze des Backofens auf 200° (Gas Stufe 3) reduzieren.

2 Die Kastanien dicht nebeneinander in eine kleine Kasserolle geben. Den Sellerie waschen, abtrocknen und in fingerlange Stücke schneiden. Zusammen mit 1 TL Butter, Salz und 1 Prise Puderzucker dazugeben. So viel Fleischbrühe angießen, daß die Kastanien eben bedeckt sind. Den Topf zudecken und alles bei milder Hitze etwa 30 Min. köcheln lassen.

3 Inzwischen das Kalbsbrät in eine Schüssel geben. Die Petersilie waschen, trockentupfen und fein hacken. Die Zwiebeln schälen und fein hacken. Etwa 1 EL Butter in einer Kasserolle zerlassen, die Zwiebeln und die Petersilie etwa 5 Min. darin dünsten, dann zur Brätmasse geben.

Pintade à la limousine

Perlhuhn mit Gemüse (Limousin)

4 Das Hähnchen kalt abbrausen, innen und außen abtrocknen und mit der Masse füllen. Die Bauchöffnung mit Küchengarn zunähen. Salzen und pfeffern.

5 Das Hähnchen mit der restlichen Butter in einem Schmortopf hell goldgelb anbraten. Den offenen Topf in den vorgeheizten Backofen (Mitte) stellen und das Hähnchen etwa 20 Min. braten. Die Kastanien mit der Sauce dazugeben und das Hähnchen noch etwa 55 Min. garen, bis es schön gebräunt ist.

6 Das Hähnchen herausnehmen, Küchengarn entfernen. Das Hähnchen vierteln. Auf einer Platte mit den Kastanien anrichten. Die Sauce durch ein Sieb gießen, dazu reichen.

Weinempfehlung: ein leichter roter Bordeaux-Wein, zum Beispiel ein Gaillac.

Zutaten für 4 Portionen:

1 kleiner Kopf Weißkohl (etwa 1,2 kg)
etwa 20 Eßkastanien
150 g durchwachsener Räucherspeck
1 Perlhuhn, küchenfertig vorbereitet (etwa 1,1 kg)
4 Scheiben frischer fetter Speck zum Umwickeln
2 EL Schweine- oder Gänseschmalz
2 Möhren
2 weiße Rübchen
Butter für die Form
Salz, Pfeffer aus der Mühle

Zubereitungszeit: etwa 2 3/4 Std.

Pro Portion: 3800 kJ/900 kcal

1 Den Kohl waschen, vierteln, vom Strunk befreien und in feinste Streifen schneiden. Den Kohl etwa 3 Min. in kochendem Wasser blanchieren, kalt abschrecken und abtropfen lassen. Den Backofen auf 250° vorheizen.

2 Die Schalen der Kastanien auf der Seite der Blüte einritzen. Auf dem Backblech im Ofen (Mitte; Gas Stufe 5) etwa 20 Min. erhitzen, bis die Schalen aufspringen. Schalen und braune Häutchen entfernen.

3 Den Räucherspeck im ganzen in einem Topf anbraten. Kohlstreifen dazugeben, die Kastanien obenauf legen. Zugedeckt bei milder Hitze etwa 40 Min. schmoren.

4 Das Perlhuhn kalt waschen, innen und außen abtrocknen, salzen und pfeffern. Mit Speck umwickeln. Schmalz in einem Schmortopf erhitzen. Das Perlhuhn darin anbraten, zugedeckt bei milder Hitze etwa 45 Min. garen, warm stellen.

5 Möhren und Rübchen schälen, in dünne Scheiben schneiden. In kochendem Salzwasser kurz garen, abtropfen, abkühlen lassen. Eine feuerfeste Schüssel ausbuttern. Die Möhren- und Rübchenscheiben abwechselnd dachziegelartig darin anordnen.

6 Die Kastanien aus dem Topf nehmen, warm stellen. Den Speck fein würfeln. Den Kohl abtropfen lassen, mit dem Speck mischen. In die Schüssel geben und festdrücken. Einen Topf 5 cm hoch mit Wasser füllen, die Schüssel hineinstellen, zugedeckt etwa 20 Min. im Wasserbad garen.

7 Das Gemüse in die Mitte einer großen Platte stürzen. Die Kastanien ringsherum anordnen. Das Perlhuhn vom Speck befreien, vierteln und auf dem Gemüse anrichten. Den Bratfond des Perlhuhns durch ein Sieb gießen, abschmecken und getrennt dazu reichen.

• Weinempfehlung: ein roter Cahors oder ein hellroter leichter Bordeaux.

Petits pois et carottes

Grüne Erbsen und Möhren (Auvergne)

Zutaten für 4 Portionen:

1 kg Erbsen in der Schote oder 750 g Zuckerschoten
350 g junge Möhren
150 g Frühlingszwiebeln
4 große Blätter Kopfsalat
150 g roher Schinken
40 g Butter
Salz, Pfeffer aus der Mühle

Zubereitungszeit: etwa 50 Min.

Pro Portion: 1400 kJ/330 kcal

1 Die Erbsen aus den Schoten lösen bzw. Zuckerschoten waschen und putzen. Die Möhren waschen, wenn notwendig schaben. Dann je nach Dicke ganz lassen, längs halbieren oder vierteln. Die Frühlingszwiebeln putzen und waschen. Die Salatblätter waschen und abtrocknen, grobe Rippen entfernen.

2 Den Schinken in Würfel schneiden. Die Butter in einer Kasserolle zerlassen. Den Schinken darin glasig anbraten. Das Gemüse dazugeben. Unter Umrühren kurz anschmoren. So viel Wasser angießen, daß das Gemüse knapp davon bedeckt ist. Den Topf zudecken und alles bei milder Hitze in etwa 20 Min. garen. Sparsam salzen, da der Schinken schon Salz enthält. Pfeffern. Servieren.

• Zuckerschoten, Pois mangetout, sind sehr junge Erbsen, die man mit der Schote essen kann. Wenn sie sehr zart sind, geben Sie sie am besten erst nach der Hälfte der Garzeit zum übrigen Gemüse, damit sie nicht zu weich werden.

Pommes de terre en pot

Kartoffeltopf mit Zwiebeln (Limousin)

Zutaten für 6 Portionen:

1 kg Kartoffeln (festkochende Sorte)
1 große Gemüsezwiebel
1 kleine Knoblauchzehe
70 g Butter
frisch geriebene Muskatnuß
Salz, Pfeffer aus der Mühle

Zubereitungszeit: etwa 1 ½ Std.

Pro Portion: 910 kJ/220 kcal

1 Die Kartoffeln schälen und in sehr feine Scheibchen schneiden oder hobeln. Die Zwiebel schälen und ebenfalls in feine Scheibchen schneiden. Die Knoblauchzehe schälen und fein hacken.

2 Den Boden eines schweren Schmortopfs dünn ausbuttern. Eine Schicht Kartoffeln hineinlegen. Salzen, pfeffern, etwas Muskat und Knoblauch darauf streuen. Dünn mit Zwiebelscheiben belegen. Eine weitere Schicht Kartoffeln obenauf legen. Salzen, pfeffern, Muskat und Knoblauch sowie Zwiebeln darauf schichten. Weitere Kartoffeln obenauf legen. Die Schichten wiederholen, bis die Zutaten verbraucht sind. Mit einer Kartoffelschicht beenden.

3 Etwa 100 ml Wasser angießen. Die restliche Butter in Flöckchen obenauf verteilen. Den Topf zudecken und das Gericht bei sehr milder Hitze in etwa 1 Std. garen.

• Tip: Die Größe des Topfes sollte so bemessen sein, daß die Kartoffeln gerade eben darin Platz haben.

Châtaignes blanchies

Kastanien aus dem Kartoffeltopf (Limousin)

Zutaten für 6 Portionen:

1 kg Eßkastanien
2 große Kartoffeln
1 gelbe Kohlrübe (Steckrübe) oder 2 weiße Rübchen

Zubereitungszeit: etwa 1 ½ Std.

Pro Portion: 1100 kJ/260 kcal

1 Den Backofen auf 250° vorheizen. Mit einem spit-zen Messer die äußere Schale der Kastanien an der Seite der Blüte einritzen. Die Kastanien auf dem Backblech im Ofen (Mitte; Gas Stufe 5) 15–20 Min. erhitzen, bis die Schalen aufspringen. Die Schalen und das dunkle Häutchen entfernen.

2 Die Kartoffeln und die Kohlrübe schälen und der Länge nach vierteln. Beides in einen gußeisernen Topf legen. Die Kastanien darauf schichten. Etwa 50 ml Wasser angießen. Den Topf sehr gut schließen.

3 Die Kastanien bei sehr milder Hitze im geschlossenen Topf in etwa 1 Std. garen.

4 Die Kastanien aus dem Topf nehmen. Die Kartoffel-Rüben-Schicht soll an den Wänden des Topfes haften. Sie wird nicht mitgegessen, sondern dient nur als Unterlage für die Kastanien, die auf diese Art ihr feines Aroma bewahren, da sie nicht in Kontakt mit Wasser kommen.

• Im Limousin kommen Kastanien sehr häufig auf den Tisch. Sie passen zu vielen Fleisch- und Geflügelgerichten. Sie gelten, mit einer Schale Milch oder einem Glas Cidre, als Speise der Armen. Das ändert nichts daran, daß diese einfache Art, Kastanien zuzubereiten, einfach köstlich ist.

Truffade au fromage

Kartoffelpfanne mit Cantal-Käse (Auvergne)

Zutaten für 4 Portionen:

1 kg Kartoffeln (mehligkochende Sorte)
50 g Schweine- oder Butterschmalz
250 g junger Cantal-Käse
Salz, Pfeffer aus der Mühle

Zubereitungszeit: etwa 50 Min.

Pro Portion: 2200 kJ/520 kcal

1 Die Kartoffeln schälen und in feinste Scheibchen hobeln. Die Scheibchen mit Küchenpapier abtrocknen, nicht waschen.

2 Das Schmalz in einer Pfanne erhitzen, die Kartoffelscheibchen dazugeben und bei milder Hitze offen in etwa 30 Min. garen, ohne daß sie Farbe annehmen.

3 Inzwischen den Cantal in Würfel schneiden. Wenn die Kartoffeln gar sind, den Käse in die Pfanne geben. Nur wenig salzen, pfeffern. Den schmelzenden Käse mit einem Pfannenwender unter die Kartoffeln mischen, die leicht zerfallen sollen.

4 Zum Schluß die Hitze verstärken, so daß die Masse etwas bräunt. Die Truffade wie einen Pfannkuchen auf eine Anrichtplatte gleiten lassen. Heiß servieren.

• Variante: Aligot nennt sich die etwas leichtere Variante der Truffade. Gekochte Kartoffeln zu einem recht festen Püree verarbeiten. Den Cantal dazu reiben oder in feinen Streifchen dazugeben. Eine Knoblauchzehe dazupressen. Salzen, pfeffern. So lange erhitzen, bis der Käse geschmolzen ist.

Clafoutis

Kirschauflauf (Limousin)

Zutaten für 4 Portionen:

500 g schwarze Süßkirschen
3 Eier
2 ½ EL Puderzucker
4 EL Mehl
200 ml Milch
Butter für die Form

Zubereitungszeit: etwa 1 Std.

Pro Portion: 900 kJ/210 kcal

1 Die Kirschen waschen und entsteinen. Die Eier mit 2 EL Puderzucker schaumig rühren. Das Mehl dazusieben. Die Milch angießen. Alles gut vermengen, so daß ein fast flüssiger Teig entsteht. Den Backofen auf 220° vorheizen.

2 Eine flache feuerfeste Form ausbuttern. Die Kirschen hineinlegen, den Teig darüber gießen.

3 Das Gericht im Backofen (Mitte; Gas Stufe 4) etwa 20 Min. backen. Mit dem restlichen Puderzucker bestreuen und in weiteren 15 Min. fertig backen.

4 Den Clafoutis abkühlen lassen. Lauwarm oder kalt servieren.

• Clafoutis können Sie auch mit Waldbeeren, Erdbeeren, säuerlichen Äpfeln oder anderen Früchten zubereiten. Zu süß sollten die Früchte allerdings nicht sein.

Fouace d'Auvergne

Hefekranz (Auvergne)

Zutaten für 6 Portionen:

500 g Mehl
2 Eier
3 EL Zucker
50 ml Milch
15 g Hefe
200 g weiche Butter
Salz
Puderzucker

Zubereitungszeit: etwa 1 Std. (+ 3 Std. Ruhezeit)

Pro Portion: 2500 kJ/600 kcal

1 Das Mehl in eine Schüssel sieben. In die Mitte eine Mulde drücken. Die Eier aufschlagen und dazugeben. Salzen, zuckern. Die Milch leicht anwärmen und die Hefe darin auflösen. Ebenfalls dazugeben.

2 Alle Zutaten kräftig vermengen, dann durchkneten. Wenn der Teig nicht mehr an den Fingern klebt, die Butter nach und nach darunterarbeiten. Aus dem Teig eine Kugel formen. In die Mitte ein Loch drücken. Den so entstandenen Kranz auseinanderziehen. Auf ein gebuttertes Backblech legen und an einem warmen Platz etwa 3 Std. ruhen lassen.

3 Den Backofen auf 180° vorheizen. Den Kranz darin (Mitte; Gas Stufe 2) in etwa 40 Min. goldgelb backen. Mit wenig Puderzucker bestäuben.

• Fouaces werden schon seit Jahrhunderten in Frankreich gebacken. Früher buk man sie in der Asche des Kamins – daher der Name (foyer = Feuerstelle). Schon Rabelais rühmte in seinem »Gargantua« den Wohlgeschmack der berühmten Fouaces von Lernén im Tal der Loire, die bis ins 18. Jahrhundert so in Mode waren, daß die Händler sie auf Karren bis in die weitere Umgebung transportierten. Die Fouaces der Auvergne sind im Gegensatz zu denen der Loire kranzförmig.

Poires aux macarons

Birnenauflauf mit Makronen (Auvergne)

Zutaten für 4 Portionen:

4 reife Birnen
180 g Makronen
80 g Butter
75 g Zucker
1 Päckchen Vanillezucker
3 EL Birnengeist oder ein anderer Obstbranntwein

Zubereitungszeit: etwa 40 Min.

Pro Portion: 2300 kJ550 kcal

1 Die Birnen schälen und vierteln. Die Kerngehäuse entfernen. Das Fruchtfleisch klein würfeln. Die Makronen im Mörser zerstampfen.

2 Eine Auflaufform dick ausbuttern. Die Birnenwürfel hineingeben. Mit dem Zucker und dem Vanillezucker bestreuen. Die Makronen obenauf verteilen. Die restliche Butter zerlassen und darauf träufeln. Den Backofen auf 180° vorheizen.

3 Das Dessert im vorgeheizten Backofen (Mitte; Gas Stufe 2) etwa 20 Min. backen. Zum Schluß den Branntwein in einer Schöpfkelle leicht anwärmen, anzünden und darüber gießen. Lauwarm servieren.

Fraises au poivre

Erdbeerbecher mit Pfeffer (Auvergne)

Zutaten für 4 Portionen:

600 g Erdbeeren
120 g Zucker
200 g Crème fraîche
4 cl Erdbeerbranntwein
1,5 cl Himbeerlikör
Pfeffer aus der Mühle

Zubereitungszeit: etwa 20 Min. (+ etwa 4 Std. Marinierzeit)

Pro Portion: 1600 kJ/380 kcal

1 Die Erdbeeren von Blüten und Stielen befreien, waschen und abtropfen lassen. In eine Schüssel geben. Den Zucker, die Crème fraîche, den Branntwein und den Likör dazugeben. Alles etwa 4 Std. durchziehen lassen.

2 Die Erdbeeren auf Portionsschälchen verteilen. Mit etwas Pfeffer übermahlen. Sofort servieren.

Gebäck und Süßigkeiten mit Tradition

Beim Dessert werden wir alle wieder zu Kindern. Wenn der »seriöse« Teil des Menüs vorüber ist, kommen als Abschluß die süßen Sachen auf den Tisch. Vergessen werden Kalorien und andere Bedenken. Die reine unvernünftige Freude gewinnt die Oberhand. Daher ist es auch nicht verwunderlich, daß Kuchen und Kleingebäck sowie Süßspeisen allen Moden moderner Küche zum Trotz sich durch Jahrhunderte erhalten haben.

In Frankreich gibt es einen schönen Brauch: Hat man weder die notwendigen Räumlichkeiten noch das Personal oder die Zeit, an hohen Festtagen alle die zum Essen einzuladen, die eine Einladung erwarten, dann lädt man sie zum Dessert, zum heiteren Nachspiel ein. Beim Dessert lockert sich die Stimmung, es darf wieder geplaudert werden. Zum Kaffee gibt es einen Schnaps für die Herren und einen Likör für die Damen, der die Zungen löst. Es wird nicht zelebriert, sondern geschlemmt.

Wer bei uns an französische Desserts denkt, wird sich vor allem an Mousse au chocolat oder Crème caramel erinnern, die in jedem Bistro Standard sind. Sie sind auch in jedem Lebensmittelgeschäft als Fertigprodukte erhältlich. Nichts gegen den leichten Schokoladenschaum und die Eiercreme mit Karamelsauce, im Alltag erleichtern sie der berufstätigen Hausfrau die Aufgabe, nach dem Hauptgang noch etwas Appetitliches auf den Tisch zu bringen. An Fest- und Feiertagen, wenn die Familie zusammenkommt, erleben jedoch die vielen Varianten an Kleingebäck und Kuchen ihre Auferstehung. Jede Region, jede Familie und jeder Feiertag ist verbunden mit einem Dessert oder Gebäck aus Großmutters Zeiten.

In allen Teilen Frankreichs kennt man die Tartes, flache runde Kuchen mit einem Belag aus dem Obst der Saison, den man zu besonderen Gelegenheiten mit Figuren aus Teigresten – dem Anlaß entsprechend – schmückt. Etwas aufwendiger sind die sehr unterschiedlichen Charlottes, von denen die Charlotte russe, erfunden von dem bekannten Küchenmeister Carême, die bekannteste ist. Sie besteht aus Bayerischer Creme, die in eine mit Löffelbiskuits ausgelegte Form gefüllt wird. Älter und wahrscheinlich die erste ihrer Art ist die Charlotte de pommes. Statt mit Biskuits wird die Form mit in Butter getauchten Weißbrotscheiben ausgelegt und mit Apfelkompott gefüllt. Diese Ur-Charlotte wird warm serviert.

Auch die süßen Crêpes aus der Bretagne, die aus Weizenmehl hergestellt und mit Zukker oder Marmelade serviert werden, haben einen Vollender in einem großen Küchenmeister gefunden, der die raffinierten Crêpes Suzette mit Orangensaft und Grand Marnier einer schönen Frau widmete.

Zwischen der Käseplatte und den frischen Früchten der Saison, die auf keinem Tisch fehlen, stehen die bescheiden als »entremets« (Zwischengerichte) bezeichneten Süßspeisen. Dazu

Oben: Pralinen aus Nizza mit reizvollen Dekorationen.

Rechts: Liebevoll und ein bißchen altmodisch ist das Schaufenster dieser Konditorei dekoriert.

gehören zum Beispiel der Far breton, Vorläufer des englischen Puddings, all die Cremes mit oder ohne Früchte, die süßen Aufläufe wie der Clafoutis, die Sorbets und süßen Soufflés. Auch in Wein pochiertes Obst gehört dazu.

Nach dem Vitaminschub in Form von frischem Obst kann man sich dann in aller Ruhe dem »Ungesunden« widmen, den vielen Arten von Kleingebäck, Schokolade, Nougat, kurz, den »amuse-gueules«, den Dingen, die den Gaumen erfreuen. Sie alle aufzuzählen und die mit ihnen verbundenen Geschichten zu erzählen würde Bände füllen. Zwei von ihnen, wahllos aus der Fülle herausgegriffen, sollen Ihnen den Mund wäßrig machen, Frankreich und seine Menschen näher kennenzulernen.

Die Stadt Bayonne, bei uns vor allem als Ursprungsort der feinen Schinken bekannt, soll auch Heimat der ersten Schokolade Frankreichs sein. Durch die spanischen Conquistadores war der Kakao und das Wissen um seine Verarbeitung zunächst von Mexiko nach Spanien und Portugal gekommen. Zu Anfang des 17. Jahrhunderts brachten in diesen Ländern verfolgte Juden den Kakao nach Südwestfrankreich, und es dauerte nicht lange, bis das Getränk und die aus Kakao bereiteten Süßigkeiten auch in der Hauptstadt und bei Hof groß in Mode kamen. Im Jahre 1659 schrieb Madame de Sévigné, die in mehr als 1500 Briefen an ihre Tochter ein exzellentes Bild des gesellschaftlichen Lebens ihrer Zeit lieferte: »Die Marquise von Coëtlogon trank im letzten Jahr, als sie schwanger war, so viel Schokolade, daß der Junge, den sie gebar, schwarz war wie der Teufel.«

Das Poitou ist speziell bekannt für seine Vielzahl an Süßigkeiten aller Art. In Niort wird nicht nur ein exzellentes Nougat hergestellt, sondern auch die berühmten Angéliques de Niort, kandierte Stengel der Engelwurz. Der Schriftsteller Austin Croze hat dazu ein verlockendes Rezept vorgeschlagen: Angéliques auf sybaritische Art. Zutaten sind warme Butterbrioches, eine große Schale mit kandierten Angéliques, eine Flasche Angélique-Likör, eine Karaffe Eiswasser und Orientzigaretten. Die Zeremonie spielt sich dann folgendermaßen ab: Man zündet sich eine Zigarette an, trinkt einen Schluck Eiswasser, beißt in eine Engelwurzstange, nimmt einen Bissen von dem heißen Brötchen ... schnuppert, genießt ... nimmt ein paar Tropfen Likör auf die Zunge, zieht an der Zigarette und beginnt noch einmal von vorn. Wenn sich der Raum langsam mit einem aromatischen Duft füllt, so sagt der Autor, kann man etwas vom sprichwörtlichen Wohlleben der Sybariten nachvollziehen.

Zum Schluß noch ein guter Rat: Verlangen Sie in einer französischen Confiserie niemals Baisers, wenn Sie die kleinen Stücke aus weißem Eischaum wünschen. Der Patron wird Sie merkwürdig ansehen oder Ihnen um den Hals fallen. Baiser heißt nämlich Kuß und das Gebäck Meringue.

Oben: Kandierte Früchte und Calissons d'Aix (links oben) gehören zu den süßen Verführungen Südfrankreichs.

Links: Stolz präsentiert der Konditor seine Schöpfungen, flache Tartes, die man in Frankreich am liebsten als Dessert mit Kaffee und Schnaps genießt.

Überregionale Lieblingsdesserts

Mousse au chocolat

Schokoladenschaum

Zutaten für 4 Portionen:

150 g Zartbitter-Kuvertüre
4 Eiweiß
1 TL Puderzucker

Zubereitungszeit: etwa 20 Min.

Pro Portion: 900 kJ/210 kcal

1 Die Kuvertüre mit dem Messer zerkleinern oder grob raspeln. Bei sehr schwacher Hitze, im Wasserbad oder auf einem Stövchen, zum Schmelzen bringen.

2 Das Eiweiß mit dem Puderzucker steif schlagen. Die Schokoladenmasse vorsichtig unter den Eischnee ziehen. Auf keinen Fall schlagen oder rühren.

3 Die Mousse auf Portionsschälchen verteilen und servieren.

- Die Eier für den Eischnee müssen sehr frisch sein!

- Nach Geschmack die Mousse mit Schokoladenraspeln, gehackten Pistazienkernen oder etwas Schlagsahne verzieren. Eventuell auch geschlagene Sahne unter die Schokoladenmasse ziehen.

Charlotte aux framboises

Charlotte mit Himbeeren

Zutaten für 6 Portionen:

etwa 1 kg Himbeeren in Sirup (Dose oder Glas)
5 cl Himbeerwasser
200 g Löffelbiskuits

Für die Vanillecreme:
½ l Milch
2 EL Zucker
5 Eigelb
2 TL Vanillezucker

Zubereitungszeit: etwa 1 Std. (+ 14 Std. Kühlen)

Pro Portion: 1610 kJ/385 kcal

1 Die Himbeeren in ein Sieb geben, den Sirup in einer Schüssel auffangen. Den Sirup mit dem Himbeerwasser mischen.

2 Die Löffelbiskuits nacheinander in den Sirup tauchen. Die Biskuits in einer Charlottenform anordnen. Zuerst den Boden bedecken, die übrigen Biskuits am Rand aufstellen, die runde Seite nach außen.

3 Die Charlotte füllen: Jeweils eine Schicht Himbeeren und eine Schicht Biskuits abwechselnd hineingeben, bis die Form gefüllt ist. Mit einer Schicht Biskuits abschließen.

4 Die Charlotte mit einem Teller zudecken, diesen mit einem Gewicht beschweren. Über Nacht in den Kühlschrank stellen.

5 Am nächsten Tag für die Vanillecreme die Milch mit dem Zucker aufkochen. In einem Krug mit den Eigelben verquirlen. Die Mischung in einen sauberen Topf gießen und unter Umrühren erhitzen, bis die Creme dickflüssig wird. Den Topf vom Herd nehmen und den Vanillezucker einrühren. Abkühlen lassen, dann in den Kühlschrank stellen.

6 Vor dem Servieren die Charlotte stürzen. Die Vanillecreme obenauf streichen oder mit der Spritztüte auftragen.

Varianten:
- Auf die gleiche Art wird Kirschcharlotte zubereitet. Statt des Himbeerwassers Kirschwasser verwenden.
- Statt der Biskuitschicht abwechselnd Früchte und Vanilleeis einfüllen.
- Statt der Vanillecreme gesüßte Schlagsahne aufspritzen.
- Die Charlotte mit frischen Früchten der Saison garnieren.

Crème renversée au caramel

Karamelcreme

Zutaten für 4 Portionen:

20 g Butter
6 EL Zucker
4 Eier
1 Päckchen Vanillezucker
400 ml Milch

Zubereitungszeit: etwa 45 Min. (+ 1 Std. Kühlzeit)

Pro Portion: 1300 kJ/310 kcal

1 Die Butter in einer Stielkasserolle zerlassen. 5 EL Zucker und 3 EL Wasser dazugeben. Den Zucker unter ständigem Umrühren mit einem Holzlöffel bei schwacher Hitze hellbraun karamelisieren lassen. Die Karamelmasse in die Mitte einer feuerfesten Form gießen. Den Backofen auf 180° vorheizen.

2 Die Eier mit dem restlichen Zucker und dem Vanillezucker schaumig rühren. Die Milch einmal aufkochen lassen, nach und nach unter ständigem Umrühren zu den Eiern geben. Die Mischung durch ein Sieb in die Form geben.

3 Einen flachen Topf mit kaltem Wasser füllen. Die Form mit der Eiercreme hineinstellen und im Wasserbad im Backofen (Mitte; Gas Stufe 2) 25–30 Min. stocken lassen. Die Creme ist gar, wenn sie dem Druck des Fingers standhält.

4 Die Creme abkühlen lassen, die Ränder mit einem Messer von der Form lösen. Die Creme stürzen. Die am Boden haftende Karamelmasse mit etwas Wasser loskochen und über die Creme gießen.

• Wenn Sie die Creme in Portionsförmchen garen, läßt sie sich leichter stürzen.

Petits choux à la crème

Windbeutelchen mit Schlagsahne

Zutaten für etwa 10 Stück:

100 g Butter (+ Butter für das Backblech)
1 Prise Salz
1 EL Zucker
125 g Mehl
5 Eier
2 EL gehackte Mandeln
1/8 l Sahne
1 TL Vanillezucker
Puderzucker zum Bestäuben

Zubereitungszeit: etwa 45 Min.

Pro Stück: 895 kJ/215 kcal

1 In einer Kasserolle 1/4 l Wasser mit der Butter, Zukker und Salz zum Kochen bringen. Das Mehl sieben, auf einmal dazugeben. Mit einem Holzlöffel so lange rühren, bis der Teig sich vom Topfboden löst.

2 Den Topf vom Herd nehmen. Den Teig etwas abkühlen lassen. 4 Eier nacheinander darunterrühren. Der Teig sollte eine mittelfeste Konsistenz haben. Evtl. je nach Größe noch 1 Ei dazugeben.

3 Den Backofen auf 220° vorheizen. Ein Backblech ausfetten. Den Brandteig mit einer Tülle in Halbkugeln von etwa 3 cm ø auf das Blech spritzen. Das restliche Ei in einer Tasse verquirlen. Die Teigstücke damit bestreichen. Mit gehackten Mandeln bestreuen.

4 Die Windbeutel im Backofen (Mitte; Gas Stufe 4) in etwa 12 Min. knusprig backen. Abkühlen lassen.

5 Die Sahne mit dem Vanillezucker steif schlagen. Die Windbeutel vom Blech heben. Mit einem spitzen Messer von unten ein kleines Loch machen. Mit der Schlagsahne füllen. Die Oberseite mit Puderzucker bestäuben.

• Variante: Die Windbeutel mit Vanille- oder Schokoladencreme füllen.

Poitou-Charentes, Loiretal

Das Tal der Schlösser:
das mächtige Chambord im Spiegel des Cosson, eines Nebenflusses der Loire

Das Land und seine Produkte

Die heutige Region Poitou-Charentes, zu der auch die Vendée gehört, reicht im Westen bis an den Atlantik, im Süden bis an die Gironde, im Osten bis zum Limousin und im Norden bis an die Loire. Historisch wie landschaftlich ist es keinesfalls einheitlich, auch hier wurde durch einen Verwaltungsakt sehr Unterschiedliches zusammengefaßt.

Das Poitou, Hauptstadt Poitier, besteht aus einem etwa 150 m hohen, fruchtbaren Plateau, das in der Mitte von den nicht sehr hohen Hauteurs de la Gâtine durchzogen wird. Der westliche Teil dieser Urgebirgsschwelle gehört schon zur Vendée, die zum Ozean hin in flachwelliges Weideland abfällt, bevor sich vor dem Ozean hohe Dünen auftürmen. Schöne Strände und beliebte Badeorte prägen hier das Landschaftsbild. Im Süden des Poitou schließt sich um La Rochelle das sumpfige Küstenland des Aunis, der kleinsten ehemaligen französischen Provinz, an. Die ehemalige Provinz Saintonge reicht schon ins Bordelais hinüber, das im vorigen Kapitel beschrieben wurde.

Landeinwärts zwischen Aunis, Saintonge und Zentralmassiv liegt die ehemalige Provinz Angoumois, das etwa dem Département Charente entspricht. Sind es südlich der Girondemündung die Weine, die das Land über die Grenzen hinaus berühmt gemacht haben, so ist es nördlich davon der Cognac, jener feine Weinbrand, der einem Zuwanderer aus Jersey, Jean Martell, zu verdanken ist, der 1715 hier die erste Branntweinfirma gründete.

Die Küstengebiete sind vor allem für ihre Austern- und Muschelzucht bekannt. Fisch und Meeresfrüchte sind die Grundlage einer gesunden Küche, in der Milch, Sahne und Butter eine entscheidende Rolle spielen. Die Vendée ist bekannt dafür, daß man sich Zeit nimmt zum Genießen.

Die etwa 1000 km lange Loire, der längste Fluß Frankreichs, entwässert mit ihren Nebenflüssen etwa 22 % der gesamten Fläche des Landes. Das fruchtbare Schwemmland und das milde Klima begünstigen Wein-, Obst- und Gemüsebau. Eine Besonderheit sind die weitverzweigten Höhlensysteme im Tuffstein, ehemalige Steinbrüche, in denen heute Wein unter günstigsten Bedingungen gelagert oder Champignonzucht betrieben wird. Das einzige Champignonmuseum Frankreichs befindet sich in Saumur.

Das Loiretal ist keine Verwaltungseinheit. In diesem Kapitel wird ihr mittlerer Teil von Gien, östlich Orléans, bis Ancenis, östlich von Nantes, beschrieben. Es umfaßt die Landschaften Orléanais, Blésois, Touraine und Anjou. Das Land von Rabelais, ehemals bevorzugter Wohnsitz der Könige, ist ein irdisches Schlaraffenland. Zander, Hecht und Karpfen stammen aus den zahlreichen Flüssen, Enten und Kaninchen werden in vielen köstlichen Varianten bereitet, und in den Wäldern gibt es reichlich Rotwild.

Rechts: Reklameschild für den bekannten Ziegenkäse von Chavignol, einem kleinen Ort am Mittellauf der Loire.

Unten: Fischauktion am Hafen von Noirmoutier.

Ganz unten: Blick auf den Hafen von Noirmoutier, einer reizvollen Insel mit schönen Stränden südlich der Loiremündung.

Links: Austernfischer auf der Île d'Oléron, die ein beliebtes Ferienziel ist, aber auch wegen ihrer Austernbänke bei Feinschmeckern hohes Ansehen genießt.

Links unten: Weinkeller in Chinon an der Loire, wo die fruchtigen Rotweine des Gebiets reifen.

Unten: Champignonzucht in einer Tuffsteinhöhle des Loiregebiets.

Ganz unten: Liebliche Loirelandschaft mit Weinbergen zwischen Angers und Nantes.

Menschen, Feste, Sehenswertes

Wo heute mit Touristen besetzte Busse ihre Fracht entladen, herrschte im 15. Jahrhundert, nachdem Jeanne d'Arc das Land von den Engländern befreite, buntes höfisches Leben. Die französischen Könige und ihr Hofstaat hielten sich gern in dem lieblichen Tal der Loire auf. Der damals noch schiffbare Fluß war ein idealer Verkehrsweg, der die mehr als dreihundert Schlösser und Schlößchen miteinander verband.

Chambord, das mächtige Schloß mit 440 Zimmern, wurde von François I erbaut, der sogar die Loire umleiten wollte, um den Reiz der Architektur noch zu steigern. Blois, ebenfalls eine der großen Residenzen an der Loire, vermittelt noch heute einen lebendigen Eindruck von Architekturgeschichte. Es entstand zwischen dem 13. und 17. Jahrhundert in mehreren Bauabschnitten. Azay-le-Rideau, das zierliche, von Wasser umgebene Renaissanceschloß, wurde von einem reichen Finanzier errichtet ebenso wie Chenonceaux, das zu Zeiten von Diane de Poitiers, der Geliebten von Henri II, erbaut wurde. Schloß Villandry ist vor allem durch seinen Liebesgarten mit Symbolen für zärtliche, tragische, rasende und flüchtige Liebe Anziehungspunkt für Besucher. In Ussé, dem verspielten Dornröschenschloß, lebte der Märchendichter Perrault.

Unmöglich, auch nur einen Bruchteil der Schlösser zu erwähnen. Wer auf Entdeckungsreisen geht, findet gerade in den kleineren viel Sehenswertes. Einige von ihnen werden seit Jahrhunderten von derselben Familie bewohnt. Man kann sie dennoch besichtigen. Daß man hier zu leben verstand und noch versteht, wird einem auf Schritt und Tritt klar.

Wo sich die Könige wohl fühlten, ließ sich auch der Klerus nieder. Die Bediktinerabtei von Saint-Benoît-sur-Loire, deren Ursprünge ins 7. Jahrhundert zurückreichen, ist ebenso wie Cunault ein schönes Beispiel romanischer Baukunst.

In den Städten entlang des Flusses stehen Fachwerkbauten an engen Gäßchen. Überall quellen die Märkte über von Erzeugnissen des Landes, und in den Restaurants kann man tafeln wie seinerzeit Rabelais oder Rousseau.

»Son et Lumière«, Spiele mit Licht und Musik, gibt es im Land der Schlösser und Gärten reichlich. Feinschmecker sollten im Sommer nach Les-Corvées-les-Yys im Département Eure-et-Loir fahren. Dort bekommen Besucher einen Einblick in das Leben eines Bauern um die Jahrhundertwende, und zuvor gibt es »Spezialitäten aus alter Zeit«.

Sind es im Tal der Loire vor allem die Schlösser, die den Besucher entzücken, so finden sich in der Region Poitou-Charentes neben Wehrtürmen und Burgen, die der wechselvollen Geschichte zu verdanken sind, besonders viele Kathedralen und Klöster. Hier führte der Pilgerweg nach Santiago di Compostela vorbei. Besonders schöne romanische Kirchen sind in Aulnay und Melle zu bewundern. Parthenay, ein hübscher Marktort am Pilgerweg, soll seine Entstehung den Zauberkräften der schönen Melusine verdanken.

La Rochelle, die alte Hauptstadt des Aunis, war vom 14. bis 18. Jahrhundert einer der bedeutendsten Seehäfen Frankreichs und Zufluchtsort der Hugenotten. Die alten Hafenbefestigungen sind Zeugen dieser Zeit. Gegenüber liegen die Inseln Ré und Oléron. Beide Inseln sind bekannt für ihre Austernzucht. Oléron, nach Korsika die zweitgrößte Insel Frankreichs, ist mit seinen Wäldern und schönen Stränden ein beliebtes Ferienziel. Ein 3 km langer Viadukt verbindet sie mit dem Festland.

Saintes, die alte Hauptstadt von Saintonge, war schon Kapitale der keltischen Santoner. Die Arena aus dem 1. Jahrhundert gehört zu den ältesten ihrer Art. Hier wurde auch der Arzt Guillotin geboren, der durch seine grausame Erfindung zu traurigem Ruhm gelangte.

Poitiers, die alte Hauptstadt des Poitou, ist wegen seiner zahlreichen frühromanischen Kirchen eine der kunstgeschichtlich interessantesten Städte des Landes. Schon im 3. Jahrhundert sammelten sich hier die ersten Christen, das Baptisterium ist der älteste christliche Bau Frankreichs. Ein für die spätere Geschichte des Abendlandes wichtiges Ereignis fand hier statt: Bei Tours und Poitiers schlug Karl Martell 732 n. Chr. die Araber und verhinderte das Vordringen des Islam in Europa.

Die Vendéer haben im 18. und 19. Jahrhundert die Geschicke Frankreichs beeinflußt. Während der Französischen Revolution und 1815 sowie 1830 stellten sie sich immer wieder auf die Seite der Bourbonen. Die

Links: Schloß Villandry ist berühmt wegen seiner zauberhaften Renaissance-Gartenanlagen; hier der Gewürzgarten.

Folge waren blutige Schlachten, die das Land verwüsteten. Noch heute kann man auf dem Mont des Alouettes die sieben Windmühlen sehen, die den Truppen je nach Stellung ihrer Flügel Signale von »Gefahr« bis »Entwarnung« gaben. Weit friedlicher verläuft heute ein originelles Fest in Royan: das Finale der Weltmeisterschaften im Murmelspiel auf Sand.

Rechts: Ruine der Abtei Saint-Pierre aus dem 10. Jahrhundert mitten im Marais Poitevin, nahe dem Ort Maillezais.

Rechts Mitte: Idyllische Landschaft an einem der zahlreichen Wasserläufe im Marais Poitevin.

Unten: Ein typisches französisches Café ist das Café de la Paix in der Hafenstadt La Rochelle.

Oben: Die doppelte Wendeltreppe in Schloß Chambord ist ein Wunder der Architektur des 16. Jahrhunderts.

Rechts: Ostfassade des Schlosses Brissac nahe Angers, in dem es wertvolle Gobelins zu sehen gibt.

Die Weine

Wer jenen rosaroten, »lieblich« bis süßlich schmeckenden Wein mit dem Namen Rosé d'Anjou, der unsere Supermarktregale füllt, für den typischen Loirewein hält, hat sich gewaltig getäuscht. Ein großer Teil der wirklich beachtenswerten Spezialitäten mit alter Tradition kommt nicht über die Grenze zu uns. Man muß sie im Land selbst probieren.

Etwas abseits von den großen Rebflächen, am Oberlauf der Loire im ehemaligen Herzogtum Berry, gibt es feine Weißweine. Sancerre, auch bei uns bekannt und von Feinschmeckern hoch geschätzt, ist ein feiner trockener Wein, der zu Fisch und Meeresfrüchten besonders gut schmeckt. Die Weine von Pouilly, wie Sancerre aus Sauvignon Blanc gekeltert, kommen unter der Bezeichnung Pouilly fumé auf den Markt.

Orléans, früher einmal für seine Rotweine bekannt, ist heute nur noch Hersteller von exzellentem Weinessig. Doch gleich westlich davon beginnt das Weinbaugebiet der Touraine, wo Weiß-, Rot- und Roséweine unter der allgemeinen Herkunftsbezeichnung oder als Spezialitäten kleinerer Rebflächen gekeltert werden.

Vouvray, der aus der Pineau de la Loire bereitet wird, neigt von Natur aus zum Schäumen. Daher sind die Perlweine und die Schaumweine am bekanntesten. Es gibt Vouvray jedoch auch in stiller Version. Sie alle sind duft- und bukettreich.

Zwei dunkel rubinrote Weine aus der Sorte Cabernet Franc tragen die Gemeindebezeichnungen Chinon und Bourgueil. Chinon, etwas weicher und zarter, und Bourgueil mit Himbeerduft und etwas längerer Reifezeit sind ideale Begleiter zu den heimischen Fleisch- und Wildgerichten.

Im angrenzenden Anjou hat sich vor allem Saumur bei den Weinfreunden einen Namen gemacht. Cabernet de Saumur ist ein besserer Rosé d'Anjou. Er ist trockener und darf nur aus den Rebsorten Cabernet Franc und Cabernet Sauvignon bereitet werden. Bekannter sind jedoch die Schaumweine. Sie werden, wie übrigens auch der Vouvray, in Tuffsteinhöhlen gelagert, die ähnlich günstige Bedingungen bieten wie die Kreidestollen der Champagne.

Am Nebenfluß Layon wird der Pineau häufig von Edelfäule befallen, so daß in guten Jahren edelsüße Weine bereitet werden können. Quarts-de-Chaume und Bonnezeaux sind Gemeindebezeichnungen, die sich auf höhere Qualität beziehen.

Unter der allgemeinen Bezeichnung Crémant de la Loire schließlich gibt es Schaumweine in Rot, Weiß und Rosé, die nach der Champagnermethode hergestellt werden.

Auch an den Nebenflüssen der Loire, wie zum Beispiel der Aubance, gibt es Rebflächen, von denen fruchtige, meist leichte, feine Weine stammen. Die Weine des Poitou sind örtliche Spezialitäten, die man nur an Ort und Stelle bekommt. Sie ähneln charakterlich ihren Nachbarn im Anjou und der Touraine.

Interessant wird es wieder in den Départements Charente und Charente Maritime. Aus dem Gebiet um die Stadt Cognac stammt der berühmteste Weinbrand der Welt. Die besten Lagen befinden sich bei Segonzac, das Gebiet heißt Grande Champagne, was leicht zu Verwechslungen führen kann. Die Petite Champagne um Jozac, Barbézieux und Jarnac umfaßt die etwas geringer eingestuften Weinflächen. Darunter rangieren die vier restlichen Gebiete, die bis in die Départements Dordogne und Deux-Sèvres hineinreichen. Folle Blanche, Ugni Blanc und Colombard heißen die Rebsorten, die keinen Spitzenwein ergeben, wohl aber durch Destillieren und Lagern in speziellen Eichenholzfässern jenes Getränk ergeben, das der Feinschmecker am Schluß des Menüs als Digestif ebenso schätzt wie den vorher genossenen Wein.

Eine bei uns weniger bekannte Spezialität des Gebiets ist der Pineau des Charentes. Er wird aus unvergorenem Traubenmost der Pineau-Rebe unter Zusatz von Cognac bereitet und ist als Aperitif nicht nur in seinem Ursprungsgebiet beliebt und bekannt.

Oben: Vouvray, der Weinort an der Loire, ist vor allem wegen seiner Perl- und Schaumweine bekannt, die in Tuffsteinhöhlen optimale Reifebedingungen finden.

Unten: Abfüllung von Schaumwein in einem Keller von Vouvray/ Loire.

Rezepte der Region

Salate und Vorspeisen

Fisch

Fleisch

Geflügel und Wild

Gebäck und Desserts

Salade poitevine

Reis, Tomaten und Champignons (Poitou)

Zutaten für 4 Portionen:

100 g Reis
125 g Champignons
4 kleine feste Tomaten
2 Frühlingszwiebeln
2–3 Stengel Estragon
Salz, Pfeffer aus der Mühle

Zubereitungszeit: etwa 30 Min.

Pro Portion: 450 kJ/110 kcal

1 Den Reis in Salzwasser zugedeckt je nach Sorte in etwa 20 Min. körnig kochen.

2 Inzwischen die Champignons putzen und mit Küchenpapier abreiben. Im ganzen etwa 7 Min. in etwas Salzwasser garen.

3 Die Champignons abtropfen lassen, je nach Größe vierteln oder halbieren. Die Tomaten waschen und in dünne Scheiben schneiden. Die Frühlingszwiebeln putzen, waschen und sehr fein hacken.

4 Den Reis in einem Sieb abtropfen lassen. Auf ein Küchentuch geben und abtrocknen.

5 Sämtliche Zutaten miteinander vermengen und auf vier Portionsteller verteilen. Den Estragon waschen, fein hacken und über die Vorspeise streuen. Mit Pfeffer übermahlen.

• Variante: Noch appetitlicher sieht es aus, wenn Sie die Zutaten einzeln auf Portionstellern anrichten und mit Estragon und Pfeffer bestreuen. Erst kurz vor dem Essen mischen. Oder Sie legen Schälchen mit Tomatenscheiben aus und richten die gemischten Zutaten darauf an.

Les cerneaux

Salat aus grünen Walnüssen (Touraine)

Zutaten für 4 Portionen:

750 g grüne Walnüsse (Schälnüsse)
6 Schalotten
10 EL guter Weinessig
½ l trockener Rotwein
grobes Salz
Pfeffer aus der Mühle

Zubereitungszeit: etwa 25 Min. (+ 2–3 Tage Ruhezeit)

Pro Portion: 4000 kJ/950 kcal

1 Die Nüsse mit Hilfe eines spitzen Messers vorsichtig öffnen. Die Kerne mit dem Häutchen herausnehmen und in eine Schüssel mit reichlich Wasser geben, sonst verfärben sie sich. Wenn die letzte Nuß geschält ist, alle Kerne noch einmal unter fließendem Wasser abspülen. Mit etwas grobem Salz bestreuen.

2 Die Schalotten schälen und sehr fein hacken. Mit den Nußkernen mischen.

3 Den Essig mit dem Rotwein mischen. Pfeffern. Die Mischung über die Nußkerne gießen und alles mindestens 2–3 Tage durchziehen lassen.

4 Vor dem Servieren oder bei Tisch die weißen Häutchen von den Kernen entfernen.

• Diese ungewöhnliche Vorspeise stammt aus alten Zeiten. Alexandre Dumas schrieb in seinem »Grand Dictionnaire de Cuisine«: »Eine köstliche Angelegenheit, und außerhalb Frankreichs vollkommen unbekannt.« Dumas hat die grünen Nüsse in Paris gegessen, wo man sie heute vergeblich suchen wird. In der Touraine allerdings, ihrem Ursprungsland, kann man sie vielleicht noch in dem einen oder anderen Landgasthof vorgesetzt bekommen. Am sichersten ist es, wenn Sie die Vorspeise selbst zubereiten.

Rillettes du Mans

Rillettes aus Schweinefleisch (Loire)

• Ursprünglich wurden die grünen Nüsse mit Verjus zubereitet, den man auch in Frankreich kaum noch findet. Es ist der Saft von unreifen Trauben, eine wichtige Zutat der Küche sowohl der Auvergne als auch des Périgord und des Anjou. Heute ersetzt man Verjus durch guten Weinessig.

• Die Nüsse dürfen auf keinen Fall reif sein. Die beste Saison für grüne Walnüsse ist der Hochsommer, etwa Mitte August.

• Eine etwas mildere Version lautet: keine Schalotten verwenden, Weinessig mit Wasser mischen, zum Schluß etwas gehackten Kerbel über die Kerne streuen.

Zutaten für 10–12 Portionen:

400 g mageres Schweinefleisch
600 g frischer fetter Speck
Bouquet garni (Petersilie, Lorbeerblatt, Thymian, Gewürznelke)
Salz, Pfeffer aus der Mühle

Zubereitungszeit: etwa 4 ½ Std. (+ 24 Std. Ruhezeit)

Bei 12 Portionen pro Portion: 1600 kJ/380 kcal

1 Das Schweinefleisch und den Speck fein würfeln. Das Bouquet in ein Leinensäckchen geben, zubinden.

2 Das Schweinefleisch und den Speck in einem Schmortopf anbraten, die Hitze reduzieren. Den Beutel mit den Gewürzen in den Topf geben. Salzen, pfeffern. Etwa 100 ml Wasser angießen.

3 Die Rillettes bei milder Hitze zugedeckt in etwa 4 Std. garen. Dabei öfter umrühren und bei Bedarf Wasser nachgießen, wenn die Masse zu trocken wird und am Topf hängen bleibt.

4 Das Leinensäckchen entfernen. Das Fett in eine Schüssel abgießen. Das Fleisch mit dem Wiegemesser oder einer Gabel zerkleinern. In einen Keramik-Schmalztopf geben. So viel von dem Fett darauf gießen, daß die Masse bedeckt ist. Mit Butterbrotpapier zudekken. Abkühlen lassen und frühestens nach 24 Std. als Vorspeise mit Brot servieren.

• Rillettes und Rillons sind berühmte Spezialitäten der Loire-Region, die es heute nicht nur in ganz Frankreich, sondern auch bei uns zu kaufen gibt. Die drei Städte Le Mans, Tours und Angers betrachten sich als ihre wahren »Erfinder«.

• Rillettes und Rillons bestehen immer aus in Fett gegartem magerem Fleisch, wobei das Fleisch im ersten Fall nach dem Garen noch einmal zerkleinert wird, im zweiten nicht. Außer den Rillettes aus Schweinefleisch gibt es auch Gänse- und Kaninchenrillettes sowie Rillettes aus mehreren Fleischarten.

Pâté vendéen

Kaninchenterrine (Vendée)

Zutaten für 8 Portionen:

1 junges Wildkaninchen mit Leber, küchenfertig vorbereitet (etwa 1,3 kg)
150 g frischer fetter Speck
½ Bund Petersilie
1 Knoblauchzehe
Vier-Gewürze-Mischung (3 Teile Pfeffer, 1 Teil frisch geriebene Muskatnuß, Nelkenpulver und Ingwerpulver zu gleichen Teilen)
4 cl Cognac
200 ml trockener Weißwein
1 Zwiebel
5–6 Gewürznelken
2 Möhren
1 Kalbsfuß, vom Metzger kleingehackt
Bouquet garni (Lorbeerblatt, Thymian, Petersilie)
500 g Schweinefilet
1 Schweinenetz (beim Metzger vorbestellen)
Salz, Pfeffer aus der Mühle

Zubereitungszeit: etwa 4 ½ Std. (12 Std. Kühl- und Ruhezeit)

Pro Portion: 1700 kJ/400 kcal

In der Vendée verwendet man für diese Pastete Lapin de garenne, eine Wildkaninchenart, die in Frankreich häufig vorkommt. Der Schriftsteller Fulbert-Dumonteil hat sie das »Wildbret des kleinen Mannes« genannt.

Das Fleisch von Haus- wie von Wildkaninchen ist in der französischen Küche sehr beliebt, da man es wegen des zarten Eigengeschmacks wie Hähnchen auf viele verschiedene Arten zubereiten und würzen kann. Für dieses Rezept können Sie auch Hauskaninchen verwenden.

• Schweinenetz bekommen Sie beim Metzger, allerdings müssen Sie es meist vorbestellen.

• Weinempfehlung: ein roter Bourgueil oder Chinon von der Loire.

• Beilage: Dazu schmecken eingeweichte und in Rotwein gegarte Backpflaumen.

1 Zuerst die Kaninchenfilets und -schenkel von den Knochen lösen und von Häutchen und Sehnen befreien. In etwa 1 cm dicke Scheiben schneiden. Die Scheiben mit Pfeffer würzen und beiseite stellen.

2 Das restliche Fleisch von den Knochen lösen, von Häutchen und Sehnen befreien. Mit der Leber im Blitzhacker zerkleinern. Den Speck sehr fein würfeln. Die Petersilie waschen, trockentupfen und fein hacken. Die Knoblauchzehe schälen und mit einer breiten Messerklinge zerdrücken.

3 Alles mit dem gehackten Kaninchenfleisch mischen. Mit Salz und der Gewürzmischung abschmecken. Cognac und die Hälfte des Weines dazugeben. Die Masse 1 Std. ruhen lassen.

4 Die Zwiebel schälen, mit den Nelken spicken. Die Möhren waschen, putzen, fein würfeln. Beides mit dem Kalbsfuß, dem restlichen Wein, ½ l Wasser, dem Bouquet garni, Salz und Pfeffer in einem großen Topf zugedeckt etwa 1 Std. bei mittlerer Hitze kochen lassen.

5 Das Schweinefilet hinzufügen, noch 30 Min. köcheln lassen. Das Filet herausnehmen, im Blitzhacker zerkleinern und mit dem gehackten Kaninchenfleisch mischen. Den Sud aufbewahren. Das Schweinenetz in warmem Wasser einweichen, ausdrücken und in einer Terrinenform ausbreiten.

6 Abwechselnd gehacktes Fleisch und Fleischscheiben in die Form schichten. Die erste und die letze Schicht sollen aus gehackten Fleisch bestehen. Das Schweinenetz darüber zusammenfalten. Den Backofen auf 180° vorheizen.

7 Die Form fest verschließen. In ein größeres Gefäß mit Wasser stellen. Im vorgeheizten Backofen (Mitte; Gas Stufe 2) etwa 2 Std. garen. Während der Backzeit den Sud um etwa die Hälfte einkochen lassen, das dauert etwa 30 Min. Dann durch ein Sieb gießen und entfetten.

8 Die Terrine aus dem Ofen nehmen, überflüssiges Fett abschöpfen. Den Sud darüber gießen. Die Terrine abkühlen lassen, dann am besten über Nacht in den Kühlschrank stellen, damit der Sud geliert. Als Vorspeise mit Brot servieren.

Bouilleture d'anguilles

Aal mit würziger Rotweinsauce (Anjou)

Zutaten für 4 Portionen:

1 kg frischer Aal, küchenfertig vorbereitet
2 Zwiebeln
2 Schalotten
Bouquet garni (Petersilie, Lorbeerblatt, Fenchelkraut)
½ l guter Loire-Rotwein, zum Beispiel Chinon
2 cl Obstbranntwein
1 EL Butter
1 EL Mehl
Salz, Pfeffer aus der Mühle

Zubereitungszeit: etwa 45 Min.

Pro Portion: 3600 kJ/860 kcal

1 Den Aal kalt abbrausen und in etwa 5 cm lange Stücke schneiden. Die Zwiebeln und die Schalotten schälen und fein hacken. Zusammen mit dem Bouquet in einen Topf legen. Die Aalstücke darauf verteilen. Salzen, pfeffern. Den Rotwein angießen, so daß der Fisch gerade davon bedeckt ist.

2 Den Topf aufsetzen und alles bei starker Hitze zum Kochen bringen. Wenn der Wein zu sieden beginnt, den Schnaps in einer Schöpfkelle über einer Kerzenflamme erwärmen, anzünden und dazugießen.

3 Das Gericht bei mittlerer Hitze im offenen Topf in etwa 20 Min. garen. Das Bouquet entfernen. Die Aalstücke herausnehmen und warm stellen. Die Butter mit dem Mehl verkneten und zum Binden stückchenweise unter die Sauce schlagen. Den Aal in der Sauce servieren.

• Dazu passen in Butter gebratene Brotscheiben.

• Weinempfehlung: ein fruchtiger Loire-Rotwein, zum Beispiel ein Chinon oder Bourgueil, am besten der gleiche Wein, der zum Kochen verwendet wurde.

Brochet au beurre blanc

Hecht mit heller Buttersauce (Anjou)

Zutaten für 4 Portionen:

1 Hecht, küchenfertig vorbereitet (etwa 1,5 kg)
Für die Court-Bouillon:
50 ml Weißweinessig
100 ml trockener Weißwein
2 Möhren
2 Zwiebeln
4 Gewürznelken
1 Knoblauchzehe
Bouquet garni (Petersilie, Lorbeerblatt, Fenchelkraut)
Salz, Pfeffer aus der Mühle

Für die Buttersauce:
4 kleine Schalotten
4 EL Weißweinessig
250 g Butter
Salz, Pfeffer aus der Mühle

Zubereitungszeit: etwa 1 ¾ Std.

Pro Portion: 3000 kJ/710 kcal

1 Den Hecht kalt abbrausen und vorsichtig abtrocknen. Für die Court-Bouillon 2 l Wasser in einen großen Topf geben. Den Weinessig und den Wein dazugießen. Die Möhren putzen, waschen und in Scheibchen schneiden. Die Zwiebeln schälen. 1 Zwiebel fein hacken, die andere mit den Gewürznelken spicken. Die Knoblauchzehe schälen und halbieren. Alles zusammen mit dem Bouquet in den Topf geben. Salzen, pfeffern und erhitzen.

2 Den Sud zugedeckt bei mittlerer Hitze etwa 30 Min. köcheln lassen. Abkühlen lassen.

3 Den Hecht in den lauwarmen Sud einlegen und im offenen Topf etwa 25 Min. bei sehr milder Hitze ziehen lassen.

4 Inzwischen die Buttersauce zubereiten: Die Schalotten schälen und im Blitzhacker sehr fein zerkleinern. In eine Kasserolle geben. Den Essig angießen, salzen, pfeffern.

Saumon Val-de-Loire

Gespickter Lachs (Touraine)

Zutaten für 4 Portionen:

1 kg frischer Lachs
125 g durchwachsener Räucherspeck
150 g Schalotten
125 g Butter
40 ml guter Weinessig
1 EL Mehl
Salz, Pfeffer aus der Mühle

Zubereitungszeit: etwa 1 Std.

Pro Portion: 3800 kJ/900 kcal

1 Den Lachs kalt abbrausen und trockentupfen. Die Haut abziehen. Den Räucherspeck in feine Streifen schneiden. Den Lachs mit Hilfe eines spitzen Messers spicken. Den Backofen auf 220° vorheizen.

2 Die Schalotten schälen und sehr fein hacken. Eine flache feuerfeste Form damit auslegen. Den Lachs auf die Schalotten betten. 100 g Butter in Scheiben auf dem Lachs verteilen. Salzen, pfeffern.

3 Den Fisch im vorgeheizten Backofen (Mitte; Gas Stufe 4) etwa 15 Min. garen. Den Weinessig angießen. Den Lachs in weiteren etwa 15 Min. zu Ende garen, dabei immer wieder mit der Flüssigkeit aus der Form begießen.

4 Den Fisch auf einer Platte anrichten. Das Mehl und die restliche Butter mit einer Gabel vermengen. Klößchen daraus formen und kurz vor dem Servieren in die Sauce rühren. Mit Weißbrot servieren.

• Weinempfehlung: ein würziger Sauvignon aus der Touraine.

• Tip: Wem das Spicken zu aufwendig ist, der belegt den gehäuteten Lachs einfach mit dünnen Scheiben von durchwachsenem Räucherspeck.

5 Die Flüssigkeit bei mittlerer Hitze cremig einkochen lassen. Die Hitze auf die unterste Schaltstufe reduzieren. Nach und nach die Butter dazugeben und einrühren. Damit die Masse nicht zu heiß wird, die Kasserolle ab und zu von der Kochstelle nehmen. Die Sauce darf nicht kochen!

6 Den Fisch aus dem Sud heben, filetieren, häuten und in Portionsstücke schneiden. Dann auf einer Platte anrichten. Die Buttersauce in eine vorgewärmte Saucenschüssel gießen und dazu servieren.

• Wer ganz sicher gehen möchte, daß die Buttersauce nicht zu heiß wird, bereitet sie im Wasserbad zu.

• Weinempfehlung: ein trockener Muscadet von der Loire.

• Dazu paßt besonders gut Blattspinat, den Sie nur kurz blanchieren, dann in Butter schwenken und würzen.

Colin aux cèpes

Seelachs mit Steinpilzen (Vendée)

Zutaten für 4–6 Portionen:

1,5 kg Seelachs, küchenfertig vorbereitet (ersatzweise Seelachsfilets)

Für den Sud:
1 ½ l Muscadet (ersatzweise ein anderer trockener Loire-Weißwein)
großes Bouquet garni (Petersilie, Fenchelkraut, Basilikum, Thymian, Lorbeerblatt)
1 Prise Safranpulver
Salz, Pfefferkörner

Für das Pilzragout:
800 g Steinpilze
1 Schalotte
½ Knoblauchzehe
1 Zweig Estragon
2 Stengel Petersilie
40 g Butter
4 EL Olivenöl
Salz

Für die Sauce:
100 ml Muscadet
100 ml Weißweinessig
½ Knoblauchzehe
2 Schalotten
4 Stengel Estragon
eventuell 4 Zweige Fenchelkraut
2 Stengel Kerbel
1 Prise Safranpulver
4 Eigelb
125 g Butter
4 EL Tomatenmark
100 g kleine gekochte Garnelen
2–3 EL Zitronensaft
Salz, Pfeffer aus der Mühle

Zubereitungszeit: etwa 3 ½ Std.

Bei 6 Portionen pro Portion: 3000 kJ/710 kcal

• Tip: Wenn Sie die Kräuter mit der Schere schneiden, tritt nicht so viel Saft aus den Blättchen aus.

• Die Sauce ist nach der Prieuré d'Auzay benannt und gehört zu den traditionellen Zubereitungen dieser Gegend. Die Arbeit lohnt sich!

• Weinempfehlung: ein Muscadet oder ein trockener Weißwein aus Saintonge.

1 Den Seelachs in etwa 3 cm dicke Scheiben oder die Filets in Portionsstücke schneiden. Kalt abbrausen, trockentupfen. Für den Sud den Wein in einen großen Topf gießen, das Bouquet garni einlegen und die Gewürze dazugeben. Alles etwa 30 Min. köcheln, dann lauwarm abkühlen lassen.

2 Die Fischscheiben in den lauwarmen Sud legen und bei sehr milder Hitze zugedeckt etwa 20 Min. ziehen lassen. Von der Kochstelle nehmen. Den Fisch mit wenig Sud warm stellen. Den restlichen Sud aufbewahren.

3 Inzwischen die Steinpilze putzen und in etwa ½ cm dicke Scheiben schneiden. Die Schalotte und den Knoblauch schälen und fein hacken. Estragon und Petersilie waschen, trockentupfen und mit einer Schere fein schneiden.

4 Die Butter und das Öl in einem Topf erhitzen, die übrigen Zutaten dazugeben. Alles zugedeckt etwa 10 Min. bei starker Hitze anschmoren, dann 30 Min. bei mittlerer Hitze garen. Das Pilzragout abgießen und warm stellen. Die Kochflüssigkeit durch ein Sieb gießen und aufbewahren.

5 Für die Sauce in einem Topf den Wein mit dem Essig mischen. Den Knoblauch und die Schalotten schälen, fein hacken und dazugeben. Die Kräuter waschen und mit der Schere fein schneiden. Knoblauch, Schalotten, die Hälfte der Kräuter und den Safran dazugeben. Salzen, pfeffern.

6 Den Topf zudecken und alles etwa 6 Min. bei starker Hitze kochen lassen. 8 EL vom Pilzsud und 4 EL vom Fischsud dazugeben, umrühren. Den Topf zudecken, weitere 12 Min. bei mittlerer Hitze kochen lassen. Durch ein Sieb in einen anderen Topf gießen und noch etwas einkochen lassen.

7 Bei niedrigster Hitze – elektrische Kochplatte ausschalten – nach und nach die Eigelb mit dem Schneebesen darunterarbeiten, so daß eine dickflüssige Masse entsteht. Die Butter ebenfalls nach und nach dazugeben. Mit dem Tomatenmark abschmecken.

8 Die Garnelenschwänze in die Sauce geben. Zum Schluß den Zitronensaft und die restlichen Kräuter hinzufügen. Noch einmal abschmecken und über die Fischscheiben geben. Die Pilze dazu servieren.

Biftecks à la poitevine

Frikadellen mit Weißweinsauce (Poitou)

Zutaten für 4 Portionen:

3 dicke Scheiben Weißbrot ohne Rinde vom Vortag
½ l Milch
2 Markknochen vom Rind
500 g Hackfleisch vom Rind
frisch geriebene Muskatnuß
3 Eier
1 EL feiner Grieß
1 Zwiebel
1 EL Butter
200 ml trockener Weißwein
2–3 EL Zitronensaft
½ Bund Petersilie
Salz, Pfeffer aus der Mühle

Zubereitungszeit: etwa 1 ¾ Std.

Pro Portion: 2400 kJ/570 kcal

1 Das Brot in der Milch einweichen. Das Mark aus den Knochen lösen und mit einer Gabel zermusen. Mit dem Hackfleisch vermengen. Mit Salz, Pfeffer und Muskat würzen. Die Eier aufschlagen und daruntermischen. Den Grieß mit dem Teig verkneten. Das Brot aus der Milch nehmen, ausdrücken und mit dem Fleischteig mischen.

2 Die Zwiebel schälen und sehr fein hacken. In 1 TL Butter glasig schmoren. An den Fleischteig geben. Den Teig zum Durchziehen etwa 1 Std. kühl stellen.

3 Aus dem Fleischteig kleine, etwa 2 cm dicke Frikadellen formen. Die restliche Butter in einer Pfanne erhitzen. Die Frikadellen darin bei mittlerer Hitze in etwa 15 Min. auf beiden Seiten braun braten. Auf einer Platte anrichten, warm stellen.

4 Den Bratfond mit dem Wein loskochen. Die Frikadellen mit dem Zitronensaft beträufeln. Die Petersilie waschen, trockentupfen und fein hacken. Über die Frikadellen streuen. Die Sauce darüber gießen. Sehr heiß servieren.

Gigot à la solognote

Marinierte Lammkeule (Orléanais)

Zutaten für 4 Portionen:

Für die Marinade:
150 g durchwachsener Räucherspeck
2 Möhren
2 Zwiebeln
2 Schalotten
100 ml Weinessig
¾ l trockener Weißwein
2–3 Knoblauchzehen
5 Gewürznelken
frisch geriebene Muskatnuß
2–3 Zweige Thymian
2–3 Lorbeerblätter
1–2 Zweige Rosmarin
Salz, Pfeffer aus der Mühle

Sonstige Zutaten:
1 kg ausgelöste Lammkeule
1 EL Butter

Zubereitungszeit: etwa 1 ¼ Std. (+ 24 Std. Marinierzeit)

Pro Portion: 4300 kJ/1000 kcal

1 Für die Marinade den Speck in Stifte schneiden, die Möhren putzen und in Stifte schneiden, Zwiebeln und Schalotten schälen und vierteln.

2 Den Weinessig mit 100 ml Wasser verdünnen, den Weißwein dazugießen. Möhren, Zwiebeln und Schalotten hineingeben. Die Knoblauchzehen schälen und dazupressen. Die Marinade mit den Gewürzen und Kräutern verrühren. Salzen und pfeffern.

3 Die Lammkeule waschen, trockentupfen und etwa 24 Std. in die Marinade legen. Ab und zu umdrehen.

4 Am nächsten Tag das Lammfleisch aus der Marinade heben und mit Küchenpapier abtrocknen. Die Speckstifte herausfischen und das Lammfleisch damit spicken. Die Marinade im offenen Topf auf etwa ein Drittel einkochen.

Escalopes de porc aux pruneaux

Schweineschnitzel mit Backpflaumen (Touraine)

Zutaten für 4 Portionen:

250 g Backpflaumen ohne Stein
¼ l Vouvray oder ein anderer halbtrockener Weißwein
4 Schweineschnitzel (je etwa 120 g)
2–3 EL Mehl
2 EL Butter
1 EL Tomatenmark
3 EL Crème fraîche
Salz, Pfeffer aus der Mühle

Zubereitungszeit: etwa 30 Min. (+ 3–4 Std. Quellzeit)

Pro Portion: 2300 kJ/550 kcal

1 Die Backpflaumen 3–4 Std. in 100 ml Wein einweichen.

2 Die Schnitzel eventuell kalt abbrausen, trockentupfen, salzen, pfeffern und in Mehl wälzen. Überschüssiges Mehl abklopfen.

3 Die Butter in einer großen Pfanne zerlassen. Die Schnitzel auf jeder Seite etwa 5 Min. braten. Salzen und pfeffern.

4 Inzwischen die Pflaumen im restlichen Wein etwa 10 Min. weich kochen. Aus der Kochflüssigkeit nehmen und in der Mitte einer Platte anrichten. Die Schnitzel ringsherum anordnen. Warm stellen.

5 Den Bratfond der Schnitzel mit dem Weinsud loskochen. Tomatenmark und Crème fraîche unterrühren, salzen und pfeffern. Die Sauce über Pflaumen und Schnitzel gießen. Sofort servieren.

• Dazu paßt körnig gekochter Reis.

• Weinempfehlung: ein roter Touraine-Rotwein, zum Beispiel ein Bourgueil.

5 Inzwischen den Backofen auf 220° vorheizen. Die Butter in einem Bräter zerlassen. Die Keule ringsherum darin anbraten, dann im vorgeheizten Backofen (Mitte; Gas Stufe 4) in etwa 50 Min. garen. Nach und nach mit der Marinade begießen.

6 Das Fleisch auf einer Platte anrichten. Die Sauce durch ein Sieb gießen, abschmecken, eventuell nachwürzen und dazu servieren.

• Tip: Dazu schmecken grüne Bohnen.

Cul de veau à la mode du vieux presbytère

Kalbsschlegel nach Art der Pfarrersköchin (Anjou)

Zutaten für 8–10 Portionen:

500 g frische oder 50 g getrocknete Morcheln
eventuell ¼ l Milch
2 kg ausgelöster Kalbsschlegel (Schnitzelfleisch)
1 TL Currypulver
125 g frischer fetter Speck in dünnen Scheiben zum Umwickeln
2 Zwiebeln
2 Möhren
150 g durchwachsener Räucherspeck
50 g Butter
3 EL Mehl
¼ l trockener Weißwein
¼ l Fleischbrühe oder -fond
1 Bund Estragon
1 Eigelb
150 g Sahne
Salz, weißer Pfeffer aus der Mühle

Zubereitungszeit: etwa 3 Std. (eventuell + 2 Std. Einweichzeit)

Bei 10 Portionen pro Portion: 2100 kJ/500 kcal

Rezepte aus den Pfarrersküchen Frankreichs genießen einen besonders guten Ruf. Die geistlichen Herren verstanden es sehr wohl, unter den Mädchen ihrer Gemeinde diejenigen herauszufinden, die für ihr leibliches Wohl am besten zu sorgen wußten.

• Ein besonderes Rezept für Kalbfleisch. Es sind vor allem die Morcheln, die dem zarten Fleisch den rechten Akzent verleihen. Diese köstlichen Pilze wachsen vor allem im französischen Jura. Bei uns gibt es sie getrocknet zu kaufen. Sie verlieren bei dieser Konservierungsmethode jedoch nichts von ihrem feinen Aroma. Anstelle der Morcheln passen zu diesem Gericht auch frische oder getrocknete Steinpilze.

• Weinempfehlung: frischer, spritziger Muscadet oder ein feiner Roséwein aus dem Anjou, zum Beispiel ein Cabernet de Saumur.

1 Getrocknete Morcheln etwa 2 Std. in mit ¼ l Wasser verdünnter Milch einweichen. Von frischen Morcheln nur die Hüte verwenden. Diese mehrmals gründlich waschen, sie sind in der Regel sehr sandig.

2 Das Fleisch salzen, pfeffern und mit etwas Currypulver bestäuben. Den Speck um das Fleisch legen, mit Küchengarn befestigen. Die Pilze aus der Milch nehmen, abtropfen lassen und gründlich waschen. Große Hüte halbieren.

3 Die Zwiebeln schälen und fein hacken. Die Möhren putzen, waschen und sehr fein würfeln. Den Räucherspeck würfeln. Die Butter in einem Schmortopf zerlassen. Die Speckwürfel darin goldgelb braten, herausnehmen und aufbewahren.

4 Das Fleisch in dem Fett ringsherum anbraten. Zwiebeln und Möhren dazugeben, mit dem restlichen Currypulver würzen. Mehl anstäuben, kurz anbraten. Mit Wein und Fleischbrühe ablöschen. Zugedeckt bei sehr milder Hitze (niedrigste Schaltstufe!) etwa 1 ½ Std. garen. Ab und zu umwenden.

5 Die Speckwürfel und die Pilze in den Topf geben. Den Estragon waschen, trokkentupfen und die Blättchen mit der Schere abschneiden. Über das Fleisch streuen. Den Topf zudecken und das Fleisch in etwa 1 Std. fertiggaren.

6 Das Fleisch aus dem Topf nehmen. Küchengarn und Speck entfernen. Das Fleisch zugedeckt warm stellen.

7 Das Eigelb mit der Sahne verquirlen. Die Sauce damit binden. Noch einmal erhitzen, aber nicht mehr kochen lassen. Das Fleisch in Scheiben schneiden. Einen Teil der Sauce auf die Scheiben, den Rest ringsherum gießen. Sehr heiß mit Brot oder Nudeln servieren.

Fricassée de poulet

Hühnerfrikassee mit Weißwein (Anjou)

Zutaten für 4 Portionen:

1 großes Brathähnchen (etwa 1,3 kg)
12 Frühlingszwiebeln
125 g sehr frische Champignons
2 EL Butter
200 ml trockener Weißwein aus dem Anjou, zum Beispiel Coteaux-de-la-Loire oder Muscadet
1 Bund krause Petersilie
100 ml Crème double
Salz, Pfeffer aus der Mühle

Zubereitungszeit: etwa 45 Min.

Pro Portion: 2200 kJ/520 kcal

1 Das Hähnchen kalt abbrausen, trockentupfen und in acht Teile zerlegen.

2 Die Frühlingszwiebeln putzen, waschen, das Grün abschneiden. Die Champignons putzen und trocken abreiben, nicht waschen. Kleine Pilze ganz lassen, größere vierteln.

3 Die Butter in einem Topf zerlassen. Die Hähnchenteile, die Zwiebeln und die Champignons darin anbraten. Mit dem Wein ablöschen.

4 Den Topf zudecken und das Gericht bei schwacher Hitze etwa 40 Min. garen. Inzwischen die Petersilie waschen, trockenschütteln und sehr fein hacken.

5 Die Crème double darunter rühren. Salzen, pfeffern und mit der Petersilie bestreut sehr heiß zu Weißbrot servieren.

• Weinempfehlung: der gleiche trockene Anjou-Wein, der für die Sauce verwendet wurde.

Canard aux navets

Ente mit weißen Rübchen

Zutaten für 4 Portionen:

1 Ente, küchenfertig vorbereitet (etwa 1,8 kg)
100 g durchwachsener Räucherspeck
1 Schalotte
1 Zweig Thymian
1 Lorbeerblatt
2 Stengel Petersilie
100 g Butter
1 EL Mehl
1/4 l Fleischbrühe oder -fond
1 kg weiße Rübchen
250 g Zwiebeln
1 EL Zucker
100 ml Cognac
Salz, Pfeffer aus der Mühle

Zubereitungszeit: etwa 2 Std.

Pro Portion: 4500 kJ/1100 kcal

1 Die Ente waschen, abtrocknen, innen salzen und pfeffern. Den Speck fein würfeln. Die Schalotte schälen und fein hacken. Beides mit den Kräutern in die Ente füllen. Die Bauchöffnung mit Küchengarn zunähen.

2 Ein Drittel der Butter in einem großen Schmortopf oder Bräter zerlassen. Das Mehl dazugeben, leicht anbräunen lassen. Die Ente ringsherum darin gründlich anbraten. Die Fleischbrühe angießen. Salzen, pfeffern. Den Topf zudecken und die Ente in etwa 1 1/2 Std. bei mittlerer Hitze garen.

3 Inzwischen die weißen Rübchen und die Zwiebeln schälen und vierteln. Die restliche Butter in einem zweiten Topf zerlassen. Die Rübchen und die Zwiebeln unter Rühren darin anbraten. Den Zucker hinzufügen und unter Umrühren in etwa 5 Min. karamelisieren lassen. Mit etwas Bratfond der Ente beschöpfen und in etwa 15 Min. bißfest garen.

4 Das Gemüse auf einer Platte ausbreiten. Die Ente darauf betten. Das Küchengarn entfernen. Den Bratfond mit

dem Cognac loskochen, noch einmal abschmecken und etwas davon über das Gericht gießen. Den Rest der Sauce getrennt dazu reichen.

Canard à la solognote

Ente mit Kräutern und Armagnac (Orléanais)

Zutaten für 4 Portionen:

100 g Weißbrot ohne Rinde vom Vortag
1 Ente mit Leber (etwa 1,8 kg)
1 Zwiebel
1 Ei
1 Zweig Rosmarin
1 Zweig Thymian
1 Zweig Sarriette (siehe Tip)
1 Knoblauchzehe
frisch geriebene Muskatnuß
4 cl Armagnac
Salz, Pfeffer aus der Mühle

Zubereitungszeit: etwa 2 ½ Std. (+ 24 Std. Ruhezeit)

Pro Portion: 2900 kJ/690 kcal

1 Das Weißbrot in warmem Wasser einweichen, ausdrücken und in eine Schüssel geben.

2 Die Entenleber mit dem Blitzhacker zerkleinern. Die Zwiebel schälen und sehr fein hacken. Die Leber, das Ei und die Zwiebel mit dem Brot vermengen. Die Kräuter waschen. Ein paar Blättchen abzupfen, zwischen den Fingern zerreiben und dazugeben. Die Knoblauchzehe schälen und dazupressen, mit Muskatnuß würzen. Den Armagnac dazugießen. Die Masse noch einmal durchkneten. Salzen und pfeffern.

3 Die Ente innen und außen waschen und abtrocknen. Innen salzen und pfeffern. Die Farce einfüllen. Die Öffnung mit Küchengarn zunähen. Die Ente etwa 24 Std. kühl stellen.

4 Den Backofen auf 220° vorheizen. Die Ente zuerst mit dem Rücken nach oben auf einen Bratrost legen und im vorgeheizten Backofen (Mitte; Gas Stufe 4) in etwa 2 Std. garen. Nach 1 Std. umdrehen. Öfter mit kaltem Wasser begießen.

5 Die Ente auf einer Platte anrichten, das Küchengarn entfernen. Den Bratfond mit etwas Wasser loskochen und dazu servieren.

• Tip: Sarriette ist ein sehr aromatisches Bergbohnenkraut aus Südfrankreich. Man bekommt es bei uns getrocknet in einigen wenigen Delikateßgeschäften zu kaufen. Unbedingt von einer Frankreichreise mitbringen! Sonst statt dessen gemischte provenzalische Kräuter verwenden.

• Eine etwas herbere Note erhält die Farce, wenn Sie statt Armagnac Cognac hineingeben.

• Dazu schmecken kleine, in Butter geschmorte Frühlingszwiebeln und Weißbrot.

• Weinempfehlung: ein einfacher leichter Rotwein aus dem benachbarten Burgund, zum Beispiel Irancy.

Cailles à la feuille de vigne

Wachteln im Weinblatt (Orléanais)

Zutaten für 4 Portionen:

8 Wachteln
8 Weinblätter (Dose)
8 Scheiben frischer oder geräucherter fetter Speck zum Umwickeln
75 g Butter
etwa ½ l Fleischbrühe
Salz, Pfeffer aus der Mühle

Zubereitungszeit: etwa 1 Std.

Pro Portion: 3700 kJ/880 kcal

1 Die Wachteln mit kaltem Wasser abbrausen und abtrocknen. Salzen und pfeffern. Jede Wachtel in ein Weinblatt wickeln. Die Speckscheiben außen herumlegen und mit Küchengarn befestigen.

2 In einem dickwandigen Schmortopf oder in einer feuerfesten Keramikform, in der die Wachteln gerade eben Platz haben, die Butter zerlassen. Die Wachteln bei starker Hitze ringsherum anbraten, bis der Speck eine schöne goldgelbe Farbe hat. So viel Fleischbrühe angießen, daß die Wachteln etwa zur Hälfte darin liegen.

3 Den Topf zudecken und die Wachteln bei mittlerer Hitze in etwa 20 Min. garen. Die Wachteln aus dem Topf nehmen. Die Speckscheiben abheben, die Weinblätter entfernen.

4 Die Schmorflüssigkeit bei starker Hitze bis auf etwa 8 EL einkochen lassen. Die Wachteln wieder hineinlegen. Noch einmal erhitzen. Servieren.

• Dazu paßt in Butter gebratener Toast.

• Weinempfehlung: ein feiner Rosé von der Loire oder aus dem benachbarten Burgund.

Faisan au four

Fasan aus dem Ofen (Orléanais)

Zutaten für 2 Portionen:

1 junger Fasan, küchenfertig vorbereitet (etwa 900 g)
250 g Möhren
1 große Zwiebel
1 Stange Sellerie
3 EL Butter
1 EL Mehl
2 Zweige Thymian
1 Lorbeerblatt
2 Knoblauchzehen
3 cl Armagnac
300 ml trockener Rotwein
5 EL Fleischbrühe oder -fond
10 kleine Champignons
10 Frühlingszwiebeln
125 g durchwachsener Räucherspeck
1 schwarze Trüffel
Salz, Pfeffer aus der Mühle

Zubereitungszeit: etwa 2 Std.

Pro Portion: 5000 kJ/1200 kcal

1 Den Fasan kalt abbrausen, abtrocknen, vierteln oder achteln. Die Möhren putzen und sehr fein würfeln. Die Zwiebel schälen und fein hakken. Den Sellerie putzen, waschen und in feine Scheiben schneiden.

2 2 EL Butter in einem Topf zerlassen. Die Möhren- und Zwiebelstücke darin anschmoren. Die Geflügelteile dazugeben und ebenfalls anschmoren. Das Mehl anstäuben. Gut umrühren. Die Thymianblättchen vom Stiel streifen und mit dem Lorbeerblatt und dem Sellerie in den Topf geben. Den Knoblauch schälen und dazupressen. Den Armagnac in einer Schöpfkelle erwärmen, anzünden und darüber gießen. Dann den Wein und die Fleischbrühe angießen. Salzen, pfeffern und zugedeckt bei sehr milder Hitze etwa 45 Min. schmoren lassen.

3 Die Champignons putzen und trocken abreiben. Die Zwiebeln putzen und waschen. Den Speck in Stifte schneiden. In der restlichen Butter aus-

Escalopes de chevreuil

Rehschnitzel mit Pfeffersauce (Orléanais)

braten, abtropfen lassen. Die Trüffel in feinste Scheibchen schneiden. Den Backofen auf 180° vorheizen.

4 Die Geflügelteile aus dem Topf heben, abtropfen lassen, in eine feuerfeste Form legen. Champignons, Zwiebeln und Speck darüber streuen. Trüffelscheibchen obenauf legen und die Form zudecken.

5 Ein großes Gefäß 8–10 cm hoch mit Wasser füllen. Einen Teller hineinlegen. Die Form mit dem Geflügel darauf stellen. Im Wasserbad im Backofen (Mitte; Gas Stufe 2) in etwa 40 Min. fertig garen. Das Wasser sollte immer kurz unter dem Siedepunkt bleiben. Eventuell kaltes Wasser nachfüllen. Den Fasan in der Form servieren.

• Weinempfehlung: ein nicht zu schwerer Rotwein, wie ein Mâcon aus dem Burgund.

Zutaten für 4 Portionen:

Für die Pfeffersauce:
1 Möhre
1 Zwiebel
2 EL Öl
250 g Rehragout oder Reste von Wildbraten
Bouquet garni (Lorbeerblatt, Thymian, Petersilie)
3–4 EL Weinessig
½ l Wildfond
½ TL geschrotete Pfefferkörner
Salz

Für die Rehschnitzel:
500 g Knollensellerie
5–6 EL Crème double
4 Rehschnitzel
1 EL Butter
1 EL Olivenöl
4 Scheiben Weißbrot
Salz, Pfeffer aus der Mühle

Zubereitungszeit: etwa 1 ½ Std.

Pro Portion: 2900 kJ/690 kcal

1 Für die Sauce die Möhre putzen und waschen. Die Zwiebel schälen. Beides fein würfeln.

2 Das Öl in einem Topf erhitzen, das Wildragout darin kräftig anbraten. Die Möhren- und Zwiebelwürfel dazugeben, unter Rühren ebenfalls anbraten. Das Bouquet einlegen. Mit Essig ablöschen. Den Wildfond angießen. Mit dem Pfeffer würzen. Die Sauce zugedeckt etwa 1 Std. köcheln lassen.

3 Inzwischen den Sellerie schälen, achteln und in etwas Salzwasser weich kochen. Dann abtropfen lassen und pürieren. Crème double darunterheben, salzen, pfeffern. Das Püree warm stellen.

4 Die Pfeffersauce durch ein Sieb gießen, salzen und ebenfalls warm stellen.

5 Die Rehschnitzel kalt abbrausen, abtrocknen und vorsichtig flach klopfen. Die Hälfte der Butter und das Olivenöl in einer Pfanne erhitzen. Die Schnitzel pro Seite etwa 5 Min. darin braten. Salzen und pfeffern.

6 Die Brotscheiben in der restlichen Butter braten. Selleriepüree darauf verteilen.

7 Die Schnitzel schräg in Scheiben schneiden, auf Portionstellern anrichten. Die Selleriecroûtons dazulegen. Die Pfeffersauce dazu reichen.

• Die Pfeffersauce wird in der professionellen Küche mit Demiglace zubereitet (gibt es auch fertig zu kaufen). Es schmeckt kräftiger als der Wildfond.

• Weinempfehlung: ein feiner Rotwein von der Loire, zum Beispiel ein Cabernet d'Anjou. Ganz typisch wäre einer der bei uns schwer erhältlichen Rotweine aus dem Orléanais.

Tarte des demoiselles Tatin

Apfelkuchen mit Karamel (Orléanais)

Zutaten für 4–6 Portionen:

Für den Teig:
250 g Mehl + Mehl für die Arbeitsplatte
125 g weiche Butter
1 Ei
1 Prise Salz
1 EL Puderzucker

Für den Belag:
12 EL Puderzucker
1 kg feste säuerliche Äpfel
120 g Butter

Zubereitungszeit: etwa 1 1/4 Std. (+ 1 Std. Ruhezeit)

Bei 6 Portionen pro Portion: 2300 kJ/550 kcal

Von Lamotte-Beuvron, einem kleinen Ort im Département Loir-et-Cher, verbreitete sich der Ruhm dieses »verkehrt« herum gebackenen Apfelkuchens bis nach Paris. Diese köstliche Erfindung ist den Schwestern Tatin zu verdanken, die in ihrem ländlichen Gasthaus ihre Gäste damit verwöhnten. Das allerdings vergaßen die Pariser Patrons gern. Sie präsentierten dem verwöhnten Publikum der Hauptstadt die provinzielle Erfindung schlicht und einfach unter dem Namen »Tarte du chef«.

- Als Backform verwendete man früher eine dicke verzinkte Kupferform, doch wer hat so ein Gerät noch in seinem Haushalt? Am besten gelingt die Tarte in einer sehr dickwandigen Pfanne aus nicht oxidierendem Material (zum Beispiel Edelstahl oder Teflon). Achten Sie aber darauf, daß sie auch mit Stiel in den Backofen paßt. Sonst kaufen Sie besser doch eine passende Form für diese leckere Nachspeise, denn man kann sich leicht an sie gewöhnen!

1 Für den Teig das Mehl in eine Schüssel sieben, in die Mitte eine Mulde drücken. Die Butter und das Ei hineingeben. Mit 2 EL Wasser befeuchten. Salzen, zuckern. Die Zutaten mit den Fingerspitzen vorsichtig vermengen. Nicht zu stark kneten.

2 Den Teig zum Schluß mit dem Handballen zweimal kräftig durchwalken. In ein Tuch wickeln und an einem kühlen Platz mindestens 1 Std. ruhen lassen.

3 Inzwischen 10 EL Puderzucker auf dem Boden einer Pfanne verteilen. Die Schicht soll etwa 1 cm dick sein. Mit etwa 100 ml Wasser anfeuchten.

4 Die Äpfel schälen und vierteln. Die Kerngehäuse entfernen. Die Apfelstücke gleichmäßig auf dem Zucker verteilen. 100 g Butter zerlassen und über die Äpfel gießen.

5 Die Pfanne aufsetzen und den Inhalt bei milder Hitze langsam erwärmen. Die Früchte immer wieder umwenden, damit sie sich mit der entstehenden Karamelmasse vollsaugen. Wenn die Äpfel halb gar sind, die Pfanne von der Kochstelle nehmen.

6 Die Äpfel mit einem Pfannenwender leicht anheben und die restliche Butter darunterschieben. Die Äpfel wieder gleichmäßig auf dem Pfannenboden verteilen. Mit dem restlichen Puderzucker bestreuen.

7 Den Backofen auf 200° vorheizen. Den Teig auf einer bemehlten Arbeitsfläche dünn ausrollen. Die Äpfel damit belegen. Im vorgeheizten Backofen (Mitte; Gas Stufe 3) in etwa 25 Min. goldgelb backen.

8 Nach Ende der Backzeit die Tarte mit Hilfe eines Tellers oder Topfdeckels umdrehen, so daß der Teig unten liegt. Die Äpfel mit dem Pfannenwender oder einem breiten Messer noch einmal festdrücken. Heiß, lauwarm oder kalt servieren.

Crémets d'Angers

Eischaumspeise (Anjou)

Zutaten für 4 Portionen:

2 Eiweiß
350 g Sahne
80 g Zucker
2 Päckchen Vanillezucker

Zubereitungszeit: etwa 20 Min. (+ 2 Std. Ruhezeit)

Pro Portion: 1700 kJ/400 kcal

1 Die Eiweiß steif schlagen. 250 g Sahne in einem anderen Gefäß ebenfalls steif schlagen. Beides vorsichtig mit einem Schneebesen mischen.

2 Ein breites Haarsieb mit einem feinen Musselintuch auskleiden und über eine Schüssel hängen. Die Masse hineingeben und 2 Std. im Kühlschrank abtropfen lassen.

3 Den Zucker mit dem Vanillezucker mischen und in ein Schüsselchen geben.

4 Die Schaumspeise aus dem Kühlschrank nehmen, stürzen und mit der restlichen Sahne übergießen. Den Zucker dazu reichen.

• Sehr appetitlich sieht es aus, wenn Sie den Schaum in Förmchen füllen und diese stürzen. Dann mit gemischten Früchten, zum Beispiel Himbeeren, Johannisbeeren und Heidelbeeren, garnieren.

• Tip: Dieses einfache Gericht wird in Frankreich mit Kaffee und Likör serviert. Sie können auch einfach etwas Likör, zum Beispiel Orangenlikör, darüber träufeln.

Pudding aux noix

Nußpudding mit Vanillecreme (Touraine)

Zutaten für 4 Portionen:

Für den Pudding:
200 g Walnußkerne
6 Eier
200 g Puderzucker
2 EL Semmelbrösel
2 EL Speisestärke
1 unbehandelte Zitrone
Butter und Mehl für die Form

Für die Crème anglaise:
½ l Milch
1 Vanilleschote
1 TL Speisestärke
4 Eigelb
80 g Puderzucker

Zubereitungszeit: etwa 1 ½ Std.

Pro Portion: 3900 kJ/930 kcal

1 Die Nüsse hacken. In einem großen Topf, in den die Puddingform paßt, Wasser zum Kochen bringen.

2 Die Eier trennen. Die Eigelbe mit dem Puderzucker in einer Schüssel schaumig rühren. Semmelbrösel, Speisestärke und die Nüsse darauf streuen. Alles mit einem Schneebesen vermengen. Etwas Zitronenschale abreiben und dazugeben.

3 Die Eiweiß steif schlagen, vorsichtig unterheben.

4 Eine Puddingform ausbuttern und mit Mehl bestäuben. Die Masse in die Form geben, die Form verschließen. Den Pudding in das heiße Wasser stellen; er soll zu ¾ darin stehen. Den Pudding im leise siedenden Wasser etwa 1 Std. garen.

5 Inzwischen für die Creme die Milch erhitzen. Die Vanilleschote längs spalten und in die Milch geben. Wenn die Milch kurz vor dem Kochen ist, von der Kochstelle nehmen. Die Vanilleschote noch etwa 15 Min. darin ziehen lassen.

Galette beauceronne

Quarkkuchen (Orléanais)

6 Die Speisestärke mit den Eigelb verrühren, den Puderzucker untermischen. Etwa 10 Min. kräftig rühren, bis die Masse gleichmäßig und ohne zu stocken vom Löffel fließt.

7 Die Milch noch einmal erhitzen, nicht kochen lassen. Zur Eiercreme gießen, vermischen und in den Milchtopf zurückgießen. Bei schwacher Hitze unter ständigem Rühren erhitzen, jedoch nicht kochen lassen. Dabei mit dem Kochlöffel am Topfboden entlangfahren. Die Creme ist fertig, wenn sie den Löffel mit einer cremigen Schicht überzieht. Vom Herd nehmen und noch kurz weiter rühren. Abkühlen lassen, auch dabei öfter umrühren, damit sich keine Haut bildet.

8 Den Pudding aus dem Topf nehmen und abkühlen lassen. Auf eine Platte stürzen und mit der Sauce begießen. Kühl servieren.

Zutaten für 6 Portionen:

Für den Teig:
125 g weiche Butter
125 g Puderzucker
2 Eier
250 g Mehl + Mehl für die Arbeitsplatte

Für die Füllung:
250 g Quark
2 EL Crème fraîche
50 g Puderzucker
30 g Mehl
50 g Butter + Butter für die Form
3 Eier
100 g Korinthen

Zubereitungszeit: etwa 1 Std. (+ 2 Std. Ruhezeit)

Pro Portion: 2800 kJ/670 kcal

1 Für den Teig die Butter in eine Schüssel geben und mit einem Kochlöffel cremig rühren. Den Puderzucker hinzufügen, mit der Butter schaumig rühren. Die Eier nacheinander dazugeben. So lange rühren, bis eine homogene Masse entstanden ist. Zuletzt das gesamte Mehl auf einmal dazugeben. Die Zutaten gut vermengen, doch den Teig nicht schlagen, damit er nicht hart wird.

2 Den Teig auf einer bemehlten Arbeitsplatte flach klopfen und dreimal zusammenschlagen. In ein Tuch einschlagen und mindestens 2 Std. im Kühlschrank ruhen lassen.

3 Inzwischen den Quark etwa 1 ½ Std. in einem Sieb abtropfen lassen. Mit der Crème fraîche, dem Puderzucker und dem Mehl verrühren. Die Butter zerlassen und dazugeben. Die Eier trennen. Die Eigelb in die Masse rühren. Die Korinthen dazugeben. Die Eiweiß steif schlagen und vorsichtig darunter heben.

4 Den Backofen auf 200° vorheizen. Den Teig ausrollen und in eine gebutterte Springform von 26 cm ø legen. Einen Rand hochziehen. Die Füllung darauf verteilen. Im vorgeheizten Backofen (Mitte; Gas Stufe 3) etwa 45 Min. backen. Lauwarm oder kalt servieren.

• Tip: Wer mag, kann den Kuchen noch mit Puderzucker bestäuben.

Cognac & Co. – die feinen Brände

Was wäre ein französisches Menü mit all seinen vielfältigen Genüssen auf dem Teller und im Glas ohne den krönenden Abschluß, den Digestif, wie ihn die Franzosen nennen? Man serviert ihn zum Kaffee mit Kleingebäck oder einem Stück Kuchen. Zufriedene Stimmung kommt auf, denn dieser letzte Schluck verbreitet nicht nur körperliches Wohlbefinden nach einem üppigen Mahl.

Unter all den Bränden aus den unterschiedlichsten Grundsubstanzen ist der Cognac ungekrönter König. In 150 Ländern der Welt bekannt und geschätzt, gilt er als der Weinbrand schlechthin. Was zeichnet gerade ihn aus?

Cognac stammt aus den Départements Charentes rings um die Stadt, die dem Getränk seinen Namen gegeben hat. Hier herrschen ideale Anbaubedingungen für die Rebsorte Ugni Blanc, die heute 98 % der Grundweine liefert, sowie Folle Blanche und Colombard, wobei die letzte kaum noch eine Rolle spielt. Hier wurde auch das Geheimnis des Cognac, wie so oft durch Zufall, entdeckt. Berichten zufolge soll ein Landedelmann aus der Gegend ein mit Weindestillat gefülltes Faß vergessen und erst nach Jahren wiederentdeckt haben. Als er den Inhalt des Eichenfasses verkostete, gingen ihm die Augen über: Er trank den ersten Cognac und war begeistert.

Das Destillieren von Wein hatten die Winzer schon vorher entdeckt. Es war eine reine Konservierungsmethode, damit der Wein lange Seereisen ohne Schaden überstand. Im Empfängerland genoß man das Destillat in verdünntem Zustand. Ein feines Getränk war es sicherlich nicht, es schmeckte eher rauh und grob. Die Lagerung im Eichenfaß also war es, die dem feinen Cognac zur Geburt verhalf, und heute noch ist die Qualität dieser wichtigen Komponente zu verdanken.

Jeder Branntwein, jedes Obstwasser, jeder Kräuterschnaps entsteht aus Destillation. Eine kurze Erläuterung ist daher angebracht. Bleiben wir beim Beispiel Cognac.

Zunächst werden die Trauben gelesen, behutsam ausgepreßt und auf natürliche Weise ohne Zusatz von Zucker oder Schwefel vergoren. Im Fall Cognac sind die Hersteller verpflichtet, nur jungen Wein zu destillieren, das heißt den Vorgang bis Ende März abzuschließen.

Der Wein wird in der Brennblase langsam erhitzt. Die aufsteigenden leichten alkoholischen Dämpfe durchlaufen ein dünnes Rohr, »Schwanenhals« genannt, werden abgekühlt und kondensieren, so wie Wasserdampf am Topfdeckel zu Tröpfchen kondensiert. Der entstandene Rohbrand wird noch ein zweites Mal destilliert, wobei Vor- und Nachlauf, »Kopf« und »Schwanz« genannt, aus Gründen der höheren Qualität abgetrennt werden. Nur das »Herz« wird zur Herstellung von Cognac verwendet. Das Destillat enthält jetzt 60–72 Vol.-% Alkohol. Etwa 800 l Wein haben 100 l Destillat ergeben. Doch der Schwund geht noch weiter, denn erst jetzt beginnt die Entstehung des Cognac. Das wasserklare Destillat wird in Holzfässer aus der in der Nähe beheimateten Limousin-Eiche gefüllt, wo es in vielen Jahren zum bernsteingelben Cognac heranreift. Durch die Wände der Fässer findet Luftaustausch, aber auch Verdunstung statt. Jährlich etwa 3 % muß der Cognac-Hersteller den Engeln abtreten. Tatsächlich wird der Verdunstungsanteil »la part des anges« genannt, wahrscheinlich läßt sich der Verlust so leichter ertragen.

Die Kunst, aus unterschiedlich lange gereiften Destillaten, aus Weinen verschiedener Weinberge und Trauben, einen Jahr für Jahr gleichen Cognac, ein Markenprodukt also, zu erzeugen, liegt beim Blendmaster, dem Mann, der den Verschnitt, oder wie man in Frankreich sagt die »Vermählung«, vornimmt. Es ist der schwierigste Teil des Verfahrens, und die Kunst wird oft in den Familien weitervererbt.

Zum Schluß erhält der Cognac durch Mischung mit destilliertem Wasser noch die Alkoholstärke, mit der er auf den Markt kommt. Mit winzigen Dosen Zuckerkulör wird er manchmal etwas nachgefärbt, damit das von Natur aus nicht immer gleichfarbige Produkt auch in dieser Hinsicht den Konsumenten befriedigt. Ein dunkler Cognac ist also nicht unbedingt ein sehr alter.

Das Alter des Cognacs kann man auf dem Etikett erkennen. Drei Sterne oder VS bedeuten, daß die Destillate mindestens

Fässer aus dem Holz der Limousin-Eiche geben dem Cognac seinen typischen Geschmack. Die Tonneliers (Faßmacher) sind hochqualifizierte Handwerker, die das Holz nach traditionellen Verfahren bearbeiten. Über Feuer und mit Wasser werden die Daubenrohlinge zu Fässern mit 270 bis 350 l Inhalt geformt.

Oben links: Am Anfang des Cognacs steht die reife Traube.

Mitte links: Cognacbrennerei. Im Hintergrund der sogenannte Alambic Charentais, die Destillieranlage. Rechts der Destillierkessel mit Helm und Schwanenhals, in der Mitte der Weinvorwärmer und rechts die Kühlvorrichtung.

Oben und links: Reifelager für Cognac in Eichenfässern.

dreieinhalb Jahre gelagert wurden, beim VSOP sind es mindestens viereinhalb Jahre und bei XO, Napoléon und Extra mindestens sechseinhalb Jahre. In Wirklichkeit liegt die durchschnittliche Reifezeit erheblich höher.

Die Bezeichnung »Fine Champagne« hat nichts mit Schaumwein zu tun, sondern mit der Tatsache, daß die Trauben mindestens zur Hälfte aus dem Kerngebiet des Traubenanbaus, der Grande Champagne, stammen müssen.

Armagnac

Armagnac wird oft mit Cognac verglichen. Er ist der zweite große Weinbrand Frankreichs und stammt aus der Gascogne. Die Reben gedeihen hier auf Sandböden, die im Cognac-Gebiet auf Kalk. Armagnac wird in einem einzigen Durchgang destilliert, und er reift in Fässern aus der dunklen Pyrenäeneiche. Armagnac reift schneller als Cognac, kann, aber muß nicht verschnitten werden. Er schmeckt insgesamt etwas rustikaler und kerniger als der feine, adelige Cognac.

Calvados

Ein originelles Getränk der Normandie ist der auch bei uns beliebte Calvados. Er ist älter als der Cognac, denn schon 1552 wurde die erste Brennkonzession für Cidre, den normannischen Apfelwein, vergeben. Sire Gilles de Gouberville, der erste Inhaber der königlichen Genehmigung, soll auch der »Erfinder« des »trou normand«, einer typisch normannischen Trinkgewohnheit, gewesen sein: In der Normandie trinkt man nämlich nicht nur nach dem Essen einen kräftigen Schnaps als Digestif, sondern auch zwischen den Gängen. Und diese Unterbrechung heißt »trou normand« oder »normannisches Loch«.

Oben links: Der hellere Calvados, Obstbrand aus Äpfeln, und der dunklere Cognac, Destillat aus Wein, in den für sie typischen Gläsern.

Links: Apfelernte in der Normandie.

In der Normandie, wo es Äpfel gibt wie Sand am Meer – tatsächlich sagt man in Frankreich »wie Äpfel in der Normandie« –, werden saure und süße Äpfel gemischt zu Cidre vergoren. Wenn dieser einen Alkoholgehalt von 4 Vol.-% erreicht hat, wird er, manchmal zusammen mit einem geringen Anteil Birnenwein, destilliert, Calvados du Pays d'Auge nach dem Cognac-Verfahren, der übrige Calvados nach dem Armagnac-Verfahren. Calvados reift in Eichenholzfässern mindestens 2 Jahre, meist jedoch 3–5 Jahre. Die Altersangaben auf dem Etikett, die denen für Cognac entsprechen, müssen sich auf das jüngste Destillat beziehen. Drei Sterne bestätigen eine Lagerzeit von 2 Jahren, das höchste Prädikat Extra, Napoleon oder Age Inconnu zeigt an, daß mindestens 6 Jahre Lagerung garantiert werden.

Calvados trinkt man in Frankreich zum und im Kaffee, als Grog oder zum Cocktail gemixt. Man gießt ihn auch gern in die ausgetrunkene, noch warme Kaffeetasse, so daß sich das Aroma besonders gut entfalten kann.

Bénédictine

Aus der Normandie, genauer aus Fécamp, stammt auch der berühmte Kräuterlikör Bénédictine. Seinen Namen und seinen Ursprung hat er Benediktinermönchen zu verdanken, die um die Jahrtausendwende hierher kamen und bis zur Französischen Revolution in der Abtei von Fécamp lebten. Im 16. Jahrhundert stellte ein venezianischer Mönch, Dom Bernardo Vincelli, in den Klostermauern ein herzstärkendes Gesundheitselixier her, das von seinen Brüdern in der Folgezeit weiterentwickelt wurde. Mit der Revolution fand das Klosterleben ein Ende, doch entdeckte in der zweiten Hälfte des vorigen Jahrhunderts ein findiger Wein- und Spirituosenhändler namens Le Grand die Rezepturen für dieses Elixier und entwickelte daraus den Likör.

Nicht weniger als 27 Heilkräuter werden zur Herstellung des Bénédictine herangezogen, aus denen in der Brennerei verschiedene alkoholische Pflanzenauszüge entstehen. Die Pflanzengeister lagern 3 Monate in Kellern, bevor sie verschnitten und in Eichenholzfässern gereift werden. Nach einem Jahr Lagerzeit fügen die Hersteller eine Mischung aus reinem Alkohol, Wasser, Sirup, Safranaufguß, Honig und Karamel hinzu. Nach insgesamt zwei Jahren ist der Likör versandfertig. Auf den Etiketten steht heute noch die Devise des Mönchsordens: DOM (Deo Optimo Maximo – dem Großen Lieben Gott).

Obstwässer

In vielen Regionen, wo es gutes Obst und Beeren gibt, stellt man Obstwässer her, doch führend in Frankreich sind das Elsaß und Lothringen. Mirabelle, Quetsche, Kirsch, Williams und Stechpalme sind die klassischen Sorten, doch gibt es immer wieder findige Köpfe, die aus anderen Früchten, Beeren und Kräutern, sogar Gemüse wie Spargel die variantenreichsten Kreationen zaubern, deren Studium eine Reise wert ist.

Und eines noch: Wenn wir die hochprozentigen Genüsse Frankreichs an uns Revue passieren lassen, sollten wir nicht vergessen, daß sie auch als Bestandteil der regionalen Gerichte – flambiert oder nicht – ihre Bedeutung haben. Die Rezepte dieses Buches geben Ihnen vielerlei Anregungen dazu.

Links: Vorratslager für die Kräuter, aus denen Bénédictine nach alten Rezepturen bereitet wird.

Links: Kesselhalle, wo der Kräuteraufguß gebrannt wird. Im Hintergrund die Destillieranlage.

Unten: Das Palais Bénédictine in Fécamp/Normandie. Neben einem Museum beherbergt es auch die Destillerie, wo Besuchern die Herstellung des berühmten Kräuterlikörs erklärt wird.

Bretagne, Normandie, der Norden

Ein Fels im Meer:
der Mont Saint-Michel mit der normannischen Burg

Potage aux meuniers

Hühnersuppe mit Pilzen (Normandie)

Zutaten für 4–6 Portionen:

½ l Hühnerbrühe
250 g Hähnchenbrustfilets
50 g Butter
2 EL Mehl
etwa 1 ¼ l Milch
frisch geriebene Muskatnuß
350 g Champignons oder Egerlinge
1 Bund Petersilie
1 TL Zitronensaft
2 EL Calvados
2 Eigelb
200 g Crème double
Salz, Pfeffer aus der Mühle

Zubereitungszeit: etwa 1 ½ Std.

Bei 6 Portionen pro Portion: 1800 kJ/430 kcal

Der Name dieser Suppe bezieht sich weder auf des Müllers Lust noch auf die Kuh des Müllers, die ihre gute Milch dafür liefert. Meuniers heißen vielmehr die Pilze, die ursprünglich für diese Suppe verwendet wurden. Es ist ein kleiner weißer Trichterling, den Sie ruhig durch frische Wildpilze oder auch Zuchtchampignons ersetzen können. Das ist allemal besser, als auf die Suppe zu verzichten.

Milch, Sahne und Butter vom Feinsten bringt die Normandie hervor. Dazu aromatischen Calvados, aus Äpfeln gebrannt. Sie alle tragen zum Wohlgeschmack dieser köstlichen Suppe bei.

Wer keine fertige Hühnerbrühe schätzt, kocht ein ganzes Suppenhuhn mit Gemüse vorher, entnimmt so viel weißes Fleisch, wie er für die Suppe benötigt, und verwendet am nächsten Tag den Rest für einen Salat oder ein Hühnerfrikassee.

1 Die Hühnerbrühe in einer kleinen Kasserolle zum Kochen bringen. Die Hähnchenbrustfilets waschen und in der Brühe in etwa 20 Min. garen. Das Fleisch mit einem Schaumlöffel herausheben und würfeln.

2 2 EL Butter in einer Stielkasserolle zerlassen. Das Mehl anstäuben, mit der Butter verrühren, mit etwa 200 ml Milch ablöschen. Mit einem Schneebesen gut verrühren. Bei milder Hitze etwa 15 Min. kochen lassen, bis eine dickflüssige Béchamelsauce entsteht. Mit Muskatnuß würzen.

3 Die Pilze sorgfältig putzen, mit Küchenpapier abreiben, nicht waschen. Mit dem Blitzhacker zerkleinern.

4 Die Petersilie abbrausen und im ganzen mit 1 EL Butter und dem Zitronensaft in einen Topf geben. Das Pilzpüree dazugeben. Alles unter häufigem Umrühren erhitzen, bis die Flüssigkeit von den Pilzen eingekocht ist. Salzen, pfeffern.

5 Die Béchamelsauce angießen und alles noch einmal unter Umrühren erhitzen. Den Topf vom Herd nehmen, die Petersilie entfernen. Das Pilzpüree zugedeckt beiseite stellen.

6 Die restliche Milch erhitzen. Das Hühnerfleisch mit dem Calvados pürieren. 1/4 l heiße Milch angießen und alles durch ein feines Sieb passieren. Zu dem Pilzpüree in den Topf gießen. Die restliche Milch dazugeben und langsam erwärmen. Salzen und pfeffern.

7 Die Eigelb mit der Crème double verquirlen. Die restliche Butter in Flöckchen auf dem Boden einer Terrine verteilen.

8 Die Suppe von der Kochstelle nehmen und die Eigelb-Mischung einrühren. Noch einmal erwärmen, jedoch nicht kochen lassen. Auf die Butterflöckchen in der Terrine gießen. Sofort servieren.

Moules à la fécampoise

Muscheln mit Kartoffeln (Normandie)

Zutaten für 4 Portionen:

400 g Kartoffeln
200 g Knollensellerie
1,5 kg Miesmuscheln
4 Schalotten
100 ml trockener Weißwein
8 EL Mayonnaise
1 TL scharfer Senf
1 Bund Petersilie
Salz, Pfeffer aus der Mühle

Zubereitungszeit: etwa 1 Std.

Pro Portion: 1800 kJ/430 kcal

1 Kartoffeln und Sellerie waschen. Ungeschält in Salzwasser etwa 20 Min. kochen.

2 Die Muscheln mit reichlich kaltem Wasser waschen, bürsten und entbarten. Geöffnete Muscheln wegwerfen. Schalotten schälen, halbieren. Die Muscheln in einem großen Topf mit Wein und den Schalotten etwa 5 Min. erhitzen, salzen und pfeffern. Das Muschelfleisch aus den Schalen lösen. Noch geschlossene Muscheln wegwerfen. Den Sud aufbewahren.

3 Die Kartoffeln pellen und halbieren oder vierteln. Den Sellerie schälen und grob würfeln. Beides mit den Muscheln vermengen. Auf einer Platte anrichten.

4 Die Mayonnaise mit Senf und 1 Schöpflöffel Muschelsud verrühren. Über die Muscheln gießen. Die Petersilie waschen, fein hacken und darüber streuen. Lauwarm oder kalt servieren.

• Eine Spezialität aus dem Seebad und Fischereihafen Fécamp am Ärmelkanal. Hier entstand vor fast 500 Jahren auch der erste Benediktinerlikör aus den jodhaltigen Kräutern der felsigen Küste. Der Likör eignet sich gut als Abschluß eines jener deftigen Menüs der nördlichen Küste Frankreichs.

Artichauts à la caillebotte

Artischockenböden mit Quark (Bretagne)

Zutaten für 4 Portionen:

Saft von 2 Zitronen
4 große Artischocken
1 EL Mehl
etwa 125 g Quark
50 g Crème fraîche
1 Schalotte
1 Bund gemischte Kräuter (Petersilie, Kerbel, Estragon, Schnittlauch)
Salatblätter zum Garnieren
Salz, Pfeffer aus der Mühle

Zubereitungszeit: etwa 1 Std.

Pro Portion: 650 kJ/150 kcal

1 In einer Schüssel etwa 2 l Wasser mit dem Zitronensaft bereitstellen. Die Artischocken kalt abbrausen. Den Stiel am besten abbrechen, damit sich die harten Fasern aus den Böden lösen.

2 Mit einem scharfen Messer etwa zwei Drittel der Blätter glatt abschneiden. Das »Heu« mit einem scharfkantigen Teelöffel oder einem Kugelausstecher herauslösen. Die Artischockenböden sofort in das Zitronenwasser legen, sonst verfärben sie sich.

3 In einem großen Topf etwa 3 l Salzwasser zum Kochen aufsetzen. Das Mehl in einer Tasse mit Wasser verquirlen und hineingeben. Es sorgt dafür, daß die grüne Farbe kräftig bleibt. Die Artischockenböden in das kochende Wasser geben und in etwa 20 Min. garen. In einem Sieb abtropfen und abkühlen lassen.

4 Inzwischen den Quark und die Crème fraîche mit dem Schneebesen verrühren, zum Schluß leicht schlagen. Die Schalotte schälen und sehr fein würfeln. Die Kräuter waschen, trockenschütteln und fein hakken. Beides mit dem Quark mischen. Salzen, pfeffern.

5 Die Artischockenböden mit dem Quark füllen. Auf Salatblättern anrichten. Kühl servieren.

Moules aux herbes

Miesmuscheln auf grünen Blättern (Normandie)

Zutaten für 6 Portionen:

1 kg Sauerampfer
1 kg Spinat
2 kg Miesmuscheln
2 Eigelb
100 g Crème fraîche
100 g Butter
150 g durchwachsener Räucherspeck
1 EL Semmelbrösel
Salz

Zubereitungszeit: etwa 1 Std.

Pro Portion: 2200 kJ/480 kcal

1 Den Sauerampfer und den Spinat verlesen, putzen und gründlich in reichlich kaltem Wasser waschen.

2 In einem großen Topf Salzwasser zum Kochen bringen. Den Sauerampfer und den Spinat darin in etwa 10 Min. bei mittlerer Hitze garen.

3 Inzwischen die Muscheln unter fließendem kaltem Wasser waschen, abbürsten. Die »Bärte« entfernen. Geöffnete Muscheln aussortieren. Die übrigen ohne Flüssigkeit in einem großen Topf aufsetzen und etwa 5 Min. zugedeckt erhitzen, bis sie sich öffnen. Das Muschelfleisch aus den Schalen nehmen.

4 Sauerampfer und Spinat in einem Sieb abtropfen lassen. Die Blätter grob hacken und in eine Schüssel geben. Die Eigelb mit der Crème fraîche verquirlen und dazugeben. Die Hälfte der Butter in Flöckchen schneiden und darunterrühren.

5 Den Speck fein würfeln. In einem Topf glasig schmoren. Die Muscheln dazugeben, kurz miterhitzen. Den Topf von der Kochstelle nehmen. Den Backofen auf 250° vorheizen.

6 Den Spinat und den Sauerampfer in eine feuerfeste Form geben. Die Muscheln und die Speckwürfel darauf verteilen. Etwas in das Gemüsebett hineindrücken. Die Semmelbrösel darüber streuen. Die restliche Butter in Flöckchen darauf verteilen.

7 Das Gericht im vorgeheizten Backofen (oben; Gas Stufe 5) etwa 3 Min. überbacken. Sofort servieren.

• Sauerampfer und Spinat ergeben eine köstliche Mischung. Wer Sauerampfer selbst pflükken möchte, sollte darauf achten, daß an der Wiese keine vielbefahrene Straße vorbeiführt. Wer einen Garten hat, sollte ihn selbst anbauen. Es gibt ihn aber auch auf Märkten zu kaufen.

• Weinempfehlung: ein frischer Weißwein von der Loire oder ihren Nebenflüssen, am besten ein Sauvignon blanc.

Thon à la cocotte

Gedünsteter Thunfisch (Bretagne)

Zutaten für 4 Portionen:

4 Zwiebeln
6 Tomaten
750 g frischer Thunfisch
60 g Butter
Bouquet garni (Petersilie, Thymian, Lorbeerblatt)
Salz, Pfeffer aus der Mühle

Zubereitungszeit: etwa 50 Min.

Pro Portion: 2600 kJ/620 kcal

1 Die Zwiebeln schälen und sehr fein hacken. Die Tomaten kochendheiß überbrühen, häuten und halbieren. Die Kerne herausdrücken, das Fruchtfleisch in sehr kleine Würfel schneiden.

2 Den Fisch kalt abbrausen und trockentupfen. Die Butter in einem schweren Schmortopf zerlassen. Den Fisch darin rundherum anbraten. Die Zwiebeln, die Tomaten und das Bouquet hinzufügen. Salzen, pfeffern. Den Deckel aufsetzen, den Topf jedoch nicht hermetisch verschließen.

3 Den Fisch bei sehr milder Hitze in etwa 30 Min. gar dünsten. Nach Bedarf etwas Wasser angießen, jedoch nur so viel, daß die Zwiebeln nicht dunkel werden.

4 Den Fisch mit den Tomaten und den Zwiebeln auf einer Platte anrichten.

• Lassen Sie einmal das obligate Brot weg und servieren Sie den würzigen Fisch mit Kartoffelpüree.

• Weinempfehlung: ein leichter, frischer Rotwein von der Loire, zum Beispiel Chinon oder Bourgueil.

Matelote normande

Butt mit Meeresfrüchten (Normandie)

Zutaten für 4 Portionen:

2 kg Miesmuscheln
7 große Zwiebeln
2 Bund Petersilie
1 Zweig Thymian
35 g Butter
1 Glattbutt oder Steinbutt, küchenfertig vorbereitet (etwa 1,2 kg)
100 ml Cidre
½ TL Mehl
Saft von 1 Zitrone
250 g gegarte Garnelen
Salz, Pfeffer aus der Mühle

Zubereitungszeit: etwa 1 Std.

Pro Portion: 1800 kJ/430 kcal

1 Die Muscheln unter fließendem Wasser gründlich bürsten und entbarten. Geöffnete Muscheln aussortieren. Die übrigen in einen großen Topf geben. 1 Zwiebel schälen, vierteln und dazugeben. Die Petersilie waschen. 1 Bund und den Thymian in den Topf legen. 100 ml Wasser angießen. Die Muscheln etwa 5 Min. kochen lassen, bis sie sich öffnen. Das Muschelfleisch über dem Topf aus den Schalen lösen, um die Flüssigkeit aufzufangen. Die Kräuter entfernen. Den Fond und das Muschelfleisch getrennt aufbewahren.

2 Die restlichen Zwiebeln schälen und sehr fein hakken. Die restliche Petersilie hacken. Die Zwiebeln mit etwa 25 g Butter und 1 TL gehackter Petersilie in einer Kasserolle bei geringster Hitze in etwa 20 Min. glasig schmoren.

3 Den Butt kalt abbrausen. Den Muschelsud und die Zwiebeln in eine feuerfeste Form geben. Den Fisch obenauf legen. Den Cidre angießen. So viel Wasser dazugeben, daß der Fisch etwa zur Hälfte in der Flüssigkeit liegt. Den Backofen auf 250° vorheizen.

Maquereaux à la mode de Quimper

Makrelen mit Senfsauce (Bretagne)

4 Die Form zudecken und das Gericht bis kurz vor dem Siedepunkt erhitzen. Die Form ohne Deckel in den Backofen (Mitte; Gas Stufe 5) schieben und den Fisch in etwa 20 Min. fertiggaren. Häufig mit der Flüssigkeit begießen.

5 Die restliche Butter mit dem Mehl, der restlichen Petersilie und dem Zitronensaft verkneten. Einen Kloß formen.

6 Die Form aus dem Ofen nehmen. Das Muschelfleisch in die Form legen. Die Garnelen dazugeben. Den Mehlkloß einrühren. Salzen, pfeffern. Alles bei starker Hitze noch einmal aufkochen lassen. Sehr heiß mit Brot servieren.

• Weinempfehlung: ein trockener Weißwein von der Loire, zum Beispiel Muscadet.

Zutaten für 6–8 Portionen:

3 frische Makrelen, küchenfertig vorbereitet (je etwa 350 g)
250 g Champignons
3 EL Butter
etwa ½ l trockener Weißwein
1 TL geschroteter weißer Pfeffer
2–3 Schalotten
1 Lorbeerblatt
2 sehr frische Eigelb
1 EL Dijon-Senf
2 EL Weinessig
1 Bund Petersilie
Salz, Pfeffer aus der Mühle

Zubereitungszeit: etwa 1 Std. (+ 1 Std. Abkühlzeit)

Bei 8 Portionen pro Portion: 1100 kJ/260 kcal

1 Den Backofen auf 200° vorheizen. Die Makrelen eventuell schuppen und gründlich kalt waschen. Die Champignons putzen und mit Küchenpapier trocken abreiben, große Pilze in Scheiben, kleine in Viertel schneiden. Die Pilze im Fischtopf in 1 EL Butter anbraten.

2 Den Wein dazugießen und aufkochen. Mit geschrotetem Pfeffer würzen. Die Schalotten schälen und in feine Scheibchen schneiden, mit dem Lorbeerblatt dazugeben.

3 Die Fische in den Topf legen. So viel heißes Wasser angießen, daß die Fische knapp davon bedeckt sind.

4 Den Topf in den vorgeheizten Backofen (Mitte; Gas Stufe 3) schieben und die Fische in etwa 20 Min. garen. Dann aus dem Sud heben und abkühlen lassen.

5 Für die Sauce die Eigelb in eine Schüssel geben. Mit dem Senf verrühren. Den Essig angießen. Salzen, pfeffern. Alles sorgfältig verrühren. Die Sauce soll eine mayonnaiseartige Konsistenz erhalten. Die restliche Butter auf einem Stövchen gerade eben schmelzen lassen, aber nicht erhitzen. Lauwarm dazugeben. Die Petersilie waschen, abtupfen. Die Hälfte fein hacken und in die Sauce geben. Abschmecken.

6 Die Makrelen häuten und filetieren. Die Filets mit den Pilzen auf einer Platte anrichten. Die Sauce in die Mitte gießen. Mit der restlichen Petersilie garnieren.

• Das Gericht eignet sich als Zwischengang anstelle des warmen Fischgerichts oder als Vorspeise.

• Frische Makrelen aus dem Atlantik schmecken würzig und fein. Dabei sind sie preiswert. Sie gehören zu den beliebtesten Seefischen und sind vielseitig in der Küche zu verwenden.

Cotriade

Fischeintopf (Bretagne)

Zutaten für 6 Portionen:

2 kg gemischte Seefische (zum Beispiel Makrele, Lotte, Meeraal, Merlan, Seehecht), küchenfertig vorbereitet
1 kg Kartoffeln
2 Schalotten
2 Zwiebeln
100 g Butter
Bouquet garni (Lorbeerblatt, Thymian, Petersilie)
6 Scheiben helles Landbrot vom Vortag
Salz, Pfeffer aus der Mühle

Zubereitungszeit: etwa 1 ¼ Std.

Pro Portion: 2700 kJ/640 kcal

1 Die Fische gründlich kalt abbrausen. In Portionsstücke teilen.

2 Die Kartoffeln schälen, waschen und in etwa ½ cm dicke Scheiben schneiden. Die Schalotten und die Zwiebeln schälen und fein hacken.

3 Die Butter in einem großen Topf zerlassen. Schalotten und Zwiebeln darin hell goldgelb anbraten. 2 l Wasser angießen. Das Bouquet einlegen. Die Kartoffelscheiben dazugeben. Salzen, pfeffern. Alles bei starker Hitze im offenen Topf etwa 15 Min. kochen lassen.

4 Den Fisch in den Topf geben. Die Hitze reduzieren. Das Gericht in etwa 15 Min. fertig garen.

5 Das Brot toasten oder trokken in der Pfanne rösten. Auf sechs tiefe Teller verteilen.

6 Fisch und Kartoffeln mit einem Schaumlöffel aus dem Sud heben. Auf einer Platte anrichten. Das Bouquet entfernen. Den Sud über die Brotscheiben in den Suppentellern gießen. Sehr heiß mit dem Fisch und dem Gemüse servieren.

Sole à la normande

Seezungenröllchen (Normandie)

Zutaten für 4 Portionen:

3 Schalotten
1 große Zwiebel
2 Möhren
½ l trockener Weißwein
Bouquet garni (Lorbeerblatt, Petersilie, Thymian)
16 Seezungenfilets (etwa 800 g)
1 kg Miesmuscheln
200 g Champignons
1 EL Butter
200 g Crème fraîche
200 g ausgelöste, gegarte Garnelen
2 Eigelb
Saft von ½ Zitrone
Salz, Pfeffer aus der Mühle

Zubereitungszeit: etwa 1 ½ Std.

Pro Portion: 2700 kJ/640 kcal

1 Für den Sud die Schalotten und die Zwiebel schälen und fein hacken. Die Möhren putzen, waschen und in Stifte schneiden. Alles in einen großen Topf geben, den Wein und ½ l Wasser dazugießen. Das Bouquet einlegen. Salzen, pfeffern. Alles im zugedeckten Topf bei mittlerer Hitze etwa 15 Min. sieden lassen.

2 Inzwischen die Seezungenfilets kalt abbrausen. Trokkentupfen, einzeln aufrollen und mit hölzernen Zahnstochern zusammenstecken. In den Sud einlegen. Die Hitze reduzieren und die Filets in etwa 15 Min. im Sud gar ziehen lassen.

3 Inzwischen die Muscheln kalt abbrausen, entbarten. Geschlossene Muscheln aussortieren. Die übrigen mit wenig Wasser in einem weiten Topf zugedeckt erhitzen, bis sie sich öffnen. Das Muschelfleisch aus den Schalen nehmen. Geschlossene Muscheln wegwerfen. Die Kochflüssigkeit aufbewahren.

4 Die Champignons putzen, mit Küchenpapier trocken

Soufflé de turbot

Steinbuttsoufflé (Bretagne)

abreiben und je nach Größe ganz lassen oder halbieren. In einer Kasserolle in 1 EL Butter weich dünsten. Die Pilze herausnehmen, die Flüssigkeit, die sich beim Garen gebildet hat, aufbewahren.

5 Die Seezungenröllchen von den Zahnstochern befreien, auf einer Platte anrichten. Warm stellen. Den Sud mit der Kochflüssigkeit von Pilzen und Muscheln mischen. Durch ein Sieb gießen.

6 Die Crème fraîche in einer Kasserolle mit 2 Schöpflöffeln Sud erhitzen. Champignons, Muscheln und Garnelen dazugeben. 2 Min. köcheln lassen. Die Kasserolle von der Kochstelle nehmen. Die Eigelb mit wenig Sauce verschlagen, dann unter die Sauce rühren. Nicht mehr kochen lassen. Mit Zitronensaft abschmecken. Die Sauce über die Fischfilets gießen. Servieren.

Zutaten für 2 Portionen:

150 ml Milch
2 EL Butter + Butter für die Form
2 EL Mehl
frisch geriebene Muskatnuß
250 g Steinbuttfilet
1–2 EL Zitronensaft
3 Eigelb
4 Eiweiß
Salz, Pfeffer aus der Mühle

Zubereitungszeit: etwa 1 ½ Std.

Pro Portion: 2100 kJ/500 kcal

1 Die Milch erhitzen. Die Butter in einer Kasserolle zerlassen. Das Mehl anstäuben, dabei gut mit einem Kochlöffel umrühren. Die heiße Milch angießen. Bei milder Hitze etwa 20 Min. köcheln lassen, bis die Sauce dick eingekocht ist. Dabei immer wieder umrühren. Mit Muskat, Salz und Pfeffer würzen. Abkühlen lassen.

2 Das Fischfilet waschen und in wenig Salzwasser mit Zitronensaft etwa 10 Min. pochieren. Nicht kochen lassen. Das Filet herausnehmen und abkühlen lassen.

3 Den Fisch sehr fein zerkleinern, durch ein Sieb passieren oder mit dem Blitzhacker zerkleinern. In einer Schüssel mit den Eigelb verrühren. Die Béchamelsauce dazugeben und unterrühren. Kräftig mit Pfeffer und Salz abschmecken.

4 Die Eiweiß steif schlagen und vorsichtig unter die Fischmasse heben.

5 Den Backofen auf 200° vorheizen. Eine Souffléform ausbuttern. Die Masse hineingeben. Die Oberfläche glattstreichen.

6 Das Soufflé in den Backofen (Mitte; Gas Stufe 3) stellen und in etwa 20 Min. hell goldgelb überbacken. Sofort servieren.

• Statt Steinbutt sind auch Glattbutt, Seezunge und andere Fische mit feinem Geschmack geeignet für dieses Soufflé, das sich als kleines Gericht für ein Souper zu zweit oder als Vorgericht zu einem Festmahl eignet.

• Weinempfehlung: ein trockener heller Weißwein von der Loire, zum Beispiel ein feiner Muscadet.

Ris de veau à la normande

Kalbsbries mit Äpfeln (Normandie)

Zutaten für 4 Portionen:

1 Kalbsbries (etwa 600 g)
4 säuerliche Äpfel
5 EL Butter
frisch geriebene Muskatnuß
2 EL Calvados
150 g Sahne
Salz, Pfeffer aus der Mühle

Zubereitungszeit: etwa 1 Std. (+ 3 Std. Wässern)

Pro Portion: 2300 kJ/550 kcal

1 Das Bries in kaltem Wasser etwa 3 Std. wässern. Dann aus dem Wasser nehmen, in einem Topf mit frischem kaltem Salzwasser bedeckt bei milder Hitze 3–4 Min. garen.

2 Das Bries abtropfen lassen, mit kaltem Wasser abschrecken, häuten und mit Küchenpapier abtrocknen.

3 Die Äpfel waschen, vierteln (nicht schälen!), Kerngehäuse entfernen. In der Hälfte der Butter in einem schweren Topf etwa 1 Std. schmoren.

4 Die restliche Butter in einer Kasserolle zerlassen. Das Bries hineingeben, mit Muskat, Salz und Pfeffer würzen. Das Bries zugedeckt bei milder Hitze in 8–10 Min. fertig garen.

5 Wenn das Bries gar ist, den Calvados in einem Schöpflöffel über einer Kerzenflamme erwärmen und anzünden. Über das Bries gießen. Das Bries in Scheiben schneiden und auf einer Platte anrichten. Die Sauce mit der Sahne verfeinern. Noch einmal erhitzen, eventuell etwas einkochen lassen. Über das Bries gießen. Die Äpfel rings um das Bries anordnen.

• Weinempfehlung: ein weißer Hermitage von den Côtes-du-Rhône oder, wenn es ganz landestypisch sein soll, ein Cidre brut.

Tripes à la mode de Caën

Kutteln in Cidre und Calvados (Normandie)

Zutaten für 6 Portionen:

1 kg vorgekochte Kutteln (Netzmagen oder Pansen)
2 Kalbsfüße, vom Metzger kleingehackt
125 g Speckschwarte
2 Möhren
4 Zwiebeln
2 Knoblauchzehen
4 Gewürznelken
großes Bouquet garni (Lorbeerblätter, Thymian, Petersilie)
etwa 350 ml Cidre brut
2 cl Calvados
Salz, Pfeffer aus der Mühle

Zubereitungszeit: etwa 2 ¾ Std.

Pro Portion: 1100 kJ/260 kcal

1 Die Kutteln gründlich kalt waschen und in etwa 3 cm breite Streifen schneiden. Die Kalbsfüße ebenfalls kalt waschen. Das Fleisch ablösen und kleinschneiden.

2 Die Speckschwarte kurz in kochendem Wasser blanchieren.

3 Die Möhren waschen und putzen. Nur sehr große Wurzeln längs halbieren. Die Zwiebeln schälen und vierteln. Die Knoblauchzehen schälen und in Stifte schneiden.

4 Die Speckschwarte in einen dickwandigen Schmortopf legen. Darauf die Knochen der Kalbsfüße, das Gemüse, die Gewürznelken und das Bouquet garni legen. Zuoberst die Kutteln mit dem Fleisch von den Kalbsfüßen anordnen. Dabei jede Schicht mit Salz und Pfeffer würzen. So viel Cidre angießen, daß die Kutteln gerade eben davon bedeckt sind. Den Calvados dazugeben.

5 Den Topf mit einem schweren Deckel fest verschließen. Das Gericht bei milder Hitze in etwa 2 Std. garen.

Pieds de veau à la rouennaise

Kalbsfüße mit Entenlebersauce (Normandie)

6 Nach Ende der Garzeit die Knochen und das Bouquet entfernen. Die Sauce entfetten. Das Gericht im Topf servieren.

• Kutteln in Cidre und Calvados kennt man in ganz Frankreich. Man bekommt sie sogar als Fertiggericht zu kaufen. Es lohnt sich jedoch auf jeden Fall, das Gericht selbst zuzubereiten. Noch besser schmeckt es, wenn man die Garzeit über die 2 Std. hinaus verlängert, damit sich die Aromen noch besser vermischen.

• Kutteln vom Rind gibt es auch bei uns beim Metzger gereinigt und vorgekocht zu kaufen. Sie sollten sie aber vorsichtshalber vorbestellen.

• Weinempfehlung: ein guter Cidre brut aus der Normandie.

Zutaten für 4 Portionen:

2 Kalbsfüße
1 Möhre
1 Zwiebel
Bouquet garni (Lorbeerblatt, Petersilie, Thymian)
1 EL Mehl
2 Schweinenetze (beim Metzger vorbestellen)
300 g Kalbsbrät
1 EL Butter
Salz, Pfeffer aus der Mühle

Für die Sauce:
2 Schalotten
1 TL Butter
100 ml Rotwein
200 ml Fleischfond
3 Stengel Petersilie
2 Entenlebern
Salz, Pfeffer aus der Mühle

Zubereitungszeit: etwa 4 3/4 Std. (davon 4 Std. Garzeit)

Pro Portion: 1700 kJ/400 kcal

1 Die Kalbsfüße mit reichlich kaltem Wasser bedeckt einmal aufkochen, dann abgießen. Kalbsfüße kalt abspülen. In den Topf zurücklegen. Mit frischem Wasser bedecken.

2 Die Möhre putzen, waschen und längs vierteln. Die Zwiebel schälen und vierteln. Mit dem Bouquet zu den Kalbsfüßen geben, salzen und pfeffern. Das Mehl einrühren, damit die Kalbsfüße weiß bleiben. Zugedeckt bei milder Hitze etwa 4 Std. garen.

3 Inzwischen die Schweinenetze in lauwarmem Wasser einweichen.

4 Etwa 40 Min. vor Ende der Garzeit die Schalotten schälen und fein hacken. In einer Kasserolle in der Butter glasig dünsten, jedoch nicht bräunen lassen. Den Wein angießen. Die Flüssigkeit stark einkochen lassen. Fleischfond und Petersilie dazugeben. Salzen, pfeffern und 10 Min. köcheln lassen.

5 Die Sauce durch ein Sieb gießen. Die Entenlebern pürieren. In die Sauce geben und etwa 15 Min. bei sehr milder Hitze ziehen, jedoch nicht mehr kochen lassen.

6 Die Kalbsfüße aus dem Sud nehmen und entbeinen. Das Fleisch jeweils halbieren. Die Schweinenetze halbieren. Die Hälfte der Brätmasse darauf verteilen. Das Fleisch vom Kalbsfuß darauf legen, mit der restlichen Brätmasse bedekken. Die Schweinenetze über der Füllung schließen. Den Backofen oder Grill auf höchste Stufe vorheizen.

7 Die Butter zerlassen und die Päckchen damit bestreichen. Im Backofen oder im Grill etwa 10 Min. überbacken. Mit der Sauce übergießen und servieren.

• Dazu schmeckt Kartoffelgratin (Rezept Seite 100).

Gigot à la bretonne

Lammkeule mit weißen Bohnen (Bretagne)

Zutaten für 4–6 Portionen:

400 g getrocknete weiße Bohnenkerne
7 Knoblauchzehen
2 große Zwiebeln
3–4 Gewürznelken
1,5 kg Lammkeule mit Knochen
2 EL Butter
4 EL Tomatenmark
1/8 l trockener Weißwein
1 Bund krause Petersilie
Salz, Pfeffer aus der Mühle

Zubereitungszeit: 2 1/2 Std. (+ 12 Std. Quellzeit)

Bei 6 Portionen pro Portion: 2900 kJ/690 kcal

1 Die Bohnen am Vortag in reichlich Wasser einweichen. Am nächsten Tag den Knoblauch schälen. 1 Zwiebel schälen und mit 1 Knoblauchzehe und den Nelken spicken. Mit den Bohnen in einen Topf geben. Reichlich kaltes Wasser angießen. Bei mittlerer Hitze etwa 1 1/2 Std. garen.

2 Den Backofen auf 220° vorheizen. Die Lammkeule mit dem restlichen Knoblauch spicken, salzen und pfeffern. In die Fettpfanne legen, etwa 1 cm hoch Wasser angießen. Im Backofen (Mitte; Gas Stufe 4) etwa 1 1/4 Std. garen. Öfter mit Wasser begießen.

3 Die restliche Zwiebel schälen und fein hacken. Wenn die Bohnen gar sind, in einem Topf die Zwiebel in der Butter glasig schmoren. Tomatenmark und Wein unterrühren. Die Bohnen mit 4–5 EL Kochflüssigkeit dazugeben. Etwa 20 Min. köcheln lassen. Salzen, pfeffern. Die Petersilie waschen, fein hacken und dazugeben.

4 Die Hitze des Backofens auf 250° erhöhen. Die Bohnen und die Keule in einer feuerfesten Form 5–10 Min. überbacken. In der Form servieren. Den Bratfond erhitzen, abschmecken und dazu reichen.

Coq à la bière

Hähnchen in Bier (Nord)

Zutaten für 4 Portionen:

1 Brathähnchen (etwa 1,2 kg)
3/4 l dunkles Bier
4–5 Schalotten
10 Frühlingszwiebeln
50 g Schweine- oder Butterschmalz
5 cl Genever (Wacholderschnaps)
1 EL Mehl
3 Wacholderbeeren
10 Pfefferkörner
250 g Champignons
100 g Crème fraîche
1 Bund Petersilie
Salz

Zubereitungszeit: etwa 1 3/4 Std. (+ 2 Std. Marinierzeit)

Pro Portion: 2200 kJ/520 kcal

1 Das Hähnchen waschen, abtrocknen und vierteln. Etwa 100 ml Bier beiseite stellen. Den Rest in eine Schüssel gießen und die Hähnchenteile etwa 2 Std. darin marinieren.

2 Die Schalotten schälen und sehr fein hacken. Zwiebeln putzen, waschen, ganz lassen.

3 Die Hähnchenteile aus der Marinade heben, abtropfen lassen und trockentupfen. Das Schmalz in einem Schmortopf zerlassen. Die Hähnchenteile darin anbraten. Schalotten und Zwiebeln dazugeben und ein einige Minuten mitbraten. Den Genever in einer Schöpfkelle erhitzen, anzünden und über die Hähnchenteile gießen.

4 Das Mehl anstäuben, umrühren. Mit der Marinade ablöschen. Die Wacholder- und die Pfefferkörner dazugeben, salzen. Zugedeckt etwa 1 Std. bei schwacher Hitze garen.

5 Inzwischen die Champignons putzen und trocken abreiben. Halbieren oder vierteln. In den Topf geben und das Gericht in etwa 15 Min. fertig garen.

Lapin aux pruneaux

Kaninchen mit Backpflaumen (Normandie)

6 Die Hähnchenteile aus dem Topf nehmen und warm stellen. Das restliche Bier in den Topf geben. Die Crème fraîche unterrühren. Kurz aufkochen lassen.

7 Die Petersilie waschen und fein hacken. Die Sauce über das Hähnchen gießen. Mit der Petersilie bestreuen.

• Dieses Gericht aus dem äußersten Norden Frankreichs erinnert schon an die Küche Belgiens. Das kräftige Bier und der Wacholderschnaps ersetzen hier den Wein und den Weinbrand, den wir von der französischen Küche erwarten. Es soll etwa 300 (!) Gerichte mit Bier in dieser Gegend Frankreichs geben. Ein Grund mehr, eines von ihnen auszuprobieren.

• Zu diesem originellen Hähnchengericht schmeckt ein kräftiges Bier am besten.

Zutaten für 4 Portionen:

1 l leichter roter Landwein
1/2 l guter Weinessig
Bouquet garni (Lorbeerblatt, Thymian, Petersilie)
2 1/2 EL Öl
1 kleine Möhre
1 Haus- oder Wildkaninchen, küchenfertig vorbereitet (etwa 1,5 kg)
500 g Backpflaumen ohne Stein
1 1/2 EL Butter
1 EL Mehl
1 TL Johannisbeergelee
Salz, Pfeffer aus der Mühle

Zubereitungszeit: etwa 2 1/2 Std. (+ 12 Std. Marinierzeit)

Pro Portion: 3400 kJ/810 kcal

1 Die Hälfte des Weines mit dem Essig mischen. Das Bouquet garni und 1 EL Öl dazugeben. Salzen, pfeffern. Die Möhre putzen, waschen, in Scheiben schneiden und dazugeben. Das Kaninchen waschen und in 8 Portionsstücke teilen. In die Marinade legen und etwa 12 Std. darin durchziehen lassen. Ab und zu umwenden. Die Backpflaumen ebenfalls 12 Std. in Wasser einweichen.

2 Die Kaninchenstücke aus der Marinade heben, abtropfen lassen, mit Küchenpapier abtrocknen.

3 Die Marinade durch ein Sieb in einen Topf gießen und etwa 30 Min. einkochen lassen.

4 Inzwischen die Backpflaumen in einem Sieb abtropfen lassen.

5 Das restliche Öl und die Butter in einen großen Schmortopf geben und erhitzen. Die Kaninchenteile darin ringsherum goldbraun anbraten. Das Mehl anstäuben. Mit dem restlichen Wein und 1/4 l von der eingekochten Marinade ablöschen. Die Backpflaumen dazugeben. Den Topf zudecken und das Kaninchen bei milder Hitze in etwa 1 1/2 Std. garen.

6 Das Kaninchen auf einer Platte anrichten. Die Sauce mit dem Johannisbeergelee abschmecken. Eventuell nachwürzen. Über das Kaninchen gießen. Mit Brot servieren.

• Statt der Backpflaumen schmecken auch frische weiße Weinbeeren, am besten von einer Muskatsorte, gut dazu. Oder: Weinbeeren und Backpflaumen halb und halb.

• Noch kräftiger schmeckt die Sauce mit 125 g gewürfeltem durchwachsenem Speck. Er wird in dem Öl und der Butter angebraten.

• Weinempfehlung: ein leichter roter Landwein, am besten der, der auch für die Marinade verwendet wurde.

Canard nantais

Gebratene Ente mit Äpfeln (Bretagne)

Zutaten für 4 Portionen:

75 g Rosinen
1 Ente (etwa 1,6 kg)
1,5 kg säuerliche Äpfel
50 g Butter
200 ml Muscadet (ersatzweise ein anderer sehr trockener, junger Weißwein)
Salz, Pfeffer aus der Mühle

Zubereitungszeit: etwa 2 ¾ Std.

Pro Portion: 3300 kJ/790 kcal

1 Die Rosinen etwa 2 Std. in Wasser einweichen. Die Ente innen und außen waschen und abtrocknen. Innen und außen salzen und pfeffern. Die Hälfte der Äpfel schälen, vierteln, Kerngehäuse entfernen.

2 25 g Butter in einem Topf zerlassen. Die Äpfel darin goldgelb braten. Die Ente mit den Äpfeln füllen. Die Öffnung mit Küchengarn zunähen. Den Backofen auf 220° vorheizen.

3 Die Ente in eine Bratreine legen. Die restliche Butter in Flöckchen darauf verteilen.

4 Die Ente im vorgeheizten Backofen (Mitte; Gas Stufe 4) etwa 15 Min. braten. Mit dem Wein begießen. Weitere 30 Min. braten, dabei öfter mit dem Bratfond begießen.

5 Inzwischen die restlichen Äpfel schälen, vom Kerngehäuse befreien und vierteln. Um die Ente herum anordnen. Die Rosinen abtropfen lassen und dazugeben.

6 Die Ente in etwa 45 Min. fertig garen. Die Sauce eventuell entfetten und nachwürzen.

7 Die Ente tranchieren und auf einer Platte anrichten. Die Äpfel und die Rosinen ringsherum legen. Die Sauce darauf gießen. Sehr heiß servieren.

Pigeons au vin blanc

Tauben in Weißwein (Nord)

Zutaten für 4 Portionen:

2 Tauben, küchenfertig vorbereitet (je etwa 400 g)
125 g durchwachsener Räucherspeck
100 ml trockener Weißwein
etwa ½ l Fleischbrühe
Bouquet garni (Lorbeerblatt, Thymian, Petersilie)
175 g Langkornreis
8 Chipolatas (ersatzweise Schweinsbratwürstchen)
3 EL Butter
Salz, Pfeffer aus der Mühle

Zubereitungszeit: etwa 1 ¼ Std.

Pro Portion: 4900 kJ/1200 kcal

1 Die Tauben innen und außen kalt waschen und abtrocknen. Flügel und Schenkel mit Küchengarn am Körper befestigen. Speck würfeln.

2 Den Speck in einem Topf ausbraten. Die Würfel herausnehmen, die Hitze reduzieren und die Tauben in dem Fett goldbraun anbraten. Wein angießen und bis auf etwa 2 EL einkochen lassen. So viel Fleischbrühe angießen, daß die Tauben etwa zur Hälfte bedeckt sind. Die Speckwürfel und das Bouquet in den Topf geben. Salzen, pfeffern. Zugedeckt bei mittlerer Hitze etwa 10 Min. garen.

3 Den Reis abbrausen. Zu den Tauben in den Topf geben. Gut verteilen. Zugedeckt bei mittlerer Hitze etwa 25 Min. garen, bis der Reis weich ist. Dabei eventuell noch etwas Fleischbrühe nachgießen.

4 Inzwischen die Würstchen grillen oder in einer Pfanne knusprig braten. Den Reis in der Mitte einer Platte anrichten. Die Butter zerlassen und darüber gießen. Die Tauben halbieren und auf den Reis legen. Die Würstchen ringsherum anordnen. Servieren.

Oie en daube à la normande

Gans aus dem Schmortopf (Normandie)

Zutaten für 6 Portionen:

250 g Schweinefilet
250 g durchwachsener Räucherspeck
1 junge Gans mit Innereien, küchenfertig vorbereitet (etwa 3,5 kg)
4 Zwiebeln
2 TL Butter
2 Eier
6 kleine Äpfel
3 cl Calvados
2 Möhren
2 Stangen Lauch
1 Stange Sellerie
2 Speckschwarten
150 ml Cidre brut
großes Bouquet garni (Lorbeerblätter, Thymian, Petersilie)
etwa ½ l Fleischbrühe oder -fond
Salz, Pfeffer aus der Mühle

Zubereitungszeit: etwa 3 ¼ Std.

Pro Portion: 5500 kJ/1300 kcal

1 Für die Füllung das Schweinefilet waschen, trockentupfen, würfeln und mit dem Blitzhacker zerkleinern. In eine Schüssel geben. Den Speck sehr fein würfeln und dazugeben. Die Gänseleber und etwas Gänsefett mit dem Blitzhacker zerkleinern. 2 Zwiebeln schälen und fein hacken.

2 Die Butter in einer Kasserolle zerlassen. Die Zwiebelwürfel darin glasig schmoren. In die Schüssel geben. Die Eier verquirlen und dazugeben. Die Äpfel schälen, vom Kerngehäuse befreien, fein würfeln und dazugeben. Salzen, pfeffern. Den Calvados angießen. Die Zutaten gut miteinander vermengen. Den Backofen auf 240° vorheizen.

3 Die Gans innen und außen waschen, abtrocknen. Die Füllung in die Bauchöffnung geben. Die Öffnung mit Küchengarn zunähen.

4 Die Gans auf den Rost über der Fettpfanne legen und im Backofen (unten; Gas Stufe 4) etwa 30 Min. goldgelb anbraten.

5 Inzwischen die übrigen Innereien der Gans waschen und grob zerkleinern. Die Möhren waschen, putzen und längs vierteln. Die restlichen Zwiebeln schälen und vierteln. Den Lauch und den Sellerie putzen, waschen und grob zerkleinern. Einen Schmortopf mit den Speckscheiben auslegen. Die Innereien und das Gemüse hineingeben. Den Cidre angießen, Bouquet einlegen. Bei starker Hitze in dem Cidre anschmoren. Die Flüssigkeit einkochen lassen.

6 Das Gemüse in einen Gänsebräter geben. Die Gans aus dem Backofen nehmen. Die Hitze des Backofens auf 200° reduzieren. Die Gans auf das Gemüsebett legen. So viel Fleischbrühe angießen, daß die Gans etwa zur Hälfte darin liegt. Den Topf zudecken.

7 Die Gans im Backofen (unten) etwa 2 Std. garen. Zum Schluß den Deckel abnehmen und die Gans noch etwa 15 Min. nachbräunen lassen. Die Gans auf einer Platte anrichten und warm stellen. Den Bratfond entfetten. Noch einmal erhitzen und sehr heiß zu der Gans servieren.

• In der Normandie reicht man ungesüßtes Apfelkompott zu diesem Gericht.

• Weinempfehlung: ein halbtrockener Weißwein, zum Beispiel von den Coteaux du Loire oder aus dem Sauternes. Ein guter Cidre aus dem Vallée d'Auge paßt ebenfalls gut dazu.

Far breton

Rosinenkuchen (Bretagne)

Zutaten für 6 Portionen:

100 ml Rum
125 g Sultaninen
6 Eier
150 g Zucker
1 TL Vanillezucker
Salz
250 g Mehl + Mehl für die Form
1 l Milch
Butter für die Form

Zubereitungszeit: etwa 1 1/4 Std. (+ etwa 1 Std. Quellzeit)

Pro Portion: 2300 kJ /550 kcal

1 Den Rum und 100 ml Wasser in eine Schüssel geben. Die Sultaninen darin etwa 1 Std. einweichen.

2 Die Eier in einer Schüssel mit dem Zucker, dem Vanillezucker und etwas Salz schaumig schlagen. Das Mehl dazusieben. Verrühren. Die Milch erhitzen und nach und nach unterrühren.

3 Den Backofen auf 200° vorheizen. Eine runde Kuchenform von 26 cm ø ausbuttern und mit Mehl bestäuben. Ein Viertel der Teigmenge hineingeben. Im vorgeheizten Backofen (Mitte; Gas Stufe 3) etwa 10 Min. vorbacken.

4 Die Sultaninen abtropfen lassen. Die Form aus dem Backofen nehmen. Die Sultaninen auf dem Teig verteilen. Den restlichen Teig einfüllen.

5 Den Kuchen wieder in den Backofen (Mitte) stellen und in etwa 40 Min. goldgelb backen. Etwas abkühlen lassen. Lauwarm servieren.

• Far ist der Ahnherr des englischen Puddings! Das Rezept beschreibt die Version von Brest. In Quiberon bereitet man dieses traditionelle Dessert mit Backpflaumen zu. 250 g Mehl und 350 g Backpflaumen reichen für 8 Portionen.

Pasten de Châteaulin

Ostergebäck (Bretagne)

Zutaten für 6 Portionen:

500 g Mehl + Mehl für die Arbeitsplatte
300 g weiche Butter
7 Eigelb
250 g Puderzucker
3 Päckchen Vanillezucker
50 ml Rum oder Calvados
Salz
18 EL Apfelmus
18 Backpflaumen ohne Stein

Zubereitungszeit. etwa 1 1/4 Std.

Pro Portion: 4400 kJ/1000 kcal

1 Das Mehl in eine Schüssel sieben. In die Mitte eine Mulde drücken. Die Butter, 6 Eigelb, den Puderzucker und den Vanillezucker dazugeben. Den Schnaps dazugießen. Leicht salzen. Die Zutaten mit den Fingerspitzen vorsichtig vermengen. Nicht kneten!

2 Den Teig in 6 Teile teilen. Jedes Stück auf einem bemehlten Tuch zu einer runden Platte von etwa 20 cm ø ausziehen.

3 Die runden Teigplatten jeweils zur Hälfte mit 3 EL Apfelmus bestreichen, die Ränder dabei frei lassen. Je 3 Backpflaumen obenauf legen. Die Teigplatten zusammenklappen, so daß Halbmonde entstehen. Die Ränder fest zusammendrücken. Das restliche Eigelb in einer Tasse verquirlen und die Teigstücke mit einem Pinsel damit bestreichen. Mit einer Gabel einstechen. Den Backofen auf 200° vorheizen.

4 Ein Backblech mit Backpapier auslegen. Die Teigstücke darauf legen. Im vorgeheizten Backofen (Mitte; Gas Stufe 3) in etwa 40 Min. goldgelb backen. Abkühlen lassen und servieren.

• Das Gebäck eventuell mit Puderzucker bestäuben.

Bourdelots

Apfeltaschen (Normandie)

Zutaten für 6 Portionen:

6 Platten tiefgefrorener Blätterteig
6 Äpfel
3 TL Zucker
1–2 Prisen Zimtpulver
1 Eigelb
4 cl Calvados
100 g Crème fraîche

Zubereitungszeit: etwa 1 ¼ Std.

Pro Portion: 1700 kJ/ 400 kcal

1 Den Blätterteig in etwa 15 Min. auftauen lassen. Die Teigstücke ausziehen, nicht ausrollen. Je nach Größe der Äpfel 6 Dreiecke zuschneiden.

2 Die Äpfel schälen. Mit einem Apfelausstecher oder einem spitzen Messer das Kerngehäuse entfernen. Die Stiele stehenlassen. Den Zukker mit dem Zimt mischen. In die Öffnungen füllen. Die Öffnung mit je 1 kleinen Stück Teig verschließen.

3 Die Äpfel mit dem Stiel nach oben auf die Teigdreiecke setzen. Die Ecken über den Äpfeln zusammenschlagen. Die Nähte mit etwas Wasser befeuchten. Das Eigelb mit ein paar Tropfen Wasser verquirlen. Den Teig damit bestreichen. Den Backofen auf 200° vorheizen.

4 Die Apfeltaschen auf ein feuchtes Backblech setzen und im Backofen (Mitte; Gas Stufe 3) in etwa 45 Min. goldgelb backen.

5 Die Apfeltaschen etwas abkühlen lassen und mit Calvados beträufeln. Die Crème fraîche dazu reichen.

• In der Normandie bereitet man nach dem gleichen Rezept auch Birnentaschen zu. Sie heißen Douillons.

Omelette normande

Apfelomelette (Normandie)

Zutaten für 4 Portionen:

3 säuerliche Äpfel
100 g Butter
3 cl Calvados
6 Eier
Salz
1 EL Puderzucker

Zubereitungszeit: etwa 45 Min.

Pro Portion: 1600 kJ/380 kcal

1 Die Äpfel schälen und quer in dünne Scheiben schneiden. Das Kerngehäuse jeweils ausschneiden.

2 1 EL Butter in einer Kasserolle zerlassen. Die Apfelscheiben darin anschmoren. Mit ein paar Tropfen Calvados parfümieren. Die Kasserolle von der Kochstelle nehmen.

3 Die Eier in eine Schüssel aufschlagen und mit 1 Prise Salz und ½ TL Puderzucker kräftig schlagen.

4 Die restliche Butter in einer Pfanne hoch erhitzen. Die Eier in die Pfanne geben. Wenn die Eimasse zu stocken beginnt, die Äpfel dazugeben. Die Omelette umdrehen. Auf der anderen Seite kurz braten. Den Backofen auf 250° vorheizen.

5 Die Omelette auf eine feuerfeste Platte gleiten lassen und zusammenrollen. Mit dem restlichen Puderzucker bestreuen.

6 Die Omelette 3–4 Min. im Backofen (Mitte; Gas Stufe 5) erhitzen. Den übrigen Calvados in einem Schöpflöffel erhitzen, anzünden und darüber gießen. Sofort servieren.

• Noch aromatischer schmeckt dieses Dessert, wenn Sie die Apfelscheiben vor dem Schmoren 1–2 Std. in 2–3 cl Calvados eingelegen.

Crêpes au blé noir

Crêpes-Grundrezept (Bretagne)

Zutaten für 18 hauchdünne Crêpes:

250 g Buchweizenmehl
2 Eier
Salz
200 ml Milch
1 frische Speckschwarte oder 1 TL Butter

Zubereitungszeit: etwa 30 Min. (+ 2 Std. Ruhezeit)

Pro Stück: 280 kJ/70 kcal

Crêpes gibt es in der Bretagne seit dem Mittelalter. Sie gehören zu den Grundelementen der bretonischen Küche. Junge bretonische Bräute stellen noch heute ihre hausfraulichen Fähigkeiten unter Beweis, indem sie am Tag ihrer Hochzeit nach alter Sitte eine Crêpe backen. Gelingt ihnen das Umwenden besonders gut, ist das ein gutes Omen für die spätere Ehe.

• Überall in der Bretagne laden Crêperien zum Einkehren ein. Man wählt zwischen Crêpes aus Weizenmehl oder Buchweizenmehl und liefert sich dann der Qual der Wahl aus, welche Füllung man bevorzugt. Meist sind die salzigen Crêpes aus Buchweizenmehl, die süßen aus Weizenmehl gebakken.

• Crêpes sind heute nicht nur in ganz Frankreich bekannt und beliebt, sie haben in ganz Europa Imbißstände und Restaurants erobert. Das Erfolgsrezept für ihren Erfolg: Sie lassen sich fast unendlich abwandeln. Als salzige Vorspeise mit Füllungen aus Gemüse, Krustentieren oder Fleisch oder als leckeres Dessert mit Zucker bestreut, mit Marmelade bestrichen, mit Schokoladensauce übergossen, mit Cognac, Calvados oder Rum parfümiert, mit Vanille gewürzt oder mit Cointreau flambiert wie die Pariser Spezialität Crêpes Suzette.

• Das hier beschriebene Rezept ist ein Grundrezept unter vielen, allerdings eines mit alter Tradition. Zum Abwandeln noch ein paar Vorschläge:
Statt des Buchweizenmehls Weizenmehl oder beides je zur Hälfte gemischt verwenden.
Etwas zerlassene Butter in den Teig geben, das macht ihn noch knuspriger.
Den Teig mit Puderzucker süßen.
Für salzige Crêpes Bouillon statt Milch in den Teig geben.

• Getränkeempfehlung: Zu einem echt bretonischen Crêpemahl paßt kein Wein, sondern nur Cidre, am besten in halbsüßer Version.

1 Das Mehl in eine Schüssel sieben. Die Eier aufschlagen und dazugeben. Salzen und so viel Wasser dazugießen (etwa 200 ml), daß ein recht flüssiger Teig entsteht. Die Milch dazugeben. Alles verrühren. Den Teig etwa 2 Std. kühl stellen.

2 Zum Ausbacken eignet sich am besten eine heizbare runde Eisenplatte, die »Galetière«, aber auch eine gußeiserne schwere Pfanne. Die Platte oder Pfanne hoch erhitzen. Mit Speckschwarte einreiben oder wenig Butter darauf zerlassen.

3 Etwa 1 EL Teig auf die Platte geben und sofort und sehr schnell mit einem Teigschaber oder einem langen Messer mit breiter Klinge auf der Platte verteilen. Oder in der Pfanne durch Schwenken verteilen.

4 Sobald der Teig fest ist, mit einem Pfannenwender umdrehen und kurz auf der anderen Seite braten. Mit dem restlichen Teig ebenso verfahren.

5 Die fertigen Crêpes auf einem Teller übereinanderschichten. Den Teller auf einem Topf über siedendem Wasser warm halten. Butter und/oder Dickmilch dazu reichen.

Fisch und Meeresfrüchte – immer frisch

Frankreich ist ein wasserreiches Land, sowohl außen herum als auch mittendrin. Daher begeben sich sonntags viele Franzosen an die Ufer der Gewässer, um Madame den frischestmöglichen Fisch nach Hause zu bringen. Doch auf Petri Heil ist Monsieur nicht unbedingt angewiesen. Spätestens 24 Stunden nach dem Fang liegt jeder Fisch beim Fischhändler auf einem kühlen Eisbett. Zu uns kommen die Fische mit Kühltransportern nach 48 Stunden in den Verkauf.

Fischzucht und Fischfang liegen zum großen Teil in den Händen kleiner Familienbetriebe. Eine ausgefeilte Organisation in den Fischereihäfen sorgt dafür, daß Versteigerung, Großhandel und Transport so reibungslos funktionieren, daß auch in relativ küstenfernen Orten Fisch und Meeresfrüchte den höchsten Ansprüchen genügen.

Gefangen werden die Fische mit der Angel oder von kleinen Fischkuttern, den »petits bateaux«, die jeden Tag ausfahren, um ein möglichst reichhaltiges Angebot aus den Küstengewässern mitzubringen, oder den Schiffen der Hochseeflotte. Die Fangzonen reichen vom Ärmelkanal im Norden über die Atlantikküste der Bretagne und der Gascogne bis hin zur Mittelmeerküste im Süden. Hinzu kommen die unzähligen Wasserläufe im Inneren des Landes. Sämtliche vielgestaltigen Fische hier aufzuzählen ist unmöglich, daher möchte ich im folgenden nur die feinsten und wichtigsten mit ihren französischen Namen vorstellen.

Die **Daurade** oder **Goldbrasse** wird im Atlantik gefangen. Zu erkennen ist sie an einem Goldband zwischen den Augen. Ihr weißes Fleisch ist sehr schmackhaft und eignet sich für viele Zubereitungsarten.

Grondin rouge oder **Roter Knurrhahn** wird sowohl im Mittelmeer als auch im Atlantik gefangen. Der kleine, festfleischige Fisch gibt tatsächlich Knurrlaute von sich. Er ist unerläßlicher Bestandteil der Bouillabaisse.

Lotte oder **Seeteufel** ist aus der feinen Küche nicht wegzudenken. Der abstoßend häßliche Fisch mit dem Riesenmaul wird von Feinschmeckern in ganz Europa geschätzt. Das Fleisch ist mager, bis auf die Mittelgräte grätenlos und erinnert im Geschmack an Languste.

Seltenheitswert hat der **Loup de Mer**, **Seewolf** oder **Wolfsbarsch**. Auch er hat wegen seines fein-aromatischen Geschmacks seinen festen Platz in der feinen Küche Europas. Der Atlantikfisch läßt sich leider schwer fangen und ist entsprechend teuer.

Rouget Barbet oder **Rotbarbe** schmeckt gegrillt oder gebraten, aber auch in der Folie gegart besonders gut. Sie hat ein charakteristisches Aroma und ist insofern leicht zuzubereiten, als sie keine Galle hat.

Schild auf dem Fischmarkt in Nizza. Man hat sich ganz auf Tourismus eingestellt.

Stand auf dem Fischmarkt in Nizza. Das Angebot ist überwältigend. Links oben hat die Marktfrau gleich einige Fische für die Fischsuppe zusammengestellt.

Oben links: Wem geht nicht das Herz auf beim Anblick dieses appetitlichen Arrangements aus Meeresfrüchten und leuchtenden Gemüser?

Oben rechts: Viele der hier in Paris angebotenen Muscheln und Austern bekommt man bei uns nur in hochspezialisierten Fachgeschäften zu kaufen. Hier gibt es sie jeden Tag frisch auf dem Markt.

Grotesk sieht der **Saint-Pierre** oder **Petersfisch** aus. An den Flanken befindet sich ein dunkler Fleck, der Legende nach der Fingerabdruck des Apostels Petrus, der dem Fisch den Schlüssel zum Paradies aus dem Maul holen wollte. Sein köstliches, festes Fleisch ist rar und entsprechend teuer.

Sardines oder **Sardinen** schmecken am besten, wenn sie noch klein sind. In der regionalen Küche, vor allem der Provence, gibt es viele Rezepte, nach denen man den preiswerten Fisch schmackhaft zubereiten kann. Gebraten oder gegrillt wird er gern als Vorspeise genossen.

Einer der feinsten Plattfische, **Sole** oder **Seezunge**, kommt sowohl im Mittelmeer als auch im Atlantik vor. Er muß schonend gebraten oder pochiert werden, damit sein zarter Geschmack erhalten bleibt.

In Mittelmeer und Atlantik wird ein weiterer feiner Plattfisch gefangen: der **Turbot** oder **Steinbutt**, der als Baby-Steinbutt von etwa 1–2 kg am besten schmeckt.

Ein wichtiger Bestandteil der Bouillabaisse ist der **Rascasse** oder **Drachenkopf**. Die Makrele, maquereau, ist ein beliebter, preiswerter Fisch mit relativ fettem Fleisch, eignet sich vor allem zum Grillen und Braten.

Eine Spezialität des Südens ist der **Stockfisch**, in Frankreich **Morue** genannt. Es handelt sich hier um nichts anderes als um einen gesalzenen und getrockneten Kabeljau. Wenn **Kabeljau** frisch verwendet wird, nennt man ihn **Cabillaud**. Die Konservierungsmethode ist eine der ältesten überhaupt. Aus dem durch Einweichen entsalzenen Fisch werden köstliche Spezialitäten bereitet.

Ein wichtiger Bestandteil der französischen Küche sind neben den Seefischen die Schal- und Krustentiere.

Den Genuß von **Huîtres**, **Austern**, kannten schon die Menschen der Steinzeit, und die Römer befaßten sich bereits mit ihrer Zucht. Als Vorspeise zu einem festlichen Mahl oder als Gericht zwischendurch ist die Muschelart, die man meist roh mit etwas Zitrone und einem Glas trockenen Weißwein genießt, unvergleichlich. Dank moderner Kühlmethoden können sie heute auch in den Sommermonaten verkauft werden. Austern werden in Austernparks an der Atlantikküste, in der Normandie und am Mittelmeer gezüchtet. Nach der Form unterscheidet man zwei Arten, die flachen Huîtres plates und die unregelmäßig geformten Huîtres creuses, die heute den Hauptanteil ausmachen. Von Kennern wegen ihres würzigen Geschmacks besonders geschätzt werden die »grünen Austern« aus den Austernparks von Marennes-Oléron. Ihr Fleisch hat einen leicht grünlichen Schimmer, da sie eine bestimmte Blaualgenart aufnehmen.

Moules, Miesmuscheln, werden in Frankreich an den Küsten des Nordens, aber auch am Mittelmeer gezüchtet. Sie sind Grundlage vieler traditioneller Gerichte und unerläßlicher Bestandteil von Fischsuppen und Fischragouts.

Besonders fein schmecken die **Coquilles Saint-Jacques, Jakobsmuscheln,** mit der charakteristischen fächerförmigen Schale, die im Mittelalter den Kreuzzugpilgern als Trinkgefäß dienten. Daher der Name.

Außerdem werden an den Küsten kleinere Muschelarten sowie Meeresschnecken und Tintenfische zur Vorspeise gereicht oder in Fischgerichten verwendet. Bei uns sind die schwieriger zu bekommen.

König der Krustentiere ist zweifellos der **Hummer**, **Homard**, der seinen festen Platz in der Haute Cuisine hat. Das Fleisch aus seinen mächtigen Scheren und dem Schwanz ist eine Delikatesse. Sogar den Panzer kann man wegen seines Wohlgeschmacks in der Küche verwenden. Er ergibt eine delikate Hummersuppe oder -sauce.

Langusten und **Langoustinen**, eine kleinere Abart, sind geschmacklich dem Hummer ebenbürtig. Sie schmecken kalt zur Vorspeise, ergeben aber auch mit Saucen und Gemüsen feine Hauptgerichte.

Eine besondere Spezialität der Bretagne sind die großen **Tourteaux** oder **Araignée de mer, Taschenkrebse,** deren Fleisch aus den Scheren meist nur mit Brot verzehrt wird.

Über all dem Luxusgetier der gehobenen Klasse sollte man die unzähligen kleinen **Crevettes**, **Krabben**- beziehungsweise Garnelenarten, nicht vergessen. Ob grau oder rosa, groß oder klein, bereichern sie das französische Menü auf besondere Art, da sie fast unendliche Arten der Zubereitung und Kombination ermöglichen. Ob in Suppen oder Saucen, als Bestandteil von Salat oder zum Füllen zum Beispiel von Arti-

Bretonischer Fischer beim Abwiegen von lebenden Hummern.

Oben links: Fischer beim Aussortieren von Meeresschnecken, die in den Küstengebieten gern als Zutaten zu Fischsuppen und -ragouts verwendet werden.

Mitte: Austern, Muscheln und andere Schaltiere gibt es frisch aus dem Meer in dieser Halle direkt am Hafen von Noirmoutier.

schockenböden – sie sind das Tüpfelchen auf dem i und machen aus einem einfachen Gericht ein festliches.

Auch bei uns bekannt sind all die vielen Süßwasserfische aus den Bächen und Flüssen. An erster Stelle stehen die **Truites, Forellen,** die heute meist aus Zuchten stammen. Sie werden in allen Regionen Frankreichs meist mit Wein, sogar mit Rotwein, in unzähligen Varianten zubereitet. Im Osten des Landes ist vor allem der **Brochet, Hecht,** ein wichtiger Bestandteil der feinen Küche. Schleie, Karpfen, Aal und Lachs und andere werden zu köstlichen Fischterrinen, Suppen und Hauptgerichten verarbeitet.

Im großen französischen Menü haben Fische und Krustentiere ihren Platz vor der Suppe als Hors-d'œuvre in Form von gemischten kalten Platten, als Suppe oder als warmes Zwischengericht. Sind es weniger Gänge, wird Fisch auch als Hauptgericht gereicht. In Frankreich trinkt man zu Fisch nicht nur Weißwein, sondern auch Rosé, unter Umständen sogar Rotwein.

Oben links: In grobmaschige Plastiksäcke verpackt, wachsen die Jungaustern in »Austernparks« heran, bis sie ihre Marktgröße erreicht haben. Die »Claires« oder »Fine de Claires« werden dann in flachen Becken mit sehr planktonreichem, aber nicht mehr so salzhaltigem Wasser gemästet und verfeinert, bis sie ihre optimale Qualität erreicht haben.

Die Muschelbänke vor der Küste Korsikas bringen reiche Ernte.

Rezeptregister von A bis Z

L

M

N

O

P

Q

R

S

Rezeptregister von Vorspeisen bis Kuchen

Vorspeisen

Salate

Suppen

Fisch

Meeresfrüchte

Geflügel

Hase

Kaninchen

Fleischgerichte

Innereien

Wild

Beilagen

Gemüse

Dessert

Gebäck

Kuchen

Bildnachweis

Titelbild und Rezeptfotos:
FoodPhotography Eising

Christian Andreani/
AV-Bilderbank
Seite 43 oben links, 43 oben rechts, 112 Mitte, 113 oben, 113 Mitte, 271 unten rechts

Nina Andres
Seite 15 Mitte, 182 unten links

Wilfried Becker
Seite 4 unten rechts, 106/107, 111 oben links, 114 unten rechts

Josef Bieker fotodesign:
Vorsatz, Seite 2/3, 4 Mitte rechts, 15 unten, 40, 109 Mitte, 213 oben rechts, 215 Mitte links, 268 Mitte rechts, 269 oben rechts, 271 oben links

Julien Biere/AV-Bilderbank
Seite 113 unten, 146

C.I.V.C. Epernay
Seite 14 unten links, 18 unten links, 19 unten Mitte, 19 unten rechts, 20

Th. Ebert/jd
Seite 187 oben links

Armin Faber
Seite 17 oben links, 73 oben, 79 Mitte links, 213 oben links, 213 Mitte

Herbert Hartmann
Seite 47 Mitte, 47 unten links, 80 unten rechts, 81 oben, 112 oben, 112 unten, 181 Mitte rechts, 268 oben, 270 unten links

IPR & O
Seite 238, 239

laenderpress, Düsseldorf
Seite 75 Mitte rechts, 148 oben, 149 Mitte, 186 rechts, 188 Mitte, 188 unten links,190, 240, 248 unten,

Le Valaine (R)
Seite 42

Prof. Harald Mante Foto-Designer
Seite 4 unten links, 206 unten

Daniele Messina
Seite 49 oben links

Gerhard P. Müller
Seite 5 unten rechts

real bild Klaus D. Neumann:
Seite 12/13, 16 oben , 16 Mitte

Werner Neumeister
Seite 11 Mitte, 14 oben, 15 oben rechts, 16 unten, 44/45, 46 unten, 47 unten rechts, 52 Mitte, 210/211, 213 Mitte rechts, 213 unten, 214 unten links, 214 unten re, 215 unten, 216 Mitte, 216 unten

Photo J.P. Paireault/Collection C.I.V.C.:
Seite 19 oben

J. Poblete/jd
Seite 247 unten rechts

Hermann Rademacker
Seite 14 unten rechts, 17 unten links, 17 unten rechts, 18 oben rechts, 18 Mitte, 18 unten rechts, 41, 43 Mitte links, 43 Mitte rechts, 47 oben rechts, 52 unten links, 52 unten rechts, 73 Mitte, 74 Mitte, 105 Mitte rechts, 105 unten rechts, 147 Mitte links, 149 oben, 152 Mitte rechts, 155 oben rechts, 182 Mitte links, 184/185, 186 unten links, 189 unten rechts, 212 Mitte, 212 unten, 215 oben rechts, 215 Mitte rechts, 241, 245 oben, 245 unten rechts, 270 oben , 270 unten rechts

M. Radkai/jd
Seite 72, 73 unten

Franz Roth Photo- u. Presseagentur: Seite 4 Mitte links, 17 Mitte links

Lothar Schiffler/AV Bilderbank
Seite 5 Mitte links, 6, 10, 17 Mitte rechts, 43 unten links, 43 unten rechts, 49 unten, 50, 51, 75 Mitte links, 78 Mitte, 80 oben rechts, 104 oben, 108 Mitte, 180 unten links, 181 unten rechts, 183 Mitte rechts, 183 unten rechts, 187 oben rechts, 188 unten rechts, 189 oben links, 189 oben rechts, 189 Mitte, Umschlag-Rückseite

Sopexa
Seite 78 unten links, 104 Mitte

Thomas Stankiewicz
Seite 48, 76/77, 78 unten rechts, 80 unten links, 82 rechts, 83 oben, 83 unten

Dr. Arnold Tafferner
Seite 155 unten

Martin Thomas
Seite 5 unten links, 5 Mitte rechts, 11 unten, 17 oben rechts, 46 oben, 47 Mitte rechts, 49 Mitte, 49 oben rechts, 74 unten rechts, 79 oben links, 79 oben rechts, 79 unten rechts, 79 Mitte rechts, 80 Mitte rechts, 81 Mitte, 81 unten rechts, 82 links, 83 Mitte, 84, 105 oben, 108 oben, 108 unten, 109 oben, 109 unten, 110 oben Mitte, 110 unten, 111 oben rechts, 111 Mitte rechts, 111 unten rechts, 114 unten links, 147 Mitte rechts, 147 unten links, 148 unten, 150/151, 152 unten, 153, 154 links, 155 oben links, 155 Mitte links, 156, 180 Mitte, 182 Mitte, 187 Mitte, 187 unten, 206 Mitte, 207 Mitte, 207 unten, 242/243, 244 oben, 244 unten, 245 Mitte links, 245 Mitte, 245 unten links, 246 oben, 246 unten rechts, 247 oben rechts, 247 Mitte links, 247 Mitte rechts, 268 unten links

Heinz Wohner
Seite 245 Mitte rechts, 247 oben links

Die Autorin

Susi Piroué
ist gelernte Buchhändlerin und befaßt sich seit vielen Jahren als Autorin und Redakteurin mit Wein- und Kochbüchern. Sie entdeckte ihre Leidenschaft für die Küche Frankreichs, als sie in eine französische Familie einheiratete. Seither kocht sie mit Vorliebe nach den Rezepten dieses Landes. Für das vorliegende Buch hat sie ausschließlich Originalrezepte der französischen, regionalen Küche ausgewählt.

Die Fotografen

FoodPhotography Eising
Pete A. und Susanne Eising haben sich ausschließlich auf Food-Fotografie spezialisiert. In ihrem Studio für Lebensmittelfotografie entstehen anspruchsvolle Food- und Getränkeaufnahmen. Zum Kundenkreis gehören Werbeagenturen und Industrieunternehmen, Zeitschriftenredaktionen und Kochbuchverlage. An das Fotostudio ist eine Bildagentur mit Sitz in München und in der Schweiz angeschlossen - selbstverständlich mit dem Hauptthema Food. Martina Görlach ist im Studio für die Requisite zuständig und wirkt auch bei der fotografischen Gestaltung mit.

Dankeschön

und Merci allen, die uns geholfen haben:
Vin de Champagne Informationsbüro, Reutlingen
Centre d'Information du Cognac c/o IPR & O, Hamburg
SOPEXA Deutschland, Düsseldorf
Le Valaine, Manoir de Cateuil, Étretat
Ets. Debrise-Dulac & Cie., Reims
Porcelaines Bernardaud (Limoges)
Gien, France
Manufacture de Lunéville-Saint-Clément
Alain Saint-Joanis
Siecle, Paris
Christofle
Cristalleries de Saint-Louis
La Maison Francaise, München
Steigerwald, München
Kochgut, München
La Maison du Vin, München
Die Einrichtung, München

Titelbild:
Das Foto auf dem Umschlag vorne zeigt Pâté au ris de veau (Kalbfleischpastete mit Bries), Rezept Seite 24

Impressum

1. Auflage 1994

Redaktion und Herstellung: Birgit Rademacker
Lektorat: Cornelia Schinharl
Korrektorat: Marlis Kreimeyer, Ulla Thomsen
Versuchsküche: Ursula Eicher, Traute Hatterscheid, Dorothea Henghuber, Doris Leitner, Renate Neis, Christa Schmedes
Reproduktion: ORD Reproduktionen
Druck: Appl, Wemding
Bindung: Großbuchbinderei Monheim

ISBN 3-7742-1540-5

Au
PRIMEURS
Détail
à domicil